Reihe Pädagogik
Band 27

Analyse der neueren Entwicklungen in der Ausbildung von technischen Lehrern für die Berufsausbildung in Vietnam

unter besonderer Berücksichtigung
der Konzeptionierung
einer angepassten Fachdidaktik
Metall- und Maschinentechnik

Nguyen Van Tuan

Centaurus Verlag & Media UG 2006

Zum Autor:
Nguyen Van Tuan, geb. in Vietnam, Dipl. Ing. Päd., promovierte 2005 mit dieser Arbeit an der Universität Karlsruhe (TH).

Die Deutsche Bibliothek – CIP-Einheitsaufnahme

Tuan, Nguyen Van:
Analyse der neueren Entwicklungen in der Ausbildung von technischen Lehrern für die Berufsausbildung in Vietnam unter besonderer Berücksichtigung einer angepassten Fachdidaktik Metall- und Maschinentechnik / Nguyen Van Tuan. – Herbolzheim : Centaurus-Verl., 2006
(Reihe Pädagogik ; Bd. 27)
Zugl.: Karlsruhe, Univ. (TH), Diss., 2005
ISBN 978-3-8255-0617-9   ISBN 978-3-86226-284-7 (eBook)
DOI 10.1007/978-3-86226-284-7

ISSN 0930-9462

Alle Rechte, insbesondere das Recht der Vervielfältigung und Verbreitung sowie der Übersetzung, vorbehalten. Kein Teil des Werkes darf in irgendeiner Form (durch Fotokopie, Mikrofilm oder ein anderes Verfahren) ohne schriftliche Genehmigung des Verlages reproduziert oder unter Verwendung elektronischer Systeme verarbeitet, vervielfältigt oder verbreitet werden.

© *CENTAURUS Verlags-GmbH. & Co. KG, Herbolzheim 2006*

Satz: Vorlage des Autors

Umschlaggestaltung: Antje Walter, Hinterzarten

Danksagung

Die vorliegende Arbeit wurde im März 2005 von der Fakultät für Geistes- und Sozialwissenschaften der Universität Karlsruhe als Dissertation angenommen. Ohne die Unterstützung zahlreicher Personen wäre dies nicht möglich gewesen. Daher möchte ich hier die Gelegenheit nutzen, mich bei all denen zu bedanken, die zum Gelingen der Arbeit beigetragen haben. Ganz herzlich bedanke ich mich bei meinem Doktorvater, Herrn Prof. Dr. Antonius Lipsmeier, für die weit über das Fachliche hinausgehende Betreuung und für die Bereitstellung der Arbeitsbedingungen. Mit Fragen konnte ich mich stets an ihn werden. Seine wissenschaftlichen Anregungen und die angenehme Gesprächsatmosphäre werden mir in schöner Erinnerung bleiben.

Herrn PD Dr. Walter Jungmann danke ich für dessen wertvolle Hilfe und Ratschläge, die diese Arbeit mitgeprägt haben. Herrn Prof. Dr. Klaus Rütters danke ich für seine Bereitschaft zur Übernahme des Zweitgutachtens.

Ich danke besonders Prof. Dr. Ute Clement und Herrn Dr. Peter Röben für die Unterstützung und Begleitung in der kritischen Anfangsphase der Arbeit.

Mein Dank gilt allen Mitarbeitern des Lehrstuhls für Berufspädagogik, besonders Frau Heide Fetzner und Frau Evamaria Behr für die technische Unterstützung und die angenehme Arbeitsatmosphäre. Ausdrücklich Dank sagen will ich Frau Dr. Marion Müller für das Korrekturlesen des Manuskripts und die Hilfe bei der Literaturbeschaffung. Nicht zuletzt danke ich allen Mitdoktoranden, besonders Frau Diana Schröter und Herrn Guido Baumgärtner, sehr herzlich für die technische Unterstützung und die konstruktive Kritik.

Herrn Dr. Horst J. Jdler, Leiter des Berufsbildungsprogramms Vietnam (BBPV), danke ich für den finanziellen Teilbeistand und gerade auch in der Endphase meiner Promotion.

Am Herzen liegt mir der Dank an meine Frau Tran Thi Lien und meine Kinder Nguyen Thanh Dat und Nguyen Tran Thai Anh. Ihnen widme ich diese Dissertation. Der Regierung der Republik Vietnam danke ich sehr herzlich für die Gewährung eines Stipendiums, das den Studiumsaufenthalt in Deutschland ermöglichte.

Karlsruhe, im September 2005
Nguyen Van Tuan

Inhaltsverzeichnis

		Seite
0.	**Einleitung**	11
0.1.	Erläuterungen zum Thema	11
0.2.	Methodisches Vorgehen	14
0.3.	Aufbau der Arbeit	15
1.	**Ausgangssituation: Bildungssystem und Berufsausbildung in Vietnam**	18
1.1.	Politisch- ökonomischer Überblick	18
1.2.	Berufliche Bildung im gesellschaftlichen Kontext	19
1.2.1.	Wirtschaft und Arbeitsmarkt	19
1.2.2.	Das allgemeine Bildungssystem	27
1.2.3.	Das Berufsbildungssystem	29
1.3	Entwicklungsrahmen des beruflichen Schulwesens bis 2010	34
2.	**Zur gegenwärtigen Situation von Berufsschullehrern**	39
2.1.	Zur Begrifflichkeit	39
2.2	Institutionelle und quantitative Aspekte von Berufsschullehrern	41
2.3.	Ausbildung der Lehrerinnen und Lehrer an beruflichen Schulen	46
3.	**Reformbedarf in der Berufsschullehrerausbildung unter besonderer Berücksichtigung von Didaktik/Fachdidaktik**	54
3.1.	Die pädagogische/berufspädagogische Ausbildung	54
3.1.1.	Übersicht über den pädagogischen Rahmenlehrplan	54
3.1.2.	Analyse der Struktur und Inhalte aus didaktischer Sicht	55
3.1.3.	Lehrerbildner und didaktische Elemente in der Lehrausbildung	59
3.2.	Gegenwärtige Reformmaßnahmen in der pädagogischen Aus- und Fortbildung	60
3.3.	Die didaktischen Diskussionen	67
4.	**Referenzpunkte einer Fachdidaktik für Maschinenbau in Vietnam**	70
4.1.	Berufliche Fachdidaktiken als berufsfeldbezogene Wissenschaft	70
4.1.1.	Probleme der Berufssystematik	70
4.1.1.1.	Die zwei Subsysteme des Berufssystems	70
4.1.1.2.	Das Ordnungssystem der Berufsfachausbildung	70
4.1.1.3.	Das Ordnungssystem der Berufsausbildung	72
4.1.1.4.	Die Ordnung der Berufsausbildung unter statistischen Aspekten	74
4.1.2.	Notwendigkeit eines neuen Ordnungsmodells nach Berufsfeldern	76

4.2.	Curriculare Analyse der Berufs- und Fachausbildung	78
4.2.1.	Die curriculare Situation im Metallgewerbe	78
4.2.2.	Richtlinien in der curricularen Entwicklung in der Berufsausbildung	81
4.2.3.	Das integrierte Curriculum als eine Ausrichtung auf das Lernfeldkonzept	83
4.3.	Ingenieurwissenschaften unter besonderer Berücksichtigung des Maschinenbaus	85
4.3.1.	Situation in der Hochschulbildung	85
4.3.2.	Lehre in der Ingenieurwissenschaft Maschinenbau	87
4.4.	Betriebliche Strukturen im Maschinenbau und Metallgewerbe	92
4.4.1.	Gegenwärtige Situation	92
4.4.2.	Entwicklungsstrategie und Perspektive bis 2010	98
4.5.	Sozialisations-, Erziehungs- und Ausbildungskultur in Vietnam	101
4.5.1.	Erziehung, Bildung und Ausbildung unter dem Aspekt der kulturellen „Situierung"	101
4.5.2.	Kulturgeschichtliche Wurzel	103
4.5.3.	Die Rolle der Familie und die Erziehung	106
4.5.4.	Die Fortschritte	107
4.5.5.	Bildung und Ausbildung	108
4.5.6.	Die Bedeutung von Sozialisation und Kultur für die Didaktik und Methodik	111
5.	**Darstellung des gegenwärtigen Diskussions- und Entwicklungsstands der Fachdidaktik in der BRD**	**114**
5.1.	Grundbegriffe der allgemeinen Didaktik – Fachdidaktik und ihre Aufgaben	114
5.2.	Die Entwicklung der Fachdidaktik: Traditionen – Paradigmen	119
5.3.	Die Rahmbedingungen für die Fachdidaktik Metall- und Maschinentechnik	123
5.3.1.	Der Veränderung der Zielvorstellungen für die Berufsausbildung	123
5.3.2.	Theorie und Diskussion zur Curriculumentwicklung für die Berufsausbildung	127
5.4.	Die Theorieansätze für die Fachdidaktik Metall- und Maschinentechnik	132

5.4.1.	Technikdidaktische Aspekte	132
5.4.2.	Theorie technischer Systeme – ein Ansatz für die Strukturierung von Lerninhalten	138
5.4.3.	Die ganzheitliche Technikdidaktik und Berufsbildung	139
5.5.	Exkurs: Didaktik der Berufsausbildung und die Fachdidaktik „Maschinenwesen" in der DDR	143
5.6.	Fachmethodische Diskussion	158
5.7.	Die Fachdidaktik Metall und Maschinentechnik in der Lehrausbildung	169
6.	**Konzeptionierung einer Fachdidaktik Metall- und Maschinentechnik für die Ausbildung von Berufsschullehrern in Vietnam**	176
6.1.	Grundlagen zur Konzeptionierung	176
6.2.	Grobstrukturierung des Konzepts, Grobgliederung mit kurzen Inhaltsskizzen des Lehrfaches „Technikdidaktik Metall-Maschinentechnik"	181
6.3.	Perspektiven der Umsetzung des Konzepts „Fachdidaktik Metall-Maschinentechnik"	185
	Literaturverzeichnis	189
	Verzeichnis der Abbildungen und Tabelle	197
	Abkürzungsverzeichnis	199
	Verzeichnis der Anlagen	201
	Anlagen	203

0. Einleitung

0.1. Erläuterungen zum Thema

Fachdidaktik für die Ausbildung von Berufsschullehrern in wissenschaftlichen Hochschulen ist in der Welt kein neues Thema. Trotz des grundsätzlichen Konsenses in der Konzeptionierung von Studiengängen für die Berufsschullehrer-Ausbildung bezüglich der Notwendigkeit von Fachdidaktik gibt es aber über die didaktischen Elemente wie Ziele, Inhalte, Methoden und Ansätze für die Durchführung in den einzelnen Ländern viele kontroverse Modelle und Lösungsansätze. Diese Unterschiede werden u. a. stark geprägt durch die Qualifikationen der Dozenten, die Forschung und die Erkenntnisse in der Erziehungswissenschaft, insbesondere der Berufspädagogik sowie durch die Qualifikationsanforderungen des Beschäftigungssystems und die politischen Rahmenbedingungen für die Ausbildung von Berufsschullehrern des Landes. In diesem Sinne sollen in dieser Arbeit *die neuen Entwicklungen in der Ausbildung von Technischen Lehrern für die Berufsausbildung in Vietnam unter besonderer Berücksichtigung der Konzeptionierung einer angepassten Fachdidaktik Metall- und Maschinentechnik analysiert werden*. Auf der Basis dieser Analyse und unter Bezug auf die fachdidaktische Diskussion in Deutschland, die in der Dissertationsschrift dargelegt werden, sollen die Konsequenzen für die Entwicklung der Fachdidaktik Metall- und Maschinentechnik für die Ausbildung von Berufsschullehrern bestimmt werden.

Die Analyse der Rahmenbedingungen für die Ausbildung von Technischen Lehrern soll sich auf folgende Aspekte konzentrieren:
(a) die Berufsbildungspolitik und die gegenwärtige Berufsbildung, auch unter Berücksichtigung des Bedarfs an Berufsschullehrern nach Fachrichtungen;
(b) die Situationen der Berufsschullehrer unter institutionellen und quantitativen Aspekten;
(c) die Ausbildung und Fortbildung von Berufsschullehrern unter ausbildungsorganisatorischen und didaktischen Gesichtspunkten;
(d) die Reformmaßnahmen in der Entwicklung von pädagogischen Lehrinhalten.

Folgt man der traditionsreichen Theorie und Praxis der Ausbildung von Berufsschullehrern gewerblich-technischer Fachrichtungen in Deutschland, werden unter Fachdidaktik üblicherweise der Umsetzungsprozess und das Ergebnis der Transformation eines wissenschaftlichen Faches (einer wissenschaftlichen Disziplin) als reflexives und diskursives pädagogisches Konzept verstanden, das es gestattet, entsprechende Curricula für Vermittlungsprozesse (Schule, schulische und betriebliche Ausbildung,

Weiterbildung) zu entwerfen und zu erproben sowie didaktisch-methodische Leitlinien für die Vermittlung selbst zu entwickeln. Die Fachdidaktik ist also weder ein Lehrplan noch gar ein didaktisch-methodisches Unterrichts- oder Ausbildungskonzept (vgl. dazu Pahl/Ruppel 2001), schon gar nicht ein Entwurf oder ein Plan für die Durchführung von Lektionen (Unterrichtsstunden, Lehreinheiten etc.). Fachdidaktik ist in der Berufsschullehrerausbildung die vermittelnde Instanz zwischen Fachwissenschaft, Berufspädagogik, Anforderungen des Beschäftigungssystems und Ausbildungspraxis, wie die folgende Grafik zeigt:

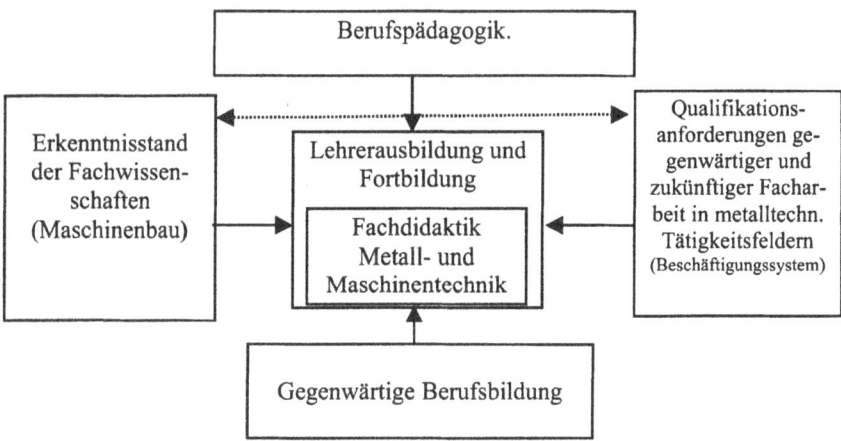

Abbildung 1: Einflussfaktoren auf die Fachdidaktik in Metall- und Maschinentechnik (in Anlehnung an Jenewein, 2000, S. 163)

Für die Konzeptionierung der Fachdidaktik Metall- und Maschinentechnik soll die Arbeit neben den Rahmenbedingungen der Lehrerausbildung noch weitere Bezugspunkte einbeziehen:
(a) die Berufssystematik und das Berufsfeld Metall – und Maschinentechnik;
(b) die curriculare Entwicklung im Berufsfeld Metall- und Maschinentechnik;
(c) die Produktions- und Arbeitstrukturen im Metallgewerbe/Maschinenbau;
(d) die Zivilisations- und Ausbildungskulturen sowie Traditionen in Vietnam.

Die Pädagogische Technische Hochschule Thu Duc (UTE) in Ho Chi Minh Stadt (HCMC) ist eine erfahrene Hochschule in Vietnam, die Berufsschullehrer auf Hochschulniveau in größerer Anzahl ausgebildet hat (die einzige Hochschule bis 1998). Die Fachdidaktik für Maschinenbau wurde erst ab 1998 hier gelehrt, und ich bin für dieses Fach zuständig. Die Berufsbildungsforschung in Vietnam, besonders die Fachdidaktik, ist noch im Anfangsstadium und hat im Vergleich zu Deutschland ein niedriges Niveau. Die Literatur in Erziehungswissenschaft stammt größtenteils aus den osteuropäischen Ländern, besonders der UdSSR und der DDR und ist größtenteils veraltet; z. B. werden in der allgemeinen Pädagogik noch die 50 Jahre alten Lehrbücher Ogorodnikow/Schimbirdjew und Jessipow/Gontscharow benutzt. Dennoch hatte diese ältere Literatur Auswirkungen auf die Bildung von Berufsschullehrern in Vietnam, obwohl der Transfer für die praktische Umsetzung in die Berufsbildung mangelhaft war. In der Fachdidaktik ist vor allem der Mangel an angewandter Forschung und an Theoriebildungen anzumerken. Trotzdem kann man in Vietnam eine Entwicklung der fachdidaktischen Diskussion in verschiedenen Etappen der langen Geschichte der Berufsbildung erkennen, und zwar auf drei Ebenen: Als eine Disziplin der Erziehungswissenschaft, als Lehrfach in der Ausbildung und Fortbildung von Lehrkräften, als Diskussion und Anleitungen für die didaktisch-methodische Gestaltung des beruflichen Unterrichts. In den 1970er Jahren gab es wenig fundierte Aussagen und Diskussionen zu Fachdidaktiken der Berufsbildung (vgl. Nguyen Duc Tri). In den 80er Jahren begann eine Entwicklungsphase der Fachdidaktik, die ganz eng mit der Bewegung der Verbesserung von Unterrichtsmethoden verbunden war. In den 90er Jahren hat die Industrie eine neue Entwicklung angestoßen. Sie fordert für die Berufsausbildung eine neue Qualität in den Bildungsinhalten und Vermittlungsmethoden. Es entstanden viele Curricula und Konzepte der Berufsausbildung, die von ausländischen Entwicklungsprogrammen inspiriert waren. Trotzdem hatten sie wenig Einwirkung auf die Fachdidaktik als Lehrfach. So wurde, wie schon erwähnt, eine Fachdidaktik Metalltechnik erst 1998 in die Ausbildung von Berufsschullehrern eingeführt, und das auch nur an einer Hochschule (HCMC). Jedoch sind der Allgemeinheitsgrad und die Übertragbarkeit der Inhalte auf andere Fachdidaktiken sehr begrenzt.

In der Literatur, die sich mit der Berufsausbildung in Entwicklungsländern beschäftigt bzw. in der vergleichenden Berufspädagogik herrscht Konsens darüber, dass Konzepte, die in Industrieländern entwickelt worden sind und dort auch (mehr oder weniger gut) funktionieren, nicht ohne entsprechende Adaption auf Entwicklungsländern übertragen werden können (vgl. z.B. Georg 1997 a, b und c). Das ist zwar von Industrieländern jahrzehntelang, vor allem Makrokonzepte betreffend, so betrieben worden (z. B. Export des US-amerikanischen Bildungssystems nach Japan; Export des Konzepts der sowjetischen Technikerausbildung nach Afghanistan; Export der deutschen dualen Berufsausbildung nach Korea), aber es hat sich seit einigen Jahren die Erkenntnis durchgesetzt, dass industrieländer-spezifische Konzeptionen nicht exportierbar sind oder doch zumindest stark an die kulturellen Traditionen und die ökonomischen Bedingungen der jeweiligen Länder angepasst werden müssen. Es gibt aber keine Konzepte für angepasste Vermittlungsstrategien (Didaktik und Methodik), weil dazu die Erforschung und Berücksichtigung der jeweiligen Sozialisationsmechanismen und der soziokulturellen Traditionen erforderlich wäre. Auch in der Fachdidaktik ist die Diskussion einer Anpassung von industrieländertypischen Konzeptionen an die jeweiligen Bedingungen meines Wissens noch nicht geführt worden; ich betrete also Forschungs-Neuland.

0.2. Methodisches Vorgehen

Von dem Hintergrund der Rahmenbedingungen der Ausbildung der Technischen Lehrern und der Bezugpunkte soll das Fachdidaktik-Konzept in der Bundesrepublik (Bereich: Metall- und Maschinentechnik) auf die Bedürfnisse in Vietnam angepasst werden. Dazu sind folgende Untersuchungsschritte erforderlich:

1. Schritt: Analyse der Berufsbildungspolitik; Berufsbildung im gesellschaftlichen Kontext und Curriculare und didaktisch-methodische Trends (Methode: Literatur- und Dokumentenanalyse)
2. Schritt: Analyse der gegenwärtigen Situation und der Aus- und Fortbildung von Berufsschullehrern sowie der pädagogischen/berufspädagogischen Situation und Diskussion in Vietnam; (Methode: Literatur- und Dokumentenanalyse)
3. Schritt: Analyse den weiteren Bezugspunkte der Fachdidaktik
    3.1. Analyse der relevanten Fachwissenschaften in der Ausbildung von Berufsschullehrern
    In diesem Schritt wird der Zustand/die Ausprägung der ingenieurwissenschaftlichen Bezugsdisziplinen der Maschinentechnik und anderer notwendiger relevanter Wissenschaften der gegenwärtigen Ausbildung der Berufsschullehrer in den Hochschuleinrichtungen analysiert (Kap. 4.3.).
    Methode: - Analyse der Hochschulcurricula
    - Analyse relevanter Lehrbücher
    - Interviews mit einigen Dozenten
    3.2. Analyse der Produktions- und Arbeitstrukturen im Metallgewerbe/Maschinenbau.
    Da die Berufsausbildung im Berufsfeld Metall- und Maschinentechnik auf die Verhältnisse in Vietnam bezogen sein muss, gilt diese Forderung auch für die Konzeptionierung der Fachdidaktik. Relevante Forschungsfragen sind daher (Kap. 4.4.):

- Wirtschaftliche Bedeutung des Metallgewerbes/des Maschinenbaus in Vietnam (sekundärstatistische Analyse); wichtige Branchen
- Berufsstrukturen in diesem Bereich (Anteile Angelernte/Ungelernte, Facharbeiter, Techniker, Ingenieure) (sekundärstatistische Analyse)
- Produktionsstrukturen: Kleinserien- oder Einzelteilfertigung dominant? Großserienfertigung?
- Stand der Produktionstechnik/zukünftige Entwicklungen
- Typische Muster der Arbeitsorganisation
- Zukünftige Qualifikationsanforderungen

(Methode: Literaturanalyse, Experteninterviews)

3.3. Analyse der Sozialisations-, Erziehungs- und Ausbildungskulturen in Vietnam;

Identifizierung typischer Erziehungspraktiken und Verhaltensmuster bei Lehrern und Schülern (Kap. 4.5.)

(Methode: Literaturanalyse)

4. Schritt: Darstellung des gegenwärtigen Diskussions- und Entwicklungsstandes der Technikdidaktik in der BRD (Kap 5.)

Da es in Vietnam in den verschiedenen Bezugsbereichen nur wenige wissenschaftlich abgesicherte Erkenntnisse gibt, bietet es sich an, zum Ausgangspunkt meines Dissertationsvorhabens ein elaboriertes und (weitgehend) implementiertes Konstrukt zu nehmen, nämlich die Technikdidaktik, insbesondere die Fachdidaktik (Berufsfelddidaktik) Metall- und Maschinentechnik, wie sie in der Bundesrepublik Deutschland vorliegt.

(Methode: Literaturanalyse)

    a)   der Technikdidaktik im allgemeinen

    b)   der Fachdidaktik „Metall- und Maschinentechnik" im besonderen.

5. Schritt: Die Ergebnisse der Schritte 1 bis 4 bilden den Diskussions- und Entwicklungsrahmen für die Konzeptionierung einer angepassten Fachdidaktik Metall- und Maschinentechnik (Kap. 6)

(Methode: workshop mit einigen Fachkollegen in Vietnam und mit Experten der BRD, bes. im Doktorandenkolloquium).

0.3. Aufbau der Arbeit

Das Erkenntnisinteresse dieser Arbeit besteht in der Darstellung und Analyse der Rahmenbedingungen der neuen Entwicklung in der Ausbildung von technischen Lehrern und der Bezugpunkte der Fachdidaktik Metall-Maschinentechnik, um auf dieser

Grundlage das Konzept der angepassten Fachdidaktik für die universitäre Ausbildung in Vietnam zu entwickeln. Die Struktur der Arbeit folgt der Struktur des methodischen Vorgehens, das oben dargestellt worden ist.

In dem folgenden Kapitel (1) wird die Ausgangssituation der Berufsausbildung vorgestellt. Die quantitative und qualitative Seite der Ausbildung von Technischen Lehrern hängt stark mit den gesellschaftlichen und bildungspolitischen Rahmenbedingungen des Landes zusammen. Dieses Kapitel dient vor allem dem Verständnis der politisch-ökonomischen Entwicklungen und des gesellschaftlichen Kontextes der Berufsbildung sowie des Entwicklungsrahmens und der Entwicklungstendenzen des beruflichen Schulwesens.

Der gesellschaftlich-politische Kontext, in den die Ausbildung von Berufschullehrern eingebunden ist, wird in Kapitel (2) aufgezeigt. Hier werden Lehrertypen in der Berufsausbildung sowie die institutionellen und quantitativen Aspekte und die Grundstrukturen der Lehrerausbildung charakterisiert.

Im Kapitel (3) erfolgt die Darstellung des Reformbedarfs in der Berufsschullehrerausbildung unter besondere Berücksichtigung von Didaktik und Fachdidaktik. Hier werden das Curriculum und die inhaltlichen Strukturen im Bereich „Pädagogik" und die gegenwärtige Reformmaßnahmen in der pädagogischen Aus- und Fortbildung analysiert. Die Darstellung der Diskussion zur Unterrichtspraxis und zur Entwicklungstendenz in der allgemeinen Methodik dienen als ein Teil der zu begründenden Grundlage und als Orientierungspunkt für die Konzeptionierung der Fachmethodik in der Berufsausbildung.

Die Bezugpunkte für die Konzeptionierung von der angepassten Fachdidaktik Metall- und Maschinentechnik werden im Kapitel (4) aufgezeigt. Hierfür ist zunächst erforderlich, die Probleme der Ausbildungsberufe und der Berufsordnungen im Bereich Metall- und Maschinentechnik unter didaktischer Sicht zur Begründung der Berufsfelddidaktik zu analysieren. Die gegenwärtige curriculare Situation sowie die Richtlinien für die curriculare Entwicklung in der Berufsbildung, besonders im Metallgewerbe, sind als weitere Bezugpunkte zu diskutieren (4.2.). Die Inhalte der Fachwissenschaften können jedoch nicht gleichgesetzt werden mit den Inhalten der beruflichen Ausbildung. Aber die Erkenntnisse der Fachwissenschaften sind notwendig als Bezugpunkt für die fachlichen Inhalte der Berufsausbildung. Dazu muss der Stand der Fachwissenschaften und der Ingenieurwissenschaften besonders des Maschinenbaus in den ausgewählten vietnamesischen Hochschulen dargestellt werden (Kapitel 4.3.). Die Inhalte der Berufsausbildung beziehen sich jedoch nicht nur auf die Fachwissenschaften, sondern auch auf die berufliche Praxisarbeit. Ein Überblick über die Bedingungen und Entwicklungstendenzen der betrieblichen Praxisarbeit im

Maschinenbau und Metallgewerbe sowie der Qualifikationsanforderungen werden dann in Kap. 4.4 gebracht. Ein besonderer Bezugpunkt für die Konzeptionierung der Fachdidaktik, der analysiert werden muss, liegt in den Sozialisations-, Erziehungs- und Ausbildungskulturen Vietnams, eine besonders schwierige Analyse, da das verfügbare, wissenschaftlichen Ansprüchen gerecht werdende Materiale quantitativ und qualitativ dürftig ist.

Im Kapitel (5) wird die fachdidaktische Diskussion in Deutschland, die den curricular-didaktischen Rahmen für die Entwicklung der Fachdidaktik Metall- und Maschinentechnik mit der Anpassung an die Bedingungen in Vietnam abgeben soll, aufgezeigt.

Schließlich werden das Konzept der Fachdidaktik Metall- und Maschinentechnik für die universitäre Ausbildung von Technischen Lehren sowie die Perspektiven einer Umsetzung vorgeschlagen.

1. Ausgangssituation: Bildungssystem und Berufsausbildung in Vietnam

1.1. Politisch- ökonomischer Überblick

Mit ca. 80,7 Millionen Einwohnern (Quelle: http://www.undp.org.vn/undp/fact/basev. htm, 3/2004) und einer Bevölkerungsdichte von 226 Menschen/km^2 gehört Vietnam zu den dichtbesiedelten Ländern der Erde. Die wichtigsten Städte sind Ho Chi Minh-Stadt (Saigon: 4 Mio. Ew.), Hanoi (3 Mio. Ew.), Haiphong (1,5 Mio. Ew.), Da Nang (500 000 Ew.), Nha Trang (216 000 Ew.) und Hue (210 000 Ew.).

Seit der 6. Parteitag der KPV 1986 die Reform „Doi moi" = „Erneuerung" beschloss, verändern sich in Vietnam alle Bereiche der Gesellschaft. Die Reformpolitik orientiert sich an der „sozialistischen Transformation" der Gesellschaft, in der die überwiegend an marktwirtschaftlichen Prinzipien orientierte Wirtschaft mit einem sozialistischen Staats- und Gesellschaftssystem verbunden werden soll. Diese Politik bewirkt eine weitere Beschleunigung der Wirtschaftsreformen bei strikter Wahrung der Kontinuität und Stabilität der Gesellschaft. Dies gilt besonders für die Wirtschaft. Seit 1991 liegen die jährlichen Wachstumsraten des BIP über 8%, der Industrie über 10%, der Landwirtschaft über 4% und des Exports über 20%. Die Inflation wurde gestoppt. Der ehemalige Reisimporteur wurde zum viertgrößten Reisexporteur in der Welt. In Industrie, Transportwesen und anderen Bereichen gibt es deutliche Fortschritte in Richtung Modernisierung und Technisierung. Die Infrastruktur hat sich wesentlich verbessert. Der Lebensstandard der meisten Familien ist gestiegen, obwohl die Hälfte der Vietnamesen – gemessen an UNO-Kriterien- immer noch unter der Armutsgrenze lebt. Nahrungsmittel und Güter des täglichen Bedarfs sind ausreichend vorhanden. Die wirtschaftlichen Entwicklungen und die internationale Öffnung bleiben nicht ohne Auswirkungen in den Bereichen der Kultur, der Bildung und des politischen Lebens. Vietnam hält an der sozialistischen Zielstellung, dem Einparteiensystem und der führenden Rolle der KPV fest, doch seit Beginn der „Erneuerung" hat sich die reale Situation sehr verändert. Die Zahl privater Unternehmen wächst rasch, obwohl die meisten großen Betriebe noch dem Staat gehören. Seit Inkraftsetzung des Unternehmensgesetzes hat sich die Zahl der privaten Unternehmen auf 70.000 verdreifacht, und es wurden hunderttausende neue Arbeitsplätze geschaffen. Ideenreichtum, Eigeninitiative und Pioniersinn sind gefragt. So ist der Lebensstandard insgesamt zwar deutlich gestiegen, aber gleichzeitig ist die soziale Schere größer geworden. Die Kontraste zwischen arm und reich, zwischen Stadt und Land, zwischen Ballungsgebieten und abgelegenen Regionen werden immer schärfer. Marktwirtschaft und wissenschaftlich-technischer Fortschritt dringen bis ins letzte Dorf vor, doch nur in den großen Städten und Ballungsgebieten beherrschen sie zunehmend die Wirtschaft. Alte Lebens- und Wirtschaftsformen beweisen große Zählebigkeit. Bezeichnenderweise wurde der enorme Aufschwung der Nahrungsgüterproduktion nicht vorwiegend durch Modernisierung und Mechanisierung, sondern durch die Rückkehr zur arbeitsintensiven kleinbäuerlichen Familienwirtschaft erreicht.

Vietnam verfügt über viele Bodenschätze und andere Naturreichtümer, 40 Millionen billige und teilweise gut ausgebildete Arbeitskräfte, einen beträchtlichen Binnenmarkt, stabile politische Verhältnisse und integriert sich immer besser in den Weltmarkt. Dem stehen jedoch die geringe Finanzkraft, unzureichende technische Ausstattung und ungünstige Struktur der einheimischen Wirtschaft, die mangelhafte Infrastruktur, die fehlende Marktwirtschafts- und Managementerfahrung, die Verbreitung von Korruption, Bürokratie und Vetternwirtschaft entgegen. Bei allen Fortschritten der letzten Jahre ist nicht zu übersehen, dass Vietnam bei der Errichtung eines modernen, demokratischen Staates erst am Anfang steht.

Die grundlegend veränderten internationalen und regionalen Beziehungen seit Ende des kalten Krieges haben zu einer Umorientierung der vietnamesischen Außenpolitik geführt. Nach dem Zusammenbruch des kommunistischen Regimes in der Sowjetunion begann sich Vietnam außenpolitisch zu öffnen. Die vietnamesische Regierung normalisierte die politischen Beziehungen zu den Staaten Südost- und Ostasiens sowie anderer Länder und bemühte sich mit Erfolg um den Ausbau der Wirtschaftsbeziehungen. Dieser Prozess wurde mit dem ASEAN-Beitritt 1995 und der Normalisierung der Beziehungen mit den USA abgeschlossen.

1.2. Berufliche Bildung im gesellschaftlichen Kontext

1.2.1. Wirtschaft und Arbeitsmarkt

Der Strukturwandel mit einer gesamten arbeitsfähigen Bevölkerung von 38,715 Millionen (48,6%) hat zu einem deutlichen Anstieg der Beschäftigung des Industrie- und Baubereiches von 11,66% im Jahr 1997 auf 12,92% im Jahr 2002 und des Dienstleistungsbereiches von 12,38% im Jahr 1997 auf 14,61% im Jahr 2002 geführt, während der Primärbereich prozentual einen kontinuierlichen Rückgang zu verzeichnen hatte. Die Gesamtzahl der Beschäftigten hat sich jährlich um ca. 2,5% erhöht. Die Beschäftigtenzahlen im Privatsektor der Wirtschaft und im gemischten Sektor hat sich auf 35,105 Millionen (90,68%) ausgeweitet, während sie im Staatssektor mit 3,611 Millionen (9,7%) relativ konstant geblieben sind (siehe Anlage 1.1 und 1.2). Die Veränderungen im Beschäftigungssystem werden in folgender Abbildung 2 dargestellt.

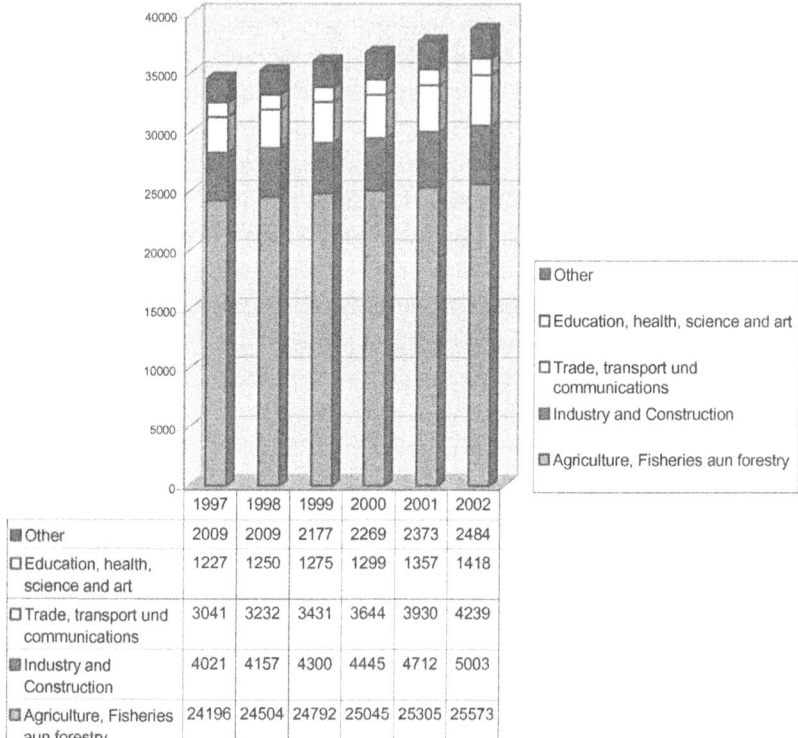

Abbildung 2: Die Beschäftigung im Vergleich der Wirtschaftssektoren[1]

	1997	1998	1999	2000	2001	2002
Agriculture, Fisheries and forestry	70,15%	69,55%	68,91%	68,21%	67,16%	66,05%
Industry and Construction	11,66%	11,80%	11,95%	12,11%	12,51%	12,92%
Trade, transport und communications	8,82%	9,17%	9,54%	9,92%	10,43%	10,95%
Education, health, science and art	3,56%	3,55%	3,54%	3,54%	3,60%	3,66%
Other	5,82%	5,70%	6,05%	6,18%	6,30%	6,42%

Tabelle 1. Die Beschäftigung nach Wirtschaftssektoren (in Prozent)

---

[1] Quelle in Anlehnung an Daten in: Vietnam statistical Appendix, 2003 International Monetary Found (http://www.imf.org/external/pubs/ft/scr/2003/cr03382.pdf)

Von 35,105 Millionen (90,68%) Beschäftigen im Privatsektor und im gemischten Sektor (Joint ventures) befinden sich allerdings lediglich etwas mehr als 17% in einem entlohnten Arbeitsverhältnis, während 36,9% als Selbständige Unternehmer ohne weitere Angestellte und 45% in Familiewirtschaftsbetrieben einschl. Landwirtschaftsbetrieben tätig sind[2]. Mit ca. 50% der Arbeiterschaft im Alter unter 35 Jahr alte besitzt Vietnam eine junge Arbeitskraftstruktur im Beschäftigungssystem. Der Anteil der mehr als 45 Jahre alte Arbeiter liegt bei ca. 21% der Arbeiterschaft (siehe untere Abbildung).

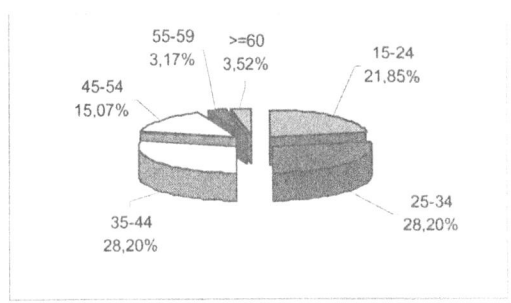

Abbildung 3: Beschäftigungsstruktur nach Alter im Jahr 2000[3]

Die Anzahl der Selbständigen liegt bei ca. 69%. Im Gegensatz dazu beträgt der Anteil der Arbeiterschaft in Privatunternehmen lediglich ca. 3%, in Gemeinschaftsunternehmen ca. 16%, in staatlichen Unternehmen ca. 10% und in Jointventure- und Kooperationsunternehmen ca. 2% (siehe untere Abbildung).

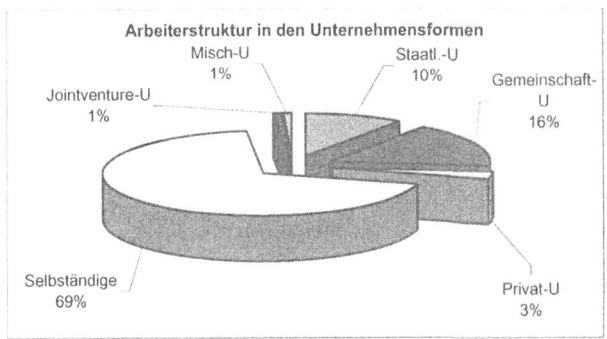

Abbildung 4: Die Arbeiterstruktur in verschiedenen Unternehmensformen
(Quelle: Beschäftigungssystem im Jahr 2001, MOLISA)

---

[2] Vgl. Ernst Schmeer, Nguyen Duc Tri: Vietnam. In: Internationales Handbuch der Berufsbildung. 2000. S. 20.
[3] Vgl. MOLISA: Beschäftigung und Arbeit im Jahr 2001.

Es gibt bis jetzt (2004) nur relativ kleine Veränderung in der Beschäftigungsstruktur. Der Bereich der Privatwirtschaft beschäftigt noch nach wie vor dem größten Teil der Arbeiterschaft. Die Anzahl der Beschäftigten im Kooperations- und Jointventureunternehmen ist im letzten Jahr leicht angestiegen, was vor allem mit der Umstrukturierung der staatlichen Unternehmen zusammenhängt.

Die Beschäftigtenzahlen im Industrie-, Bauwesensektor und im Dienstleistungssektor des privaten Bereiches sind in den letzten Jahren im Vergleich zum staatlichen Bereich weiter gestiegen (siehe untere Tabelle 2).

	1997	1998	1999	2000	2001	2002
total no state employment	90,53%	90,40%	90,46%	90,41%	90,43%	90,68%
Agriculture, Fisheries and forestry	98,94%	99,01%	99,10%	99,10%	99,11%	99,11%
Industry and Construction	71,50%	70,89%	71,12%	71,61%	72,22%	74,20%
Trade, transport und communications	86,78%	87,62%	88,66%	89,27%	90,05%	90,75%
Education, health, science and art	17,20%	14,40%	13,73%	13,32%	11,94%	15,09%
Other	77,75%	81,13%	77,95%	78,14%	79,60%	80,31%

Tabelle 2: Die Beschäftigten im Privatsektor und gemischtem Sektor im Vergleich zur gesamten Beschäftigung (staatl. und nichtstaatl.)[4]

Bei einem Vergleich der wirtschaftlichen Sektoren bezüglich Beschäftigungsanteil und Bruttoinlandsprodukt im Jahr 2002 kommt zum Ausdruck, dass die Landwirtschaft mit 66,06% Beschäftigungsanteil zu 22,99% zu BIP beigetragen hat, während die entsprechenden Anteile beim Dienstleistungssektor bei 14,61% und 38,46%, im Industrie- und Bausektor bei 12,92% und 38,55% liegen. Der Anteil der staatlichen Inlandsproduktion im Verhältnis zum gesamten GDP ist von 40,1% im Jahr 1994 auf 38,3% im Jahr 2003 zurückgegangen; parallel dazu fällt der Anteil im Gemeinschaftssektor von 10,2% auf 7,9%; dem gegenüber wuchs der Anteil des Privatsektors von 3,1% auf 4,1%, des Mischsektor von 6,4% auf 14%.

Während die Landwirtschaft im Jahr 2002 Zuwächse von etwa 4,1% erzielte, wächst der Industriesektor dynamischer mit 9,4% und der Dienstleistungsbereich mit 6,5% (siehe Anlage 1.3.). Das konkrete Wachstum des Bruttoinlandsproduktes in Verlauf von 1985 bis 2002 ist der folgenden Darstellung zu entnehmen:

---

[4] Anlehnung von den Quelle in: http://www.imf.org/external/pubs/ft/scr/2003/cr03382.pdf

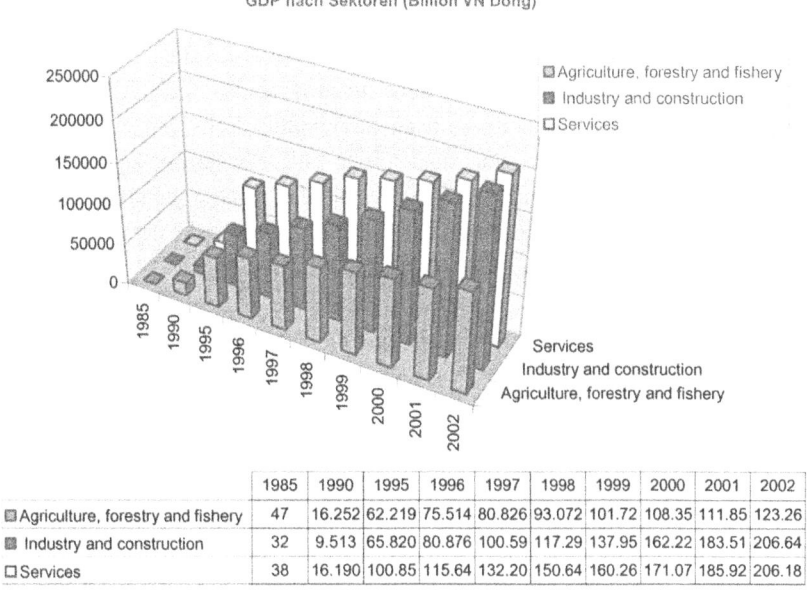

Abbildung 5. GDP nach realer Rechnung. Anlehnung der Daten an:
http://pso.hochiminhcity.gov.vn/so_lieu_ktxh/2001/Phu_luc_so_lieu_ca_nuoc/1003.htm

Diese Abbildung lässt leicht erkennen, dass zur schnellen Veränderung des Bruttoinlandsproduktes in den vergangenen Jahren im wesentlichen die beiden Bereiche „Industrie und Bausektor" sowie „Dienstleistungen" beigetragen haben. Aufgrund der wichtigen Schlüsselfunktion für die Industrialisierung mit ca. 9,4% jährlicher Wachstumsrate investiert die Regierung nach wie vor in großem Umfang in die Schwerindustrie (z.B. Stahl, Zement, Schiffbau). Im Unterschied zur traditionellen Importsubstitution (wie z.b. bei Stahl, Zement, Papier) wird bei Automobilen und Krafträdern versucht, durch Einfuhrzölle und -kontingente die Entwicklung einer Zulieferindustrie mit Erhöhung des lokalen Anteils von 60-65% bei Krafträdern und von 10-15% bei Automobilen im Jahr 2005 zu steuern[5]. Die Industrieproduktion leistet damit einen wesentlichen Beitrag zum gesamtwirtschaftlichen Wachstum. Hervorzuheben ist in erster Linie die Herstellung von Textilien und Bekleidung, Schuh- und anderen Lederartikeln sowie die Bautätigkeit. Diese Herstellung bleibt eine zentrale Säule des Industriesektors, die in einem erheblichen Maße zum Export und zur Beschäftigungs-

---

[5] Vgl. Ministerium für nationale Investion und Planung: Entwicklungsstrategie im Maschinenbausektor bis 2005.

entwicklung beitragen. Im Südchinesischen Meer wird Rohöl und Gas gefördert, womit die neuen Industrien wettbewerbsfähig werden könnten, sobald das Land voraussichtlich ab 2006 über eigene Raffineriekapazitäten verfügt.[6]

Wichtigster Wirtschaftszweig Vietnams für mehr als 66 % der Arbeiterschaft ist die Landwirtschaft. Vietnam ist weltweit zweitgrößter Reis- und Kaffeeexporteur. Weitere wichtige Agrarprodukte sind Fisch und Fischereierzeugnisse, Pfeffer, Cashewnüsse sowie Kautschuk. Die Exportvolumina steigen weiterhin, allerdings leiden die Erträge bei einigen landwirtschaftlichen Produkten unter der negativen Preisentwicklung auf den Weltmärkten (z.b. 2001 Kaffeeexport +29 %, Exporterlös -20 %). Unterbeschäftigung ist in diesem Sektor der Ökonomie verbreitet, da von internationalen Experten geschätzt wird, dass die Zahl der Erwerbstätigen bei gegebener Ausstattung ohne Schaden für die Produktion um 40 % reduziert werden können[7].

Dienstleistungen werden aber vielfach auch von der offiziell nicht erfassten Schattenwirtschaft (informeller Sektor) erbracht. Insbesondere der Tourismus wird immer wichtiger, da Vietnam von seinem Image politischer und sozialer Stabilität in einer vom Terrorismus bedrohten Welt profitiert. Im Jahr 2002 haben 2,6 Millionen ausländische Reisende das Land besucht (plus 12,8 %). Hotels erfreuen sich steigender Belegungsraten und beschäftigen zusammen mit anderen Trägern des Tourismusgewerbes bereits 2 % aller Erwerbstätigen[8].

Jährlich schließen ca. 1.300.000 (6497548/ 5. Klasse) Jugendliche die Sekundarstufe I ab, und davon gehen nur 820.000 (2458446/3) in die Sekundarstufe II über. So würden etwa 480.000 Abgänger aus der Sekundarstufe I eine Berufsbildung benötigen, um in der Wirtschaft einzusteigen. Außerdem schließen ca. 820.000 Abiturienten die Sekundarstufe II ab und von diesen Absolventen können nur 196.885 im Jahr 2004-2005[9] in den Hochschulen (Cao đẳng- Post Secondary non tertiary und Đại học – Tertiary) einen Studienplatz bekommen. So haben ca. 620.000 Abiturienten keine Chance, zur Hochschule zu kommen. Das zeigt den sehr großen Bedarf an Berufsausbildung für jährlich insgesamt ca. 1.100.000 Abgängern aus der Sekundarstufe I und II; wenn alle Jugendlichen in diesem Alter berücksichtigt werden, liegt die jährliche

---

[6] Anlehnung an http://www.auswaertiges-amt.de/www/de/laenderinfos/laender/laender_ausgabe_html?type_id=12&land_id=190

[7] Vgl. Uwe Blien, Pham Thi Hong Van: Beschäftigungsperspektiven Vietnams und ihr Zusammenhang mit dem Bildungswesen des Landes. In: Uschi Backes-Gellner, Corinna Schmidtke (Hrsg.): Bildungssystem und betriebliche Beschäftigungsstrategien in internationaler Perspektive. Berlin 2002.

[8] Vgl. Wirtschaftslage, Wirtschaftsstruktur in: http://www.auswaertiges-amt.de/www/de/laenderinfos/laender/laender_ausgabe_html?type_id=12&land_id=190

[9] Vgl. Ha Anh *(VietNamNet):* Bericht über die Bewerbungen an die nationale Hochschulaufnahmeprüfung, 13/5/2004.

Nachfrage nach Berufsausbildung bei ca. 1.400.000[10]; es stehen jedoch nur ca. 195.000[11] Ausbildungsplätze für eine Langzeitberufsbildung und Fachberufsausbildung auf dem Niveau von Facharbeit oder Techniker und ca. 700.000 Plätze für eine Kurzzeitausbildung zur Verfügung. Demgegenüber ist die Zahl junger Schulabgänger ohne jede berufliche Ausbildung dramatisch hoch mit ca. 500.000 Jugendlichen. Hier liegt natürlich ein politisch-gesellschaftliches Konfliktpotential.

Vietnam ist ein multinationaler Staat mit 53 Minderheiten, die ca. 14% der Bevölkerung ausmachen. Sie haben eine eigene Sprache und Kultur und jedoch nur wenigen Bildungschancen. Die meisten dieser Bevölkerungsgruppen leben im Hochland. Ca. 30% der Jugendlichen haben keinen Kontakt zur Basisbildung.

Nach Angabe des MOLISA (Ministerium für Arbeit, Invaliden und Soziale Angelegenheiten) hat Vietnam im Jahr 2003 eine Arbeitslosrate von 5,78% in der Stadt, während diese Quote im Land sehr hoch bei ca. 22% liegt. Bis 2005 soll der Anteil der Arbeiterschaft im Landwirtschaftssektor auf ca. 56% abgesenkt werden, während gleichzeitig die Beschäftigungsquote im Industrie- und Bausektor auf 23% und im Dienstleistungssektor auf 21% erhöht werden soll (entsprechende Quoten im Jahr 2003: 66,05%, 12,92%, 10,95%; 3,66% andere Sektoren). Die Arbeitslosrate soll in der Stadt nur noch bei 5,4% liegen.

Nur 13% der Arbeiterschaft besitzen gegenwärtig einen Abschluss im Sekundarbereich II, während 32,1% über einen Sekundarbereich I-Abschluss verfügen; aber ca. 26% der Arbeiterschaft haben den Primarbereich nicht beendet. Bezüglich der Berufsausbildung bleibt festzuhalten, dass 87% der Arbeiterkräfte keine Berufsausbildung aufweisen; 10% haben eine Berufs- oder Technikerausbildung und nur 2,3% absolvierten eine Hochschulbildung[12]. Eine andere Statistik des MOLISA im Jahr 2001 zeigt, dass die Arbeiterschaft mit einer Ausbildung leicht ansteigt. Trotzdem bleibt der Anteil der Arbeiterschaft ohne eine Ausbildung noch hoch (siehe untere Abbildung).

---

[10] Vgl. MOET: National- und Aktionsplanung in der Bildung von 2003 bis 2015. Hanoi 6/2003.
[11] Vgl. Jahrbericht 2002 der MOET- http://www.edu.net.vn/Default.aspx?&tabid=2&mid=9&tid=32&iid=975
[12] Vgl. Ernst Schmeer, Nguyen Duc Tri: Vietnam. In: Internationales Handbuch der Berufsbildung. Baden-Baden 2000, S. 20.

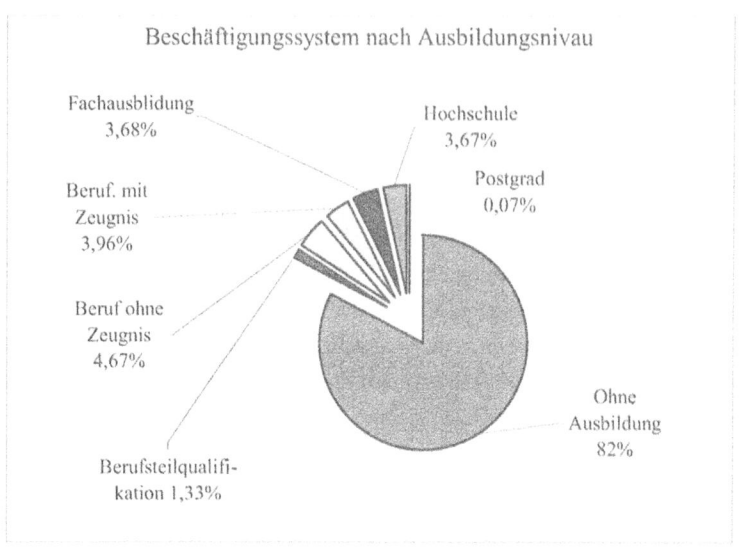

Abbildung 6: Ausbildungsniveau der Arbeiterschaft.
(Quelle: Beschäftigungssystem im Jahr 2001, MOLISA)

In der Planung versucht die Regierung, bis 2005 etwa 30% der Arbeiterschaft eine Ausbildung zu vermitteln und bis 2010 soll dieser Anteil auf ca. 40% der Arbeiterschaft ansteigen, davon 26% mit Berufsausbildung, 8% mit Fachberufsausbildung und 6% mit Hochschulbildung.

Aus dem Forschungsbericht in *VietnamNet, 22/4/2004* des Instituts für Arbeit und Sozialangelegenheiten über die Arbeiterstruktur in 120 Unternehmer geht hervor, dass die Arbeiterstruktur im Verhältnis Hochschul-/Fachschul-/Berufschulniveaus in staatlichen Unternehmen bei 1-0,95-4,26, in privaten Unternehmen bei 1-0,73-3,86 und in gemischten Unternehmen bei 1-0,64-1,53 liegt, während die internationale Arbeitstruktur 1-4-10 beträgt. Dieser Befund macht deutlich, dass in der vietnamesischen Qualifizierungspolitik noch erhebliche Anstrengungen erforderlich sind, um im internationalen Wettbewerb bestehen zu können.

Der Bedarf der Unternehmen an Arbeitnehmern mit einer Ausbildung wird zunehmend größer. Ein Beispiel dafür: Im Kreis Ho Chi Minh Stadt wurde 40000 Arbeitnehmer in 45 Berufsfeldern anläßlich der Arbeitsmarktmesse im Jahr 2003 eingestellt, davon 15% Hochschulbildung, 20% anspruchvolle Berufsausbildung, 30% Teilberufsausbildung und 30% keine Berufsbildung. Die Anzahl der benötigen Arbeitskräfte in den Berufsfeldern Elektrotechnik, Metalltechnik, Lebensmitteltechnologie und Textilbearbeitungstechnik ist nach wie vor besonders hoch.

1.2.2. Das allgemeine Bildungssystem

Seit den 60er Jahren verfügt Vietnam über ein vergleichsweise gutes dreistufiges Bildungssystem (siehe Abbildung unten). Das nationale allgemeine Bildungssystem umfasst seit 1981 einheitlich 12 Schuljahre. Davon entfallen 5 Jahre auf die Primarstufe (Klasse 1-5), 4 Jahre auf die Sekundarstufe I (Klasse 6-9) und 3 Jahre auf die Sekundarstufe II (Klasse 10-12). Der Primarstufe vorgeschaltet existieren zahlreiche staatliche, halbstaatliche und private Vorschuleinrichtungen und Kindergärten, deren Besuch jedoch nicht verpflichtend ist. Seit dem Inkrafttreten des Gesetzes zur Verbreitung der Grundschulpflicht (Luat Pho Cap Giao Duc Tieu Hoc) im Jahre 1991 ist die Primarstufe verbindlich von allen Angehörigen der betreffenden Altersgruppe zu absolvieren.

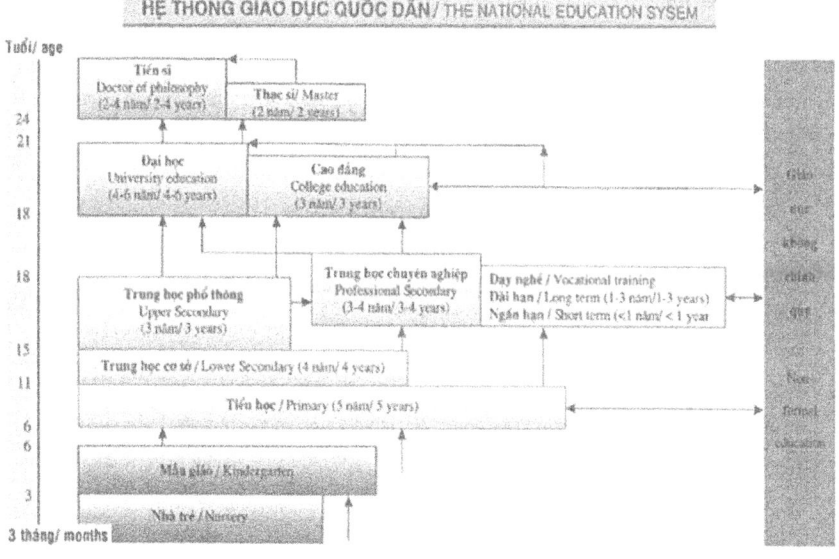

Abbildung 7. Vietnamesisches Bildungssystem (Quelle: http//www.edu.net.vn 2/2004)

Der Besuch der Primarschule (6-14 Jahre) ist de jure obligatorisch, die Analphabetenrate in Vietnam mit ca. 7% vergleichsweise niedrig. Nach dem Abschluss des fünften Schuljahrs erhalten die Absolventen der Primarschule nach erfolgreicher Prüfung ein Zeugnis, mit dem eine Schule im Sekundarbereich I [lower secondary] besucht werden kann. Der Sekundarbereich I umfasst vier Jahre (Schuljahre 6 bis 9). In den Schuljahren 8 und 9 wird im Rahmen der Berufsorientierung eine *allgemeine Berufsausbildung* mit dem Fach ‚Angewandte Technik' mit 2 bis 5 Wochenstunden vermittelt. Für diese Aufgaben werden an den Pädagogischen Hochschulen auch spezielle Lehrer ausgebildet.

Die mit Erfolg abgelegte Abschlussprüfung nach dem 12. Schuljahr des Sekundarbereichs II [Upper Secondary] berechtigt zur Teilnahme an den Aufnahmeprüfungen der Universitäten und Hochschulen. Der Sek. II-Bereich endet mit der Abitur-Prüfung zur allgemeinen Hochschulreife; die Prüfung berechtigt jedoch bisher nur in Ausnahmefällen, d.h. bei sehr gutem Leistungsdurchschnitt, zum direkten Übergang in eine Universität. Außerdem ist der Übergang in eine Berufliche Sekundarschule, in eine Technische Sekundarschule, in eine Berufsschule oder direkt in das Berufsleben möglich. Im Allgemeinen verlangen die Universitäten und Fachhochschulen eine Aufnahmeprüfung, die seit Anfang der 90er Jahre dezentral mit gemeinsamen Prüfungsaufgaben je nach Studienrichtung an den Hochschuleinrichtungen selbst geplant und durchgeführt wird.

Bei vielen Höheren Sekundarschulen wurden im Curriculum Lerninhalte der beruflichen und technischen Bildung aufgenommen, so dass die Absolventen dieser Schulen auch als Fachhelfer [semiskilled worker] vom Arbeitsmarkt aufgenommen werden können. Die untere Tabelle und ihre Darstellung (Abbildung 8) zeigt die quantitativen Entwicklungen im Bildungssystem.

Jahr	1999-2000	2000-2001	2001-2002	2002-2003
Tiểu học – Primary	10063025	9751431	9336913	8841004
Trung học cơ sở – Low Secondary	5767298	5918153	6254254	6497548
Upper secondary	1975835	2199814	2334255	2458446
Vocational – Secondary Education	182994	200225	194831	389326
Cao đẳng – Post Secondary nomtertialy	173912	186723	210863	215544
Đại học – Tertiary	719842	731505	763256	805123

Tabelle 3: Die Lernenden im Bildungssystem

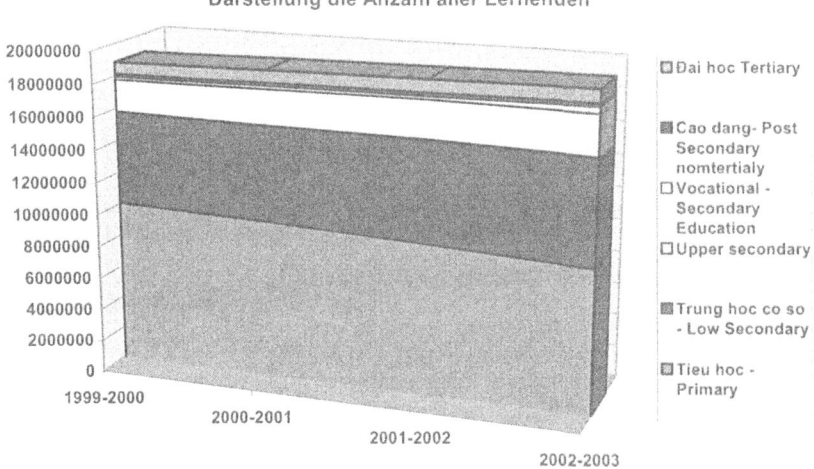

Abbildung 8: Anzahl der Lernenden im Bildungssystem[13]

Ein Blick auf das gesamte Bildungssystem zeigt es (siehe Abbildung 7), dass im Schnitt des Jahres (2002) etwa 97,68% der Grundschüler die Prüfung für die Lower Secondary Schule und 75,69% der Lower Secondary Schüler die Prüfung für Upper Secondary Schule bestehen.

1.2.3. Das Berufsbildungssystem

Die Verwaltungsstruktur des vietnamesischen Bildungswesens hat drei Ebenen. Auf zentraler Ebene agiert das Ministerium für Erziehung und Ausbildung (MOET), für den beruflichen Teil das Arbeitsministerium (MOLISA). Auf Provinzebene (61) agieren die Abteilungen für Bildung und Ausbildung (DOLISA) und auf Bezirksebene die Büros für Bildung und Ausbildung. Ab Juni 1999 trat für die berufliche Bildung eine Änderung der Zuständigkeit ein, die nach Verabschiedung des Bildungsgesetzes der Sozialistischen Republik Vietnam v. 02.12.1998 von dem MOET auf das MOLISA und dort auf die Generaldirektion für berufliche Bildung (GDVT) übertragen wurde. In der Berufsfachausbildung ist das MOET zuständig für die Langzeitberufsbildung der Berufsfachschule so wie die Polytechnik in Sekundarstufe, und MOLISA ist zuständig für Langzeitausbildung in der Berufsschule und Kurzzeitausbildung in Be-

---

[13] Vgl die Angabe von http://www.edu.net.vn/ThongKe/thcn.htm

rufsausbildungszentren. Neben dem MOET besitzen andere Ministerien auch Mitzuständigkeiten in der Ausbildung der zu ihrem Bereich gehörenden Berufsfachschulen und Berufsschulen (siehe Abbildung 9)

Im gegenwärtigen *formalen System* der *beruflichen Bildung* werden nach dem Bildungsgesetz *Article 28.* – Berufsausbildung folgende Varianten unterschieden:

„Job education comprises:
1. Vocational secondary education is conducted from three to four years for learners having the graduation diploma of basic secondary education, from one to two years for those having the diploma of general secondary education;
2. Job training reserved for those having a cultural standard and health condition suited to the job they need to be trained in. It is carried out for less than one year for the short-term job training programs and from one to three years for the long term job training programs."

1. Kurzzeitsberufsausbildung in Berufsbildungszentren (Vocational Training Center) und in Zentren für Berufsorientierung und Berufsbildung.

2   Langzeitberufsbildung in Berufsschulen (Vocational Training Schools, VTS – Truong Cong nhan Ky thuat – Nghiep vu).

3   Berufsausbildung in Fachschulen (Secondary Technical School, STS oder Professional Secondary School, PSS – Truong Trung hoc Chuyen nghiep).

SYSTEM DER BERUFSBILDUNGSTRÄGER UND AUSBILDUNGSINSTITUTE

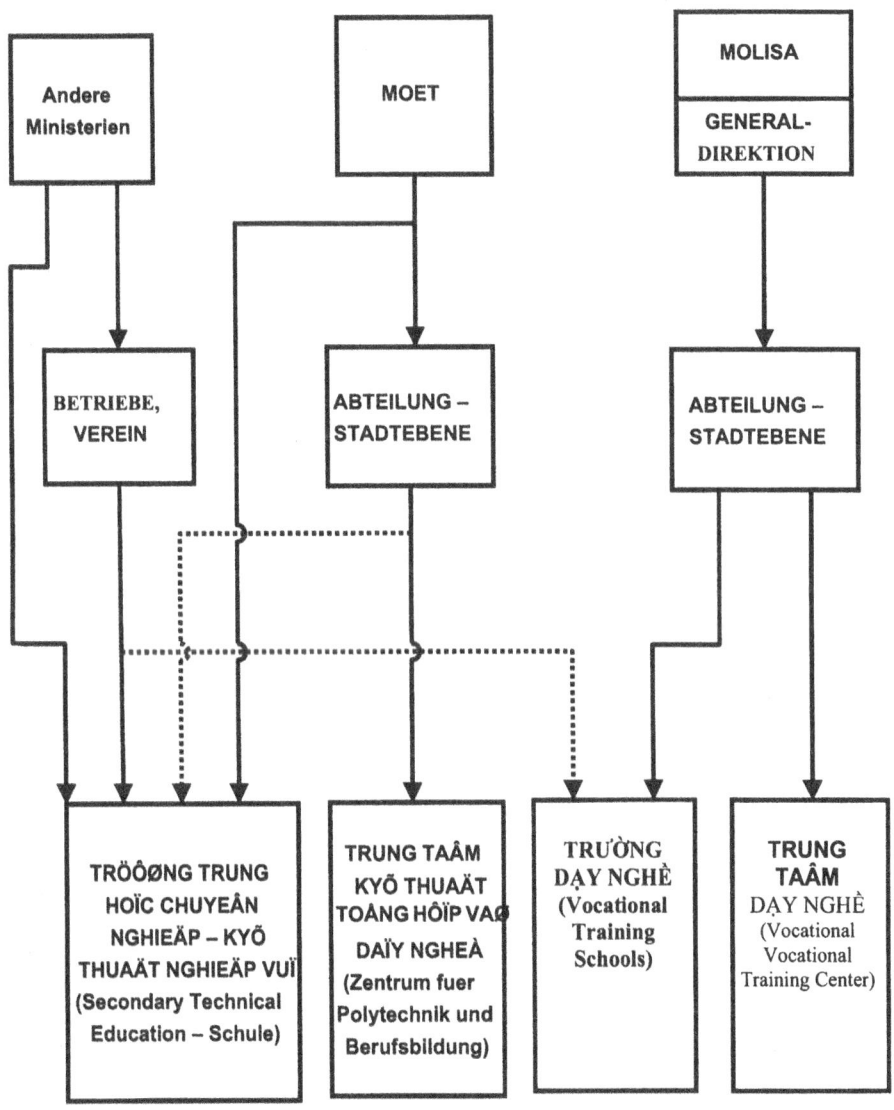

Abbildung 9: Die Zuständigkeiten und die Institutionen der Berufsbildung

Zur Zeit überwiegen quantitativ die *Berufsausbildungszentren*. Diese Angabe ist wegen vieler Veränderungen jedoch nicht stabil. Die Einführung dieser Zentren geht auf die 80er Jahre mit der Einführung einer Polytechnikausbildung und Berufsorientierung zurück. Nach der Regelung der Zuständigkeiten des MOLISA erfolgte ein beschleunigter Ausbau dieser Ausbildungsform. Ihrer Funktion entsprechend soll sich das Kursangebot an den lokalen Bedürfnissen der Wirtschaft orientieren, und die Zentren sollten kurzfristige Lehrgänge und Kursprogramme anbieten. Das Kursangebot ist überwiegend auf Maßnahmen beschränkt, die nicht mehr als drei Monate dauern, und sie liegen thematisch im Bereich von Büro- und Verwaltungsfertigkeiten; die technischen Schwerpunkte bilden Textilverarbeitung, Motorradwartung und elektrotechnische Reparaturen. Dabei gibt es jedoch auch Ausbildungsgänge für Berufe, die über die Ausbildungsdauer von einem Jahr hinausgehen.

Ein im Auftrag des MOLISA (Ministerium für Arbeit, Invaliden und Soziale Angelegenheiten) bis Ende 2003 erprobtes und in einigen Zentren inzwischen eingeführtes modulares System (76 Curriculum Guides) ist für 48 Berufe entwickelt worden. Allen gemeinsam ist, dass das erste Modul ein Grundmodul ist, das 1 bis 2 Monate dauert. Alle weiteren Module können in bestimmten Kombinationen gewählt werden. Zwischen den einzelnen Modulen liegen Beschäftigungszeiten, so dass ein Ausbildungsgang mit mehreren Modulen an diesen Berufsbildungszentren durchaus mehrere Jahre in Anspruch nehmen kann. Dieses berufsbildungspolitische Konzept von Modularisierung einerseits und Integration von Praxisphasen anderseits kann im Kontext der internationalen Diskussion als ein sehr modernes Qualifizierungskonzept bezeichnet werden[14]. Die Prüfungen in den Berufsausbildungszentren werden in der Regel in Eigenregie gestaltet und durchgeführt, und ihre Gültigkeit ist zumeist örtlich begrenzt. Eine Anerkennung dieser Prüfungen zur Anrechnung der Teilqualifikationen zu einer ganzheitlichen Facharbeiterqualifikation ist momentan nicht vorgesehen. Die Absolventen erhalten nach der erfolgreichen Prüfung ein „Skill-Zertifikat" mit maximaler Stufe 2/7.

Den *Berufsschulen* (Vocational Training School oder Technical Worker School – Truong Cong nhan Ky thuat/nghiep vu) obliegt in Vietnam die Ausbildung von Facharbeitern und anderen Fachkräften. Zur Zeit (2003) gibt es 218 Berufsschulen. Die Ausbildungsdauer beträgt je nach fachlicher und schulischer Vorbildung 1,5 bis 3 Jahre. Die zentrale Aufsichtsbehörde für die Schulen ist das MOLISA, teilweise aber auch das MOET. Die Schulen werden überwiegend von Schulabgängern der Sekundarstufe I, aber auch von solchen der Sekundarstufe II besucht. Die Ausbildung in

---

[14] Vgl. Rothe, Georg: Alternanz, die EU-Konzeption für die Berufsausbildung. Karlsruhe 2004.

Berufsschulen bezieht sich auf 265 Berufe in 14 Berufsbereichen[15]. Die Berufe haben ein sehr unterschiedliches Anspruchsniveau. Es bestehen bei gleichen Ausbildungsberufen regionale Unterschiede bezüglich der Ausbildungsdauer und Ausbildungsqualität. Absolventen der Sekundarstufe I durchlaufen eine zweijährige Ausbildung für einfachere und eine dreijährige für anspruchsvollere Berufe. Viele Schule nehmen nur die Absolventen der Sekundarstufe II.

Die Ausstattung der Berufsschulen ist im allgemeinen nicht so modern wie die der Berufsbildungszentren. Ausnahmen bilden Schulen, die an ein Kombinat angeschlossen sind oder durch ausländische Aktivitäten unterstützt werden.

Die Prüfungen in der Berufsschule werden von den einzelnen Berufsschulen selbständig gestaltet und durchgeführt. Die Prüfungskommission setzt sich meist aus Vertretern der Schule und des Betriebs (falls die Berufsschulen einem Kombinat angegliedert sind) zusammen und sie prüft in den beiden Bereichen von Theorie und Praxis. Eine Durchlässigkeit zwischen der Berufsschule und der Berufsfachschule existiert momentan nicht, obwohl es keine großen Unterschiede bezogen auf die Fachkenntnisse bei diesen Schultypen gibt. Die besonderen Unterschiede liegen in Verhältnis des theoretischen und praxistischen Unterrichts. Die Berufsfachschüler, so genannte Techniker (Ky thuat Vien), sollten mehr Theorie als Facharbeiter an der Berufsschule studieren.

Den anderen Typ der vollzeitschulischen Berufsausbildung in Vietnam bilden die **Berufsfachschulen** (Secondary Technical oder Professional Secondary School genannt). Zur Zeit (2003) gibt es 266 Berufsfachschulen, davon 236 staatliche Schulen und 30 Privatschulen mit 389.000 Auszubildenden, von denen etwa die Hälfte jährlich diese Schule abschließt [Zeitung *Người Lao Động* 19, 09/10/2003]. Diese Ausbildungsform verbindet allgemeinbildende und berufsbildende Inhalte. Die Dauer beträgt 3 bis 4 Jahre für die Abgänger aus der Lower Secondary School (9. Klasse), 1 bis 2 Jahre für die Upper-secondary Abiturienten. Sie führt zu einem Technikerdiplom (Diplom für Technische Sekundarbildung) oder zu einem Diplom für berufliche Sekundarbildung auf Technikerniveau und zur Hochschulreife (siehe Anlage 1.4.). Dieser Bildungsgang endet mit einer Doppelqualifikation: berufliche Bildung mit Voraussetzung zur Hochschulausbildung für die mittlere Führungsebene oberhalb des Facharbeiterstatus' (Ky thuat vien trung cap). In der Realität sind die meisten Ausbildungskurse (ca. 70%) für Abiturienten reserviert. Ein Grund dafür ist die Tatsache, dass die Berufsfachschule auf die Vermittlung von Allgemeinbildung verzichtet. Die fachlichen Curricula dieser Kurse sind ähnlich wie bei den Berufsschulen. Der wesentliche Unterschied zu den Berufsfachschulen besteht darin, dass hier in erheblich

---

[15] Anlehnung an Dao Tu Duy, Jungenzeitung 7/10/2003 in http://www.edu.net.vn

größerem Umfang theoretische Kenntnisse vermittelt werden. Die Rahmenlehrpläne für die Berufsfachschulen werden nach Verordnung *Nr. 2760/QÑ/TH-DN 30/10/1991* vom Bildungsministerium (MOET) mit einem Verhältnis zwischen Praxis und Theorie von 25 zu 75 festgelegt. Die konkreten fachlichen Lehrpläne sind wie bei den Berufsschulen veraltet und werden von den Schulen in eigener Regie modernisiert mit einem anderen Verhältnis und anderen Inhalten. Dadurch gibt es von Schule zu Schule große Unterschiede und damit auch keine Einheit in der Ausbildung, was natürlich zu Vermittlungsproblemen auf dem Arbeitsmarkt führen kann. Einheitliche Mindeststandards wären deswegen unter arbeitsmarktpolitischen Aspekten wünschenswert.

Außerdem werden im *nichtformalen* Bildungssystem Maßnahmen in der Erwachsenenbildung zur Verbesserung der Alphabetisierung und der beruflichen Qualifizierung durchgeführt. Berufliche Erstausbildung außerhalb der beruflichen Vollzeitschulen wird nur in wenigen Betrieben in einer formalen betrieblichen Berufsausbildung realisiert, die vorwiegend von ausländischen Firmen oder von ausländischen Firmen mit vietnamesischer Beteiligung (Jointventures) z.B. in der Singapur-Industriezone praktiziert wird. Manche Betriebe stellen nach entsprechender Vereinbarung mit beruflichen Schulen betriebsinterne Ausbildungsplätze zur Verfügung, die eine betriebliche Berufsqualifizierung in einem Zeitraum von vier bis sechs Monaten ermöglichen. Eine informelle Berufsausbildung erfolgt auch in den *Familienwirtschaftsbetrieben,* die von Generation zu Generation die berufsfachlichen Kenntnisse weitergeben, oder in eigenständigen Unternehmen durch Anlernen oder durch *training on-the-job*-Maßnahmen.

Das Abschlussniveau der Berufsausbildung ist ein wesentliches Kriterium für die Einstufung in eine von sieben Kompetenzstufen der Beschäftigung, die gegenwärtig durch den Privatsektor, allerdings mit Abweichungen, weiter verwendet werden: Stufe 1: Hilfsarbeiter [unskilled]; Stufe 2: Helfer [semi-skilled]; Stufen 3 u. 4: Facharbeiter [skilled] und Stufen 5, 6, 7: Spezialfacharbeiter [high-skilled]. Absolventen der Kurzzeitausbildung werden in die Stufen 2 eingruppiert, die Absolventen mit Langzeitausbildung (Berufsschule und Berufsfachschule) kommen in die Stufe 3-4; eine weitere höhere Stufe setzt Berufserfahrung und in der Regel den Abschluss von Fortbildungslehrgängen voraus.

1.3. Entwicklungsrahmen des berufsbildenden Schulwesens bis 2010

Im 2001 veröffentlichten das Ministerium für Erziehung und Ausbildung (MOET) sowie das Arbeitsministerium (MOLIA) einen auf der Basis der politischen Leitlinien und den Weisungspapieren der KP Vietnam erarbeiteten konkreten Handlungs- und Aktionsplan für Erneuerung des gesamten berufsbildenden Schulwesens bis 2010. Die Erneuerung zielt insbesondere auf folgende Punkte:

Die Planung soll sich an folgenden Richtzielen orientieren:
- Ausbau der Ausbildungseinrichtungen zur Abdeckung des Bedarfs gemäß der wirtschaftlichen und gesellschaftlichen Entwicklung; die Berufsausbildung soll auch einen Beitrag zur gesellschaftlichen Stabilisierung und für die Industrialisierung und Modernisierung des Landes leisten;
- Schrittweise Verbesserung der Ausbildungsqualität; Steigerung der Zahl an ausgebildeten Arbeitern; Beseitigung der Strukturprobleme in den Beschäftigungssektoren.
- Schaffung von Möglichkeiten für Werktätige zur Erweiterung ihrer Kenntnisse und Fähigkeiten (Fort- und Weiterbildung) sowie Förderung von Kompetenzen zur unternehmerischen Selbständigkeit der Absolventen.

Die Planung soll sich an folgenden Prinzipen orientieren:
- Anpassung der wirtschaftlich gesellschaftlichen Entwicklungsstrategie des gesamten Landes, auf lokaler Ebene und in den Provinzen; Horizontale und Vertikale Differenzierung der Berufsausbildung (Ausbildungsniveau und Ausbildungsrichtungen) unter Berücksichtigung regionaler und lokaler Bedingungen; Steigerung der Leistungsfähigkeit von Ausbildungseinrichtungen unter Berücksichtigung von Qualität und Effektivität; Verbindung von Ausbildung und Arbeitsmark;
- Weiterentwicklung unter Berücksichtigung von Möglichkeiten staatlicher und gesellschaftlicher Investitionen; Vergesellschaftlichung der Berufsausbildung; Entwicklungsförderung auch von nichtstaatlichen, insbesondere von ausländischen Ausbildungseinrichtungen;
- Vertikale Differenzierung in der Ausbildung von Facharbeitern und Technikern in vielen Niveaus unter Berücksichtigung der Durchlässigkeit im Berufsausbildungssystem und Schulbildungssystem.

Die Planungen sollen sich an folgenden Schwerpunkten orientieren:

(1) Die Vertikale Differenzierung (Ausbildungsniveaus) in der Ausbildung
Die Ausbildung soll in 3 Niveaus differenziert werden:
- Ausbildung in Teilberufen. Die Auszubildenden sollen nur einige berufliche Teilkenntnisse und Fertigkeiten für bestimmte Berufstätigkeiten erwerben. (Kurzzeitausbildungsform)
- Ausbildung in Vollberufen. Die Auszubildende sollen in großem Umfang berufliche Kenntnisse und Fertigkeiten erwerben, damit sie vielseitige berufliche Aufgaben erfüllen können. (Langzeitsausbildung)
- Ausbildung in Höheren Berufen. Die Auszubildenden haben auf der Basis ihre Bildungsabschlüsse im Sekundarbereich II [Upper Secondary Schools] oder der Fachberufsschule [Professional Secondary Schools] Kenntnisse und Fähigkeiten erworben (Technikerniveau), die sie für höherwertige Tätigkeiten qualifizieren (z.B. Wartung und Steuerung von modernen Industrieanlagen).

(2) Steigerung der Anzahl der Ausbildungsstellen
- Steigerung von Langzeitausbildungsstellen um jährlich 11-12%, damit 26% der Werktätigen im Beschäftigungssystem im Jahr 2010 eine formale berufliche Qualifikation besitzen;

- Steigerung der Langzeitausbildungsstellen von 16 % (Jahr 2000) auf 22 % ca. 236000 (Jahr 2005) und 27% ca. 395000 (Jahr 2010), davon 7 % ca. 16000 (2005) und 15 % ca. 59000 (2010) mit einer Ausbildung in höheren Berufen;
- Steigerung der Auszubildenden in nichtstaatlichen Ausbildungseinrichtungen ca. 70% in Jahr 2010.

(3) Horizontale Differenzierung in der Ausbildung
- Die Ausbildungsfelder und -bereiche sollen am Bedarf des Arbeitsmarktes in Industrie, Landwirtschaft und Dienstleistung orientiert sein und auf Basis von Resultaten der Berufsbildungsforschung in regelmäßigen Abständen angepasst werden;
- Konzentration auf Ausbildungsberufe mit höherer Technologie und Dienstleistung für große Städte und Industriezonen; Vorrangig in den Berufsfeldern wie z.B. Informationstechnik, Maschinenbautechnik, Elektrotechnik, Luftfahrtechnik, neue Werkstofftechnik, Raffinerietechnik, Biotechnik und besonders in solchen Berufsfeldern, die viele Arbeitskräfte beschäftigen, wie Textilbearbeitung, Fischwirtschaft; Orientierung der Ausbildung an Industrialisierung, Modernisierung und für die Entwicklung im Hochland, auf dem Land sowie für Arbeitskraftexportierung.

(4) Entwicklung der Berufschullehrerausbildung
- Schrittweise Standardisierung von Lehrkräften; Steigerung der Anzahl mit Masterniveau, besonders in den Ausbildungseinrichtungen mit Hochqualifikation; Verbesserung des Lehrer/Schüler-Verhältnisses bis 1/15 in Jahr 2010.[16]

Mit diesen Richtlinien hat MOLISA eine eigene Strategie entwickelt. Wesentliche Merkmale sind die Planung für die Steigerung des Ausbildungsumfanges und der Leistungsfähigkeit der Ausbildungseinrichtungen, die Entwicklung von Curricula zwecks vertikaler und horizontaler Differenzierung sowie die quantitative und qualitative Verbesserung der Berufsschullehrerausbildung. Mit dem Ziel, die Anzahl der Erwerbstätigen mit einer Ausbildung zu steigern, versucht Vietnam bis 2005 ca. 236.000 und bis 2010 ca.395.000 Ausbildungsplätze mit einer Langzeitausbildung zu erreichen. Neben dieser Ausbildungsform müssen auch andere Ausbildungsformen wie die Kurzzeitausbildung ausgebaut werden. Damit sollen in allen Berufsausbildungsformen ca. 1.210.000 Ausbildungsplätze im Jahr 2005 und 1.650.000 im Jahr 2010 zu Verfügung stehen. Dafür werden ca. 60.000 Berufsschullehrer im Jahr 2010 benötigt werden. Die konkreten Zielsetzungen für die Berufausbildung sowie die Ausbildung und Fortbildung von Berufsschullehrer sollen unter quantitativen Aspekten wie folgt realisiert worden.

---

[16] Vgl. Regierungsbeschluss Nr. 48/2002/QĐ-TTg: Planung für das gesamte berufliche Schulwesen von 2002 bis 2010. Hanoi 11/04/2002.

Zuweisung der Ausbildungsplätze	2003	2004	2005	2006	2007	2008	2009	2010
Langzeitausbildung	165000	186000	230000	255000	285000	315000	340000	375000
Kurzzeitausbildung	842000	954000	980000	1035000	1085000	1145000	1210000	1275000
Summe	*1007000*	*1140000*	*1210000*	*1290000*	*1370000*	*1460000*	*1550000*	*1650000*
Verhältnis Lehrer/Schüler	28	27	25	22	20	18	16	15
Realer Bedarf an L für LZA	8840	10350	13800	17380	21370	26250	31870	37500
Realer Bedarf an L für KZA	8080	8830	9800	11760	13560	15900	18900	21250
Summe des realen Bedarfs	*16920*	*19180*	*23600*	*29140*	*34930*	*42150*	*50770*	*58750*
Abdeckung (mit 5% Verlust)		2370	4640	5820	6080	7580	9050	8380

Tabelle 4: Prognose des Bedarfs an Berufsschullehrern bis 2010 (Quelle: Projektplanung der Entwicklung von Berufsschullehrern bis 2010, GDVT, 12/2003)[17]

Unter dem steigenden Bedarf an Berufsschullehrern gerecht zu werden, wurden mehrere Maßnahmen bereits durchgeführt: Einrichtung von weiteren Aus- und Fortbildungseinrichtungen für Berufsschullehrer. Außer den seit längerem existierenden Universities of Technical Education (UTE) und den Technical Teachers Training Colleges (TTTC) sollen die Fakultäten für Technikpädagogik an den Universitäten auch die Aufgaben in der Ausbildung von Berufsschullehrern übernehmen, und außerdem werden neue Aus- und Fortbildungszentren im Norden, im Mitteland und im Hochland gegründet. Um den zunehmenden Bedarf an Berufsschullehrern mit Diplomniveau für die Ausbildung von Hochqualifikationsfacharbeitern abdecken zu können, sollen existierende TTTCs schrittweise in UTEs umgewandelt werden. Für die Bedarfsdeckung an Berufsschullehrern sollen langfristig verschiedene Institutionen weiterentwickelt werden. Die UTEs und TTTCs sollen außer dem Studiengang für die Absolventen der Sekundarstufe II auch noch die Studiengänge für die Facharbeiter- und Technikerabsolventen und besonders die pädagogische Ausbildung von Quereinsteigern anbieten.[18] Neben vier Technical Teachers Training Colleges (TTTC), die bis

---

[17] Die reale Anzahl der Berufsschullehrer für Fachpraxis und -theorie im Jahr 2003 beträgt 13646; Die Gesamtzahl aller Lehrerenden in der Berufsausbildung beträgt 20342.
[18] Vgl. Do Minh Cuong: Entwicklungsorientierung für Berufsschullehrer bis 2010. GDVT 6/2003.

Anfang 1999 auf dieser Ebene für die Ausbildung von praktischen Lehrmeistern verantwortlich waren und dann den Status[19] einer Fachhochschule (cao dang) erhalten haben mit dem Ziel, die Ausbildung von Lehrmeistern für den theoretischen Fachunterricht und den berufspraktischen Unterricht kombinierend durchzuführen, besteht die University of Technical Education (UTE) Ho Chi Minh Stadt. Weiterhin wurden die Fakultäten für Technikpädagogik an mehren Universitäten wie z.B. in den Technische Universitäten Hanoi, Thai Nguyen, Da Nang und in der Agrarhochschule Nr.1 aufgebaut sowie die Pädagogischen Hochschulen und Fachhochschulen für die Ausbildung von Techniklehrern weiterentwickelt, um in dem neu entwickelten Studiengang des Lehramts auszubilden. Zugleich wurde das TTTC Hung Yen im Januar 2003 und TTTC Nam Dinh in der Planung in eine UTE umwandelt. Diese Ausbau- und Umwandlungsprozesse im postsekundären und im Fachhochschulbereich (in deutscher Terminologie handelt es sich dabei eher um höhere Fachschulen) ist natürlich mit erheblichen Problemen in finanzieller Hinsicht (z.B. Aufbau von Labors und Bibliotheken), vor allem aber mit großen Qualifizierungsproblemen für die Lehrenden an diesen Einrichtungen verbunden.

---

[19] Der Staus der beiden an der Berufsschule und der Berufsfachschule tätigen Lehrertypen unterscheidet sich nach dem Bildungsgesetz (12/1998) hinsichtlich ihrer Ausbildung und Qualifikation.

2. Zur gegenwärtigen Situation von Berufsschullehrern

2.1. Zur Begrifflichkeit

Nach der im Jahr 1992 verabschiedeten neuen Verfassung bleibt Vietnam eine sozialistische Republik, in der das Volk durch Nationalversammlung und durch die lokalen Volksräte die Staatsgewalt ausübt. In der Verfassung sind durch entsprechenden Artikel die Rechtsgrundlagen für das gesamte Bildungswesen festgelegt, und damit wird die Bildungspolitik als primäre Aufgabe des Staates angesehen. Ein mehrfach überarbeiteter Entwurf des ersten nationalen Bildungsgesetzes wurde 1997 dem Parlament vorgelegt und am 11.12.1998 verabschiedet. Das Bildungsgesetz trat zum 01.06.1999 in Kraft.[20]

Für das gesamte Bildungswesen einschließlich der universitären Lehrerausbildung und der beruflichen Schulen war das MOET bis Juni 1999 zuständig. Nach der Änderung der Zuständigkeiten wurde die Berufsbildung weitgehend auf das MOLISA und dort in die Generaldirektion für berufliche Bildung (GDVT) übertragen. Von daher bleiben alle TTTCs also die höheren Fachschulen/Fachhochschulen zur Ausbildung von Berufsschullehren, unter Aufsicht und Regelung des MOLISA, auch wenn einige von ihnen auf dem Weg zu einer Lehrerbildungsuniversität (UTE) sind; einige wenige TTTCs sind jedoch offensichtlich noch oder schon wieder dem MOET zugeordnet. Die *Fachausbildung* in der Berufsfachschule so wie die Polytechnikzentren in Sekundarstufe I und II gehören zum Aufgabenbereich von MOET. MOLISA übernimmt die Aufgabe für die *Berufsausbildung* in Lang- und Kurzzeit in Berufsschulen und in Berufsausbildungszentren. Wegen der undeutlichen Unterscheidungen zwischen Fachausbildung und Berufsausbildung sind Überschneidungsbereiche und Unstimmigkeiten in der Verwaltung sowie in der rechtlichen Regelung für die Berufsausbildung entstanden.

Mit dem Beschluss des MOETs vom 15.08.1989 (Nr. 963/QD) waren erstmals Kriterien für Kategorien von Berufsschullehrern im Artikel 67 – „Standard level of training for teachers" festgelegt worden:

*d/ Diploma of teacher's college or other college education for teachers teaching general subjects, technique and jobs, diploma or job teaching school, artisans, technicians, skilled technical workers **for teachers guiding practice at job training schools**; {Berufsausbildung} (Có bằng tốt nghiệp cao đẳng sư phạm hoặc bằng tốt nghiệp cao đẳng khác đối với giáo viên dạy các môn văn hoá, kỹ thuật, nghề nghiệp; có bằng tốt nghiệp trường dạy nghề, nghệ nhân, kỹ thuật viên, công nhân kỹ thuật có tay nghề cao đối với giáo viên hướng dẫn thực hành ở trường dạy nghề;)*

---

[20] Vgl. Schmeer, Ernst; Nguyen Duc Tri: Vietnam. In: Internationales Handbuch der Berufsbildung. Baden-Baden S. 22, 2000.

e/ *Diploma of teacher's university or other university diplomas for teachers of vocational secondary schools;{Fachausbildung}*
(Có bằng tốt nghiệp đại học sư phạm hoặc bằng tốt nghiệp đại học khác đối với giáo viên trung học chuyên nghiệp;)

Diese Kriterien sind mit dem Dekret vom 09.01.2001 (Nr. 02/ND-CP) auf der Basis des Bildungsgesetzes von 1998 weiter definiert worden; die hier festgelegten Typen von Lehrern in der Berufsausbildung werden von der Funktion her in zwei Typen unterschieden:

a) **Theorie Berufslehrer** (meint Fachtheorie und Fachpraxis) für Langzeitausbildung als Absolventen der Universität/Hochschule und der Colleges (Artikel 11,1); für Kurzzeitsaubildung werden auch Absolventen von höheren Fachschulen eingestellt (Artikel20,1); Lehrer in anderen Fachrichtungen (nicht berufliche z.b. allgemeine Fächer, Fremdsprache...) für Langzeitausbildung sind in der Regel Absolventen von Universitäten oder Colleges (Artikel 11,1).

b) Zum anderen **Praxis-Lehrer**; zu dieser Kategorie wird lediglich ausgeführt, dass sie über umfangreiche technische Erfahrungen und hohe handwerkliche Fähigkeiten und Fertigkeiten für Kurzzeitausbildung verfügen müssen (Artikel 20,1). Das Qualifikationsniveau dieser Praxislehrer in Langzeitausbildung muss zwei Stufen höher liegen als das zu lehrende Niveau (Artikel 11,1). Falls die Theorie- und Praxislehrer für Lang- oder Kurzzeitausbildung keine Pädagogischen Zeugnisse der Pädagogischen Hochschulen oder Colleges besitzen, sollen sie ein Zertifikat in der pädagogischen Zusatzmaßnahmenausbildung (also einen Kurs oder einen Lehrgang) nachweisen (Artikel 11,3 und 20,3)[21].

Die Grundstruktur der Ausbildung in den beiden formal vorgegebenen Kategorien „Theorielehrer" und „Praxislehrer" siehe wie folgt aus:

---

[21] Vgl. Beschluss Nr. 02/2001/NĐ-CP der Regierung: Konkretisierung der Arbeit und Berufsbildungsgesetz. 09/01/2001.

	Lehrer für Fachtheorie und für die allgemeinbildenden Schulen[22]	*Lehrer für fachpraktischen Unterricht*
Vorbildung	Studium an Hochschulen mit den Niveau Diplom (4,5 Jahre) oder Ing. (3 bis 3,5 Jahre) mit wissenschaftlicher Berufspädagogik integriert oder konsekutiv	Techniker (Absolventen von Berufsfachschule), Facharbeiter, Meister) mit wissenschaftlicher Berufspädagogik konsekutiv (also einen Kurs oder einen Lehrgang besuchen)
Vorbereitung	2 Jahre Vorbereitungsdienst unter Aufsicht der eigenen Berufsschule	2 Jahre Vorbereitungsdienst unter Aufsicht der eigenen Berufsschule

Abbildung 10: Die Grundstruktur der Ausbildung von Theorie- und Praxislehrer

Nach einer Systematisierung, die die internationale Situation reflektiert, bekräftigt Lipsmeier, dass sowohl die „Theorielehrer" als auch die „Praxislehrer", wie sie in Vietnam ausgebildet werden, zur Gruppe/Niveaustufe 3 b (siehe Anlage 2.1) gehören[23].

2.2. Institutionelle und quantitative Aspekte von Berufsschullehrern

Nach Angabe des MOET existierten zur Zeit 268 Fachberufsschulen und ca. 140 Ausbildungseinrichtungen für die Fachausbildung. Die Fachausbildung wird nach Verordnung *1114/QĐ-GDĐT – 4/5/1994* des MOET in 22 Fachrichtungen (Nhóm ngành) für 68 Fachausbildungsrichtungen durchgeführt. Diese Fachberufsschulen mit ca. 9300 Lehrern und Lehrerinnen (Fach- und allgemeine Lehrer) können jährlich ca. 92000 Techniker[24] für den Arbeitsmarkt absolvieren. Mit der Absicht zur Steigerung dieser Ausbildungsform können 225690 Ausbildungsplätze (Quote 5,7%) für Jahr 2004/2005 seitens des MOET zugelassen werden. Die quantitative Entwicklung von Fachberufsschullehrern sowie die Ausbildungsplätze in der Fachberufsausbildung unter Aufsicht des MOET wird in der folgenden Tabelle dargestellt:

---

[22] Diese Lehrer dieses Typs dürfen auch praktischen Unterricht geben. Ihr Status und ihre Gehälter sind höher als die der Lehrer für praktischen Unterricht; Diplom Ing. Niveau höher als Ing. Niveau. In der Realität nehmen viele dieser Lehrer, besonders Lehrer mit Ing. Niveau, auch die Aufgaben der praktischen Lehrer wahr.
[23] Vgl. Lipsmeier, Antonius: Gutachten über die Qualifizierung technischer Lehrer in Vietnam. 03/05/ 2004.
[24] Statistik des MOET, 2004. In: http://edu.net.vn/data/thongke/

Ausbildungs-niveaus	1997-1998	1998-1999	1999-2000	2000-2001	2001-2002	2002-2003
Doktor	44	34	29	34	42	38
Master	296	418	435	549	524	536
Dipl. Ing.	7712	7395	7495	8012	7378	7612
Andere	1638	1923	1773	1594	1383	1156
Summe der Lehrer	9690	9770	9732	10189	9327	9342
Anzahl der Schüler	209958	216912	227992	255323	285000	325000
Verhältnis L/S	21,7	22,2	23,4	25,1	30,2	34,8

Tabelle 5: Fachlehrer und die Anzahl der Fachausbildung in Fachberufsschulen
(Quelle: Bildungsinformationszentrum der MOET, 2002)

Nach einer anderen Angabe des MOLISA bestehen zur Zeit (3/2004) 204 Berufsschulen, 221 Berufsausbildungszentren und 144 Ausbildungseinrichtungen innerhalb von Fachschulen, Colleges und Hochschulen sowie ca. 526 andere Ausbildungseinrichtungen (unter Einbeziehung Fachberufsschulen) mit Berufsausbildungsaufgaben. Die erwähnten 204 Berufsschulen decken ca. 70% Langzeitausbildung des ganzen Landes ab; der andere Teil wird von Ausbildungseinrichtungen in Fachschulen, Colleges, Hochschulen beigetragen. Von den 204 Berufsschulen stehen 55 unter Aufsicht von Fachministerien und 45 unter Aufsicht von großen Unternehmen, während 104 unterschiedliche Trägerschaft besitzen (90 staatliche Berufsschulen, 12 Privatberufsschulen, 2 ausländische Investorschulen).

Bedingt durch rasche wirtschaftliche Entwicklung und dem damit einhergehenden steigenden Bedarf an ausgebildeten Arbeitern mit jährlich ca. 21% (siehe Abbildung 11) und auch dem wachsendem Bedarf an höheren Qualifikationen im Beschäftigungssystem muss nicht nur der quantitative Ausbau der beruflichen Qualifizierungsmöglichkeiten gefördert werden; angesichts des Qualifikationswandels müssen in vielen Ausbildungseinrichtungen horizontale und vertikale Differenzierungen vorgenommen werden.

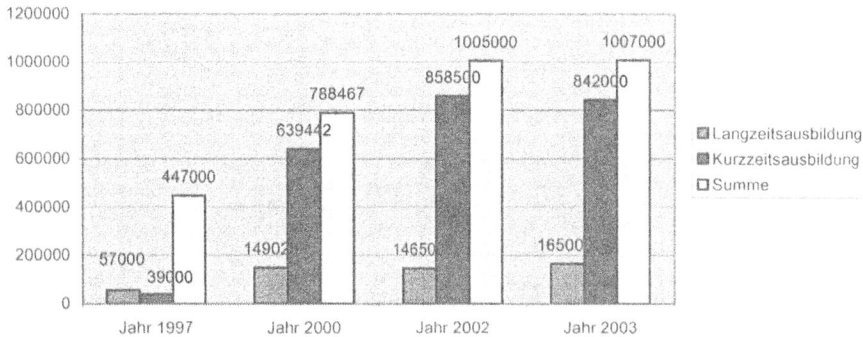

Abbildung 11: Quantitative Entwicklung der Berufsausbildung von 1997 bis 2003
(Anlehnung von der Quelle: Entwicklungsorientierung der Berufsausbildung
bis 2010, GDVT, 2003)

Die vorstehende Abbildung lässt erkennen, dass schon in den vergangenen Jahren (1997 bis 2003) eine erhebliche Expansion der Berufsausbildung erfolgte, die mit einem großem Bedarf an Berufsschullehrern verbunden ist. Aufgrund der schnellen Entwicklung wachsen nicht nur die Berufsschule und Berufsausbildungszentren für die Berufsausbildung, sondern auch andere Einrichtungen wie Fachschulen, Hochschulen, private und betriebliche Berufsbildungsstätten. Der so entstehende große Lehrbedarf kann nicht mit den bestehenden Einrichtungen für die Ausbildung von Berufsschullehrern abgedeckt werden. Deswegen kommen die Lehrenden aus verschiedenen Quellen mit unterschiedlichem Ausbildungsniveau. Die Verteilung der Berufsschullehrer auf verschiedenen Ausbildungseinrichtungen wird in der folgenden Tabelle 6 dargestellt.

Von den 20342 Lehrenden (2003) sind ca. 13646 Berufsschullehrer für Berufspraxis und beruflich integrierte Ausbildung (Theorie mit Praxis); die anderen sind Lehrer für Fachtheorie, Allgemeinfächer und für Verwaltungsarbeit. Die Berufs- und Arbeitserfahrungen der Lehrer sind sehr unterentwickelt: Nur 45,13% von 13646 Berufsschullehrern (Fachpraxis- und Fachtheorieunterricht) besitzen eine Berufsqualifikation auf dem Niveau von 3 bis 7. Die Berufserfahrung der Lehrer in verschiedenen Ausbildungseinrichtungen wird in Abbildung 12 dargestellt.

Ausbildungs-einrichtungen	Anzahl der Berufsschullehrer für Praxisausbildung			Summe alle Lehrkräfte	Ausbildungsniveau				
	Praxislehrer	Interg. Praxis/Theorie Lehrer	Summe BSL. (Fachpraxis/Theorie)		Dr.	MA.	Dipl.	Ing.	Andere
Berufsschulen	1500	2758	4258	7056	57	159	3427	1457	1956
Berufsausbildungszentren	652	979	1631	2036	33	43	978	271	711
Ausbildungseinrichtungen in der Fach-, College- und Hochschule	1377	2845	4222	6557	44	480	4197	839	997
andere Ausbildungseinrichtung	1023	2512	3535	4693	58	133	2162	625	1715
	4552	9094	13646	20342	192	815	10764	3192	5379

Tabelle 6: Anzahl der Berufsschullehrer
(Quelle: Statistik über Berufschullehrer, GDVT, 10/2003)

Praxiserfahrung der Berufsschullehrer

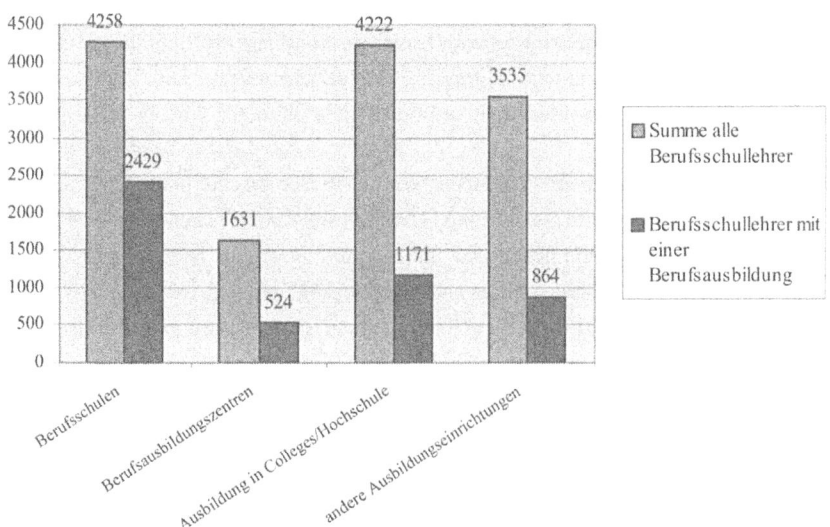

Abbildung 12. Die Praxiserfahrung der Berufsschullehrer nach Tätigkeitsbereichen.
(Anlehnung an die Quelle: Statistik über Berufschullehrer, GDVT, 10/2003)

Das Spektrum der Qualifikationen und der Ausbildung der Lehrerinnen und Lehrer für berufliche Schulen vergrößert sich im Unterschied zu denjenigen der anderen Schularten noch dadurch, dass Experten aus der beruflichen Praxis und Absolventen von Fachstudiengängen ohne erziehungswissenschaftliche Anteile eingestellt werden, eine Praxis, die weltweit – auch in Industrieländern – recht verbreitet ist[25]. Das Erscheinungsbild der Lehrerschaft ist insgesamt mehr durch Quereinsteiger als durch Absolventen grundständiger Studiengänge geprägt. Nur 31,7 % von ca. 16.000 Lehrenden (bis 2001) und ca. 24,46 % von 20342 Lehrenden (bis 2003) haben eine professionelle Lehrerausbildung mit systematischer erziehungswissenschaftlicher Qualifikation in grundständigen Studiengängen absolviert (siehe Tabelle 7).

	BSL.	Dipl. Ing. Päd. (UTE)	Ing. Päd. (TTTC)	Techniker mit Päd. inklusiv	Direkteinsteiger		Seiteneinsteiger		
					Anzahl	%	Anzahl	Maßnahmen in päd. Zusatzqualif.	
Berufsschulen	7056	753	971	249	1973	27,96 %	5083	3775	74,27%
Berufsausbildungszentren	2036	312	151	26	489	24,02 %	1547	716	46,28%
Ausbildung in Fachschule, College, Hochschule	6557	1107	469	83	1659	25,30 %	4898	3205	65,43%
andere Ausbildungseinrichtung	4693	489	311	91	891	18,99 %	3802	1537	40,43%
	20342	2661	1902	449	5012	24,64 %	15330	9233	60,23%

Tabelle 7. Der Vergleich zwischen Quereinsteigern und Direkteinsteigern und ihre Zusatzqualifikation (Anlehnung von der Quelle: Statistik über Berufschullehrer, GDVT, 10/2003)

Diese Situation ist ähnlich wie in Baden Württemberg (23% Lehrerschaft hat einen Studiengang für das Lehramt an beruflichen Schulen absolviert)[26]. Die anderen 63,3% (bis 2001)[27] und 75,54% (bis 2003) sollten durch Sondermaßnahmen in pädagogischen Studiengängen Zusatzqualifikationen der „Stufe I und II" vermittelt bekom-

---

[25] Vgl. z.B. die Diskussion über die damit verbundenen Probleme bei Lipsmeier 2002.
[26] Vgl. Bonz, Bernhard: Ausbildungsstand der Lehrenden an beruflichen Schulen und Lehrerbildung. 2002, S. 6.
[27] Vgl. Phan Chinh Thuc: Forschungsergebnisse: Stand und Bedarf von Ausbildung und Qualifikation der Lehrerinnen und Lehrer an beruflichen Schulen. Hanoi 11/2001.

men. Nur ein relativ kleiner Teil der Lehrerschaft hat somit eine professionelle Lehrerausbildung durchlaufen und systematisch erziehungswissenschaftliche Qualifikation und kasuistische Kompetenz erworben. Bis 2003 haben nur 60% der Quereinsteiger an diesen „Studiengängen" (Sondermaßnahmen: Lehrgänge oder Kurse) teilgenommen.

Die Probleme der berufschulischen Lehrkräfte liegen vor allem in folgenden Punkten:
- Die geforderte Anzahl ist noch nicht ausreichend; die vertikale Differenzierung entspricht nicht entsprechend den Qualifikationen des Beschäftigungssystems; es fehlt an Lehrerenden für neue Ausbildungsberufe; das Qualifikationsniveau insgesamt ist nicht ausreichend;
- Wenig Praxiserfahrungen in den modernen Produktionen, in neuen Technologien;
- Schwache Lehrkompetenzen, nicht ausreichende Kompetenzen zur Erneuerung der Lehrinhalte, der Curricula sowie in neuerer Methodik und Didaktik.[28]

2.3. Ausbildung der Lehrerinnen und Lehrer an beruflichen Schulen

Die Ausbildung von Berufsschullehrern in Vietnam findet zur Zeit an verschiedenen Standorten statt. Nach den Ergebnissen der Untersuchungen zur Berufsbildung im Programm für Vietnam (BBPV), an denen ich beteiligt war, befinden sich unter den 10 Universitäten/Hochschulen und 6 Colleges (Fachhochschulen), in denen Berufsschul-/Techniklehrer ausgebildet werden, zwei UTEs (UTE Hung Yen und UTE Ho Chi Minh Stadt) und drei Technical Teacher Training Colleges (TTTC) als eigenständige Hochschuleinrichtungen für die Ausbildung von Berufsschullehrern mit relativ hohen Studentenzahlen (siehe folgende Abbildung); daneben gibt es aber noch weitere Einrichtungen/Hochschulen, die sich an der Ausbildung von Berufsschullehrern beteiligen:

---

[28] Vgl. Đo Minh Cuong: Entwicklungsorientierung von den Berufsschullehrern bis 2010. GDVT 6/2003.

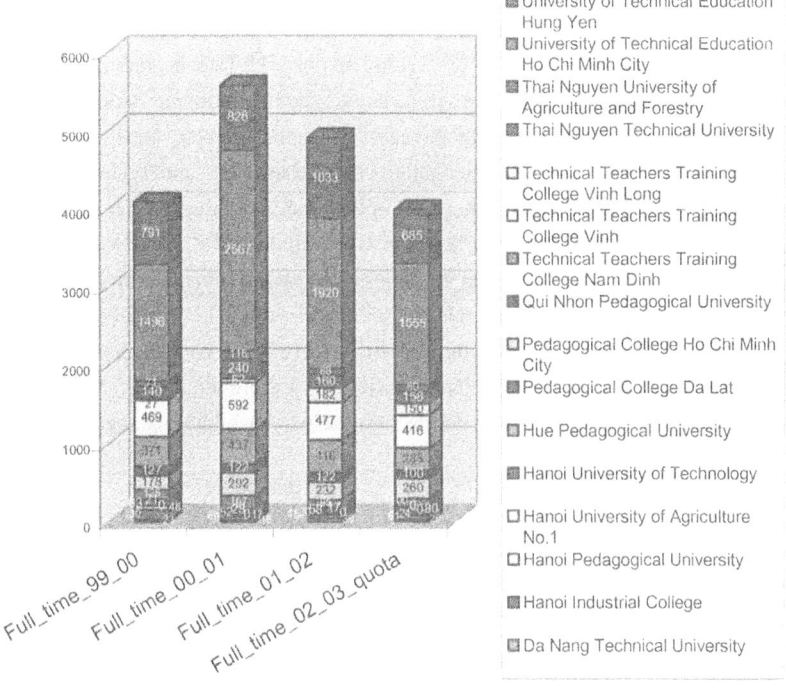

Abbildung 13: Die Studentenzulassungen im Studiengang „Berufsschullehrer"
in den Jahren 2000 bis 2003 an den verschiedenen Hochschulen

In UTEs und TTTCs werden überwiegend Lehrer für den Technischen Bereich wie z.B. Metall- und Elektrotechnik, Textiltechnik, Informatik ausgebildet. Für die Ausbildung der Berufsschullehrer anderer Fachbereiche wie Land- und Forstwirtschaft usw. sind andere Hochschuleinrichtungen wie die Hochschule für Land-, Forsttechnik Hanoi Nr. 1 u.a. zuständig. In der Pädagogischen Hochschule werden die Technischen Lehrer für Sekundarschulen und für Beruforientierende Zentren ausgebildet. Jährlich wurden ca. 4000 bis 6000 Studenten für die Ausbildung der Technik- und Berufsschullehrer aller Fachrichtungen aufgenommen (siehe Anlage 2.2 und Anlage 2.3). Die UTEs besitzen das Recht, ein Diplom (Bằng Đại học) in Technischen Fachgebieten und ein Zertifikat (chứng chỉ) in Berufspädagogik zu verleihen. Die TTTCs vergeben keine Universitätsdiploma, sondern Diploma auf College-Niveau (Bằng Cao đẳng). In die Ausbildung zum Berufsschullehrer ist eine Qualifikation als Facharbeiter mit dem Level 3/7 oder 4/7 integriert. Besonders in diesem Studiengang können bei vorliegender Qualifikation Studienzeiten verkürzt werden (wie z.B. Studiengang K-Update in der UTE Ho Chi Minh Stadt). Die Berufschullehrerausbildung ist auf der tertiären Stufe des Bildungssystems angesiedelt. Sie dauert 3 bis 3,5 Jahre am TTTC (College Niveau) und 4 bis 5 Jahre an der UTE (Hochschulniveau). Neben den formalen Studiengängen für die Abiturienten, die die nationale Aufnahmeprüfung für Hochschulniveaus und College Niveau[29] bestanden haben, haben die TTTCs und UTEs noch andere Aufbaustudiengänge von Facharbeiter- und Technikerniveaus zum Hochschulniveau mit Ingenieur- oder Diplom-Ing. Abschluss (siehe Abbildung 14).

Die Entwicklung von Lehrplänen in Hochschule und College sind nach der Verordnung Nr. 2677/GD-ĐT vom 3/12/1993 des MOET über die Strukturen und Mindestlehrstoffe, der Verordnung Nr. 2678/GD-ĐT vom 3/12/1993 über die Mindestallgemeinbildung und dem Einleitungsblatt Nr. 2162/ĐH vom 15/3/1999 über die Erneuerung der Hochschullehrpläne sowie der Verordnung Nr. 1253/GD-ĐT vom 10/4/1995 für die Bestimmung der pädagogischen Ausbildung geregelt.

Modell 1	Abiturienten	+	3-3,5 Jahr TTTC	Ing. Päd.
			4-4,5 Jahr UTE	Dipl. Ing. Päd.
Modell 2	Facharbeiter Techniker (mit Abitur)	+	1,5-2 Jahr TTTC (Update)	Ing. Päd.
			3-3,5 Jahr UTE (Update)	Dipl. Ing. Päd.
Modell 3	Absolventen von Fachhochschule	+	1,5-2 Jahr UTE (Update)	Dipl. Ing. Päd.
Modell 4 (Quelleinsteiger)	Ing., Dipl., Facharbeiter, Techniker	+	Pädagogische Zusatzausbildung Stufe 1 und 2	Zertifikat

Abbildung 14: Ausbildungsmodelle von Lehrenden an den beruflichen Schulen

Zur Zeit führen 6 Hochschulen/Universitäten die Ausbildung von Berufsschullehrern mit Diplomniveau in Vollzeitstudienform durch. Die Lehrpläne sind allerdings von Hochschule zu Hochschulen unterschiedlich (siehe die untere Abbildung):

---

[29] Die nationale Aufnahme ist für die Hochschulausbildung in Universitäten und Hochschulen erforderlich. Die Colleges nehmen diejenigen auf, die nicht erfolgreiche Prüfergebnisse (2. Klasse) vorweisen können, und zwar mit dem Rang von oben nach unten, oder sie führen eine andere Aufnahmeprüfung auf unterem Niveau durch.

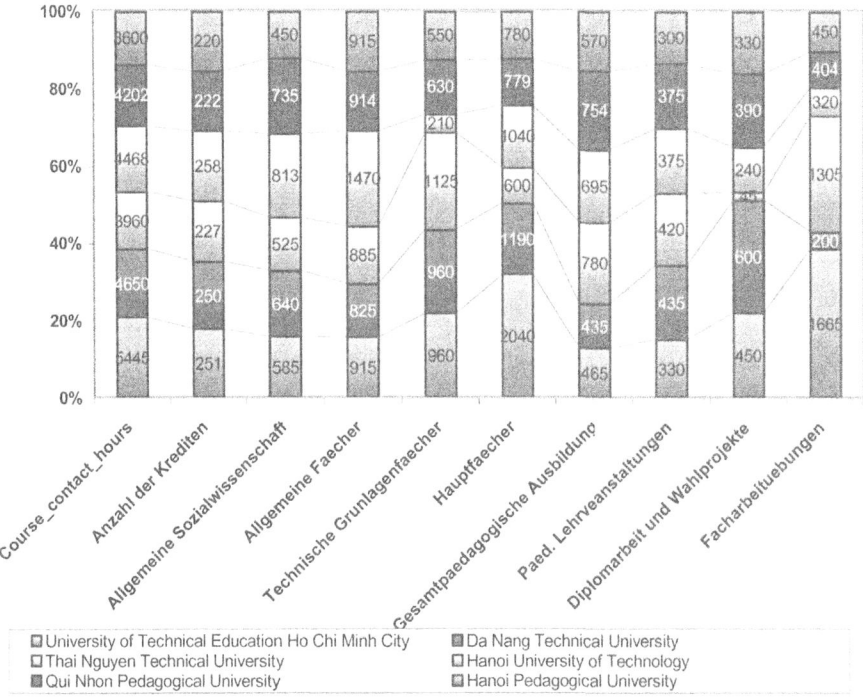

Abbildung 15: Ausbildungsplan im Studiengang „Berufsschullehrer Maschinenbau"

Auf der Basis des arbeitsmarktpolitischen Flexibilitätsansatzes gestalten die UTEs u.a. vergleichbare Einrichtungen das Berufsschullehrerstudium mit einem doppelten Qualifikationsziel, nämlich (Dipl.) Ingenieur und Berufschullehrer; die Absolventen können nach dem Studium sowohl als Ingenieur als auch als Lehrer tätig sein (Polyvalente Ausbildung). In der Regel dürfen die Absolventen in einer großen Spannweite von Berufsfeldfachrichtungen und Technischen Grundlagenfächern sowie auch im Praxisbereich unterrichten. Die gewählten beiden Fächer werden im Studium nicht integriert. Das Studium bildet eine Mischung zwischen Ingenieurmodell, wonach alle fachwissenschaftlichen Studien dem mehr oder weniger korrespondierenden Ingenieurstudiengang der Technischen Universität entnommen sind, und einem Lehrermodell, wonach im fachwissenschaftlichen Bereich hauptsächlich Speziallehrveranstaltungen wie z.B. Berufspraxisübungen mit Berufsqualifikationsstufe 3/7 erworben werden können. In der deutschen Ausbildungstradition lassen sich diese beiden Hauptmodelle wie folgt charakterisieren[30]:

„Lehrer-Modell (LM): Dieses Modell hält sich relativ streng an die KMK-Rahmenvorgabe von 1973 und bereitet damit ausschließlich auf das Tätigkeitsfeld „berufliche Schule" vor. An manchen Studienorten steht es noch in Tradition zur Vorgänger-Institution (Akademie oder BPI), und zwar vor allem bezüglich des relativ hohen Anteils in Erziehungswissenschaft (Ausschöpfung der KMK-Vorgabe von 40S WS, des hohen Anteils der Fachdidaktik und des – in meiner Sicht unzureichenden – Umfang des Studiums der Fachrichtung (<80 SWS). Abschluss: Staatsprüfung.

Ingenieur Ökonom-Modell (IM): Prägende Merkmale für dieses Modell sind der relativ große Umfang der Semesterwochenstunden im Studium der beruflichen Fachrichtung (>100 SWS) und damit die große Nähe zum entsprechenden Diplom-Studiengang (Polyvalenz/Flexibilität; vgl. Lipsmeier 1991, S. 432f.), die (meistens) eingeräumte Möglichkeit, die für ein Lehramt erforderliche zweite Fakultas in einem zur beruflichen Fachrichtung hochaffinen Fach zu erwerben (z.B. KFZ-Technik beim Studium der Fachrichtung Maschinenbau; eine spezielle Betriebswirtschaftslehre beim Studium der Fachrichtung Wirtschaftswissenschaft), der verglichen mit dem Lehrer-Modell geringere Umfang in Erziehungswissenschaft (20 bis 30 SWS) und die in der Regel marginale Bedeutung der Fachdidaktik. Abschluss: Diplom oder Staatsexamen. Diese Modell wird z.Zt. z.B. an den Universitäten Stuttgart und Karlsruhe sowie an der TU Magdeburg realisiert."

Das Integrationsmodell, wonach das Studium an neu zu konstituierenden Berufsfeld-Wissenschaften gestaltet werden soll (z.B. Bremen), wird in Vietnam nicht diskutiert, es hat auch keinerlei Realisierungschancen.

Der Studiengang „Techniklehrer für Maschinenbau" oder „Techniklehrer für Technische Industrie" umfasst 227 bis 258 Credits[31]. Das Studium gliedert sich in allgemeine Sozialwissenschaften, Allgemeine Fächer, Technische Grundlagenfächer, Hauptfächer und Pädagogische Fächer.

---

[30] Vgl. Lipsmeier, Antonius: Berufsschullehrerstudiengänge im Kontext von Bedarfsdeckung und Professionalisierung. In: Zeitschrift für Berufs- und Wirtschaftspädagogik, 88. Jg. (1992), H. 5, S. 358-378 (Textauszug S. 366).
[31] 1 Kredit = 15 Stunden Theorie = 30 Stunden Praxisübungen, Labor, Versuche.

51

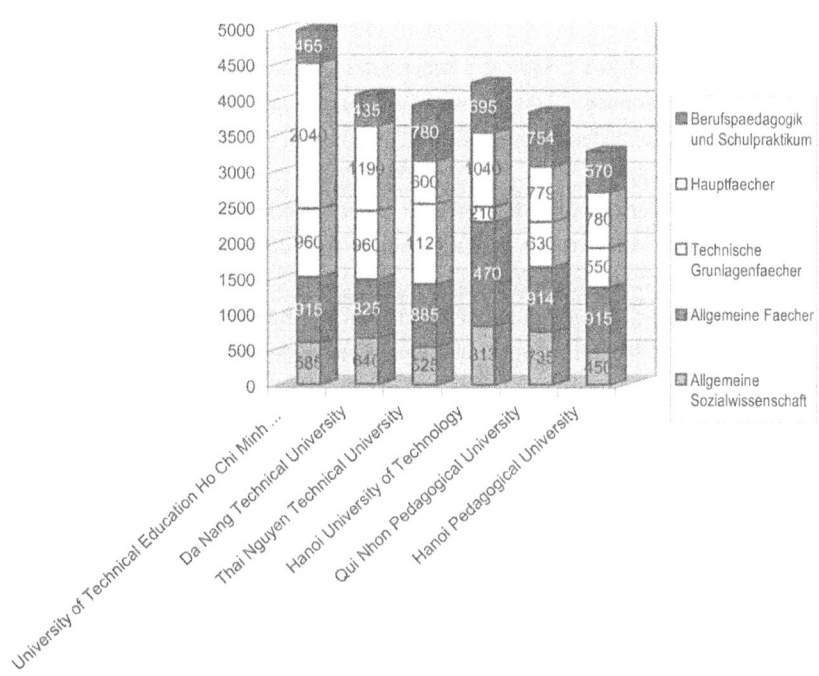

Abbildung 16: Vergleich der Ausbildungsgebiete zwischen Hochschulen/Universitäten

Die Stundenzahlen für die einzelnen Ausbildungsgebiete sind unterschiedlich von Hochschule zu Hochschule, wie die obere Darstellung zeigt. Sozialwissenschaften (Philosophie, Sport, Wehrerziehung, Wirtschaftspolitik, Geschichte der Sozialistischen Partei, wissenschaftlicher Sozialismus, Ho Chi Minh Gedanken) umfassen 450 bis 813 Stunden. Diese politisch-ideologischen Unterrichtsinhalte sollen nach der bildungspolitischen Zielsetzung auf allen Bildungsstufen besonders an Universitäten vermittelt werden. Allgemeine Fächer (Mathematik, Physik, Chemie, Fremdsprache, Einführung in die Informatik) sind im Umfang von 885 bis 1470 Stunden zu studieren, darunter höhere Mathematik mit ca. 295 Stunden, Physik mit ca. 150 Stunden, 30 Stunden für labormäßige Arbeiten und Chemie mit ca. 75 Stunden[32]. In der Ausbildung sollen die Studenten auch Berufspraxisarbeiten ausüben, die stundenmäßig zum Hauptfach gerechnet werden (siehe Darstellung unten). Das Betriebspraktikum wird nur in der UTE Ho Chi Minh Stadt mit 90 bis 180 Stunden angeboten. Bei der Befra-

---

[32] Nach dem Lehrplan der UTE Ho Chi Minh Stadt von 9/2002.

gung machen die anderen Universitäten/Hochschulen und auch TTTCs keine Angaben zum Betriebspraktikum für Studenten. Die Gründe dafür können darin liegen, dass sie wenig Kontakt zur Industrie haben oder die Kosten von der Institution nicht getragen werden können.[33] Dabei kommt gerade diesem Betriebspraktikum zum Erwerb von Praxiskompetenz eine große Bedeutung zu (Vgl. Gutachten Lipsmeier für BBPV/Hanoi, 4/2004)

Die Umfänge der einzelnen Lehrgebiete in der Ausbildung von Berufsschullehrern auf Collegeniveau sind kleiner im Vergleich zum Diplomstudiengang (siehe Anlage 2.4)

Die Zusatzqualifikation von Berufsschullehrern in Berufspädagogik, die noch keinen Berufspädagogikstudiengang (Quereinsteiger) absolviert haben, erwerben jährlich ungefähr 1300 Studierende (siehe Anlage 2.5). Die Berufsschullehrerausbildung war bislang auf einige Bereiche wie z.b. Metalltechnik, Elektrotechnik, Informationstechnologie konzentriert (siehe Abbildung 17 und Anlage 2.6). In vielen wirtschaftlich notwendigen Ausbildungsrichtungen wie Bau, Wirtschaft, Holz, die im Industrie- und Dienstleistungsbereich benötigt werden, sind die Absolventenzahlen zurückgegangen, und es werden nicht in ausreichendem Maße Studiengänge dafür angeboten. Tri weist darauf hin, dass die professionelle Lehrerausbildung nur ca. 15% aller wünschenswerten Fachrichtungen aller Ausbildungsberufsfelder erreicht[34]. Um diese Dramatik zu mildern, haben seit 1998 einige Universitäten/Hochschulen neue Technisch- Pädagogische Fakultäten für die Ausbildung von Technischen Lehrern gegründet, und die UTE Ho Chi Minh Stadt hat in den letzten Jahren neue Ausbildungsfachrichtungen wie z.B. Klimatechnik, Bautechnik, Umwelttechnologie, Nahrungsbearbeitungstechnik entwickelt.

Insgesamt gesehen ist zu bemängeln, dass es offensichtlich keine Entwicklungsplanung für die Ausbildung von Berufsschullehren nach Fachrichtungen in Abstimmung mit der wirtschaftlichen Entwicklung gibt. Zwar haben die sozialistischen Planwirtschaften dieses Problem auch nicht lösen können, trotz eines entsprechenden Anspruches; und auch die kapitalistischen Wirtschaftssysteme haben durchaus solche Abstimmungsprobleme. Aber in diesen Wirtschaftssystem sind wenigsten ökonomische und arbeitsmarkpolitische Rahmendaten verfügbar, die – eingebracht in eine koordinierend Berufsbildungsforschung und Berufsbildungspolitik – größte Fehlentwicklungen vermeiden helfen. Eine solche Situation ist in Vietnam erst in Ansätzen erkennbare.

---

[33] z.B. UTE Ho Chi Minh Stadt bezahlt für das Betriebspraktikum 75000 đ/Student in 3 Wochen (ca. 90 Stunden)

[34] Vgl. Nguyen Duc Tri: Berufsschullehrerausbildungsmodell: In Beitragsammlung: Entwicklung der Curricula von Berufsschullehrerstudiengängen. Nghe An 6/9/2002, S. 12

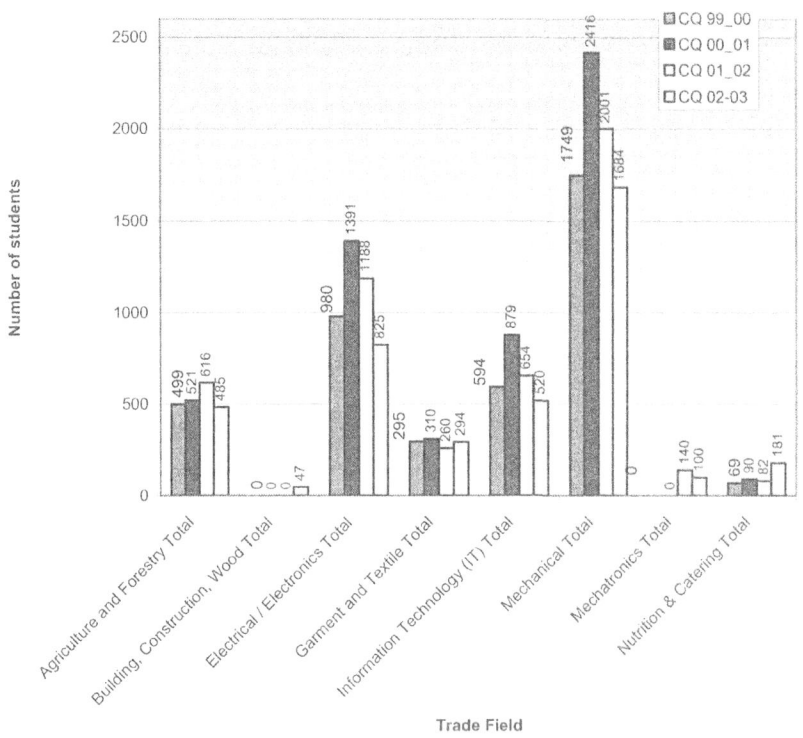

Abbildung 17: Die Fachrichtungen der professionellen Lehrerausbildung

3. Reformbedarf in der Berufsschullehrerausbildung unter besonderer Berücksichtigung von Didaktik/Fachdidaktik

3.1. Die Pädagogische/Berufspädagogische Ausbildung

3.1.1. Übersicht über den pädagogischen Rahmenlehrplan

Die Studiengänge zum Technik- Berufschullehrer umfassen, wie schon erwähnt, neben den technischen Fachdisziplinen und der Vermittlung praktischer Berufsfähigkeiten sowohl allgemeine Pädagogik, Berufspädagogik, Didaktik, Methodik, Fachdidaktik als auch pädagogische Psychologie und im Rahmen der Didaktik auch Lehrplan- und Curriculumtheorie. Die berufspädagogischen Standards der Ausbildung von Berufsschullehrern sind grundsätzlich im Rahmenlehrplan des MOET festgelegt. In der Zeit 1992 bis 1995 wurde der Lehrplan für die pädagogische Ausbildung nach der Verordnung Nr. 1395/TH-DN vom 13/7/1992 des MOET für die Ausbildung im TTTC mit vierjähriger Studiendauer geregelt. Nach 1995 wurde der Lehrplan nach der Verordnung Nr. 1253/GD-ĐT vom 10/4/1995 aufgebaut. Auch der Lehrplan der UTE Ho Chi Minh Stadt ist nach dieser Verordnung entwickelt worden[35].

nach der Verordnung Nr. 1395/TH-DN vom 13/7/1992			nach der Verordnung Nr. 1253/GD-ĐT vom 10/4/1995		
Nr.	Fächer	Stunden	Nr.	Fächer	Credit(*)
1	Logik	30	1	Logik	2
2	Psychologie	75	2	Psychologie	6
3	Berufserziehungstheorie	150	3	Erziehungstheorie und Didaktik	7
4	Erziehung und Bildungstheorie	30	4	Unterrichtsmedien	2
5	Didaktik	60	5	Wissenschaftliche Arbeit	2
6	Unterrichtsmethodik	60	6	Schulpraktikum	6
7	Unterrichtsmedien	30			
8	Management der Berufsbildung	30			
9	Ästhetik	15			
10	Praktische Ausbildung nach MES-System (Modulsystem)	30			
	Summe:	*360*		Summe:	25
11	Schulpraktikum	*8 W.*			

(*) 1 Credit = 15 Stunden in Theorie und =45 Stunden Praktikum.

Tabelle 8: Die Verordnungen für die Entwicklung von wissenschaftlichen Päd. Fächern

---

[35] Vor 1998 war diese UTE die einzige Hochschuleneinrichtung für die Ausbildung von Technischen Berufschullehrern auf dem Niveau Diplomingenieur Pädagoge. Dann haben andere Universitäten und Hochschulen wie Universität Danang, Technische Universität Hanoi und Universität für Forst-/Agrarwirtschaft die Studiengänge für die Ausbildung von Berufsschullehrern angeboten.

Der Rahmenlehrplan enthält nur den zeitlichen Umfang in dem entsprechenden Lehrfach. Er sagt nichts aus über die Inhalte oder die konkreten Stoffe. Die Einrichtungen der Ausbildung von Berufsschullehrern sollen sich den konkreten pädagogischen Lehrplan selbst entwickeln. Ob die Kompetenz dafür an allen Studienorten vorhanden ist, kann angesichts der defizitären formalen Qualifikation der Dozenten (nur wenige besitzen den Dr.-grad) bezweifelt werden. Vielleicht wäre zur Optimierung und auch für eine gewisse Standardisierung ein nationales Beratungsgremium oder ein nationales Kompetenzzentrum hilfreich. Die meisten TTTCs akzeptieren die Verordnung von 1995, und so ist die Ausbildung bis heute geblieben. Technikdidaktik und Fachdidaktik werden erst ab 1998 nur in der UTE Ho Chi Minh Stadt, sowie in Hung Yen entwickelt und gelehrt. Die aktuelle Reformmaßnahme werde ich in Kapitel 3.2 weiter analysieren.

Der zeitliche Umfang für die Vermittlung von pädagogischen Kenntnissen und Fähigkeiten in Berufsschullehrer- Ausbildungseinrichtungen betrug ca. 12 bis 15% des gesamten Studiums; zum Vergleich: An der Universität Karlsruhe beträgt der entsprechende Umfang etwa 15% bei einem KMK-Richtwert von 20-25%.[36] Die erziehungswissenschaftlichen/pädagogischen Lehrveranstaltungen umfassen 300 bis 435 Stunden. Das Schulpraktikum dauert von 3 bis 8 Wochen. Die konkreten Lehrpläne unterscheiden sich von Hochschule zu Hochschule etwas in Struktur, Bezeichnung und Umfang, was natürlich die Vergleichbarkeit erschwert. Unter formalen Aspekten gibt es allerdings einige gemeinsame Kenntnisbereiche wie: Psychologie (allgemeine und pädagogische Psychologie), Erziehungstheorie, Didaktik (Allgemeindidaktik und Didaktik der Berufsausbildung), Logik, Unterrichtsmedien, Wissenschaftliches Arbeiten und Schulpraktikum.

3.1.2. Analyse der Struktur und der Inhalte aus didaktischer Sicht

Das konkrete Beispiel betrifft den pädagogischen Lehrplan der UTE-Hung Yen in der Anlage 3.1. Die Inhaltstruktur lässt unzweifelhaft erkennen, dass diese pädagogische Ausbildung weitgehend der didaktischen Auffassung der DDR und Sowjetunion der 80er Jahre entspricht, und zwar auf der Basis einiger zentraler Lehrwerke wie Jessipow/Gontscharow, Ogorodnikow/Schimbirdjew... Bei der Analyse des Lehrplans der UTE Hung Yen weist Hortsch daraufhin, dass die derzeitigen Lehrpläne zur Ausbildung von Technischen Lehrern eine Mischung aus Lehrbildungskonzepten der DDR,

---

[36] Vgl. Lipsmeier, Antonius: Ausbildung von Diplomgewerbelehrern in Karlsruhe. In: Clement, U./Lipsmeier. A. (Hrsg.): Berufsbildung zwischen Struktur und Innovation, Stuttgart 2003, S. 132-149.

der Sowjetunion und Vietnam darstellen, allerdings einer normativen Pädagogik folgen, die offenen handlungsorientierten Ausbildungsformen wenig Platz einräumt[37]. Die Analyse der erziehungswissenschaftlichen Inhalte begrenze ich für meine Arbeit auf die Bereiche Didaktik der Berufausbildung und Fachdidaktik. Es gab in Vietnam keine Theoretiker in allgemeiner Didaktik oder der Didaktik der Berufsbildung, so dass keine Auseinandersetzung mit den vielfältigen didaktischen Modellen Deutschlands[38] möglich war. Ein *didaktisches Modell* ist ein auf Vollständigkeit zielendes Theoriegebäude zur Analyse und Planung didaktischen Handelns in schulischen und nichtschulischen Lehr- und Lernsituationen. Die Inhalte der Didaktik der Berufsausbildung bei der Ausbildung von Berufsschullehrern in Vietnam sind meistens vergangenheitsorientiert in der Nähe von normativer Didaktik der DDR und der Sowjetunion angesiedelt bzw. geringfügig transformiert worden; bis heute ist die Diskussion teilweise auf dieser Linie geblieben. Die Didaktik der Berufsausbildung umfasst in hohem Maße Elemente aus der ehemaligen DDR, besonders aus dem Lehrbuch „Der Unterrichtsprozess in der Berufsbildung".

Die Lerntheorien wie Behaviorismus, Konstruktivismus sind keine spezifischen Ansätze in der Didaktik, sondern entstammen wie auch der Kognitivismusansatz der Lehr- Lern- Psychologie bzw. der allgemeinen Psychologie. In dem vietnamesischen Didaktik-Lehrfach werden didaktische Inhalte unsystematisch gegliedert. Die neueren didaktischen Konzepte wie Handlungsorientierter, Lernzielorientierter oder Offener Unterricht, die in der BRD-Diskussion und Praxis weit verbreitet sind[39], werden in der Ausbildung nicht vermittelt oder nicht behandelt.

---

[37] Vgl. Georg Brinninger, Hanno Hortsch, Gunter Kohlheyer: Berufsbildungshilfe für Vietnam – Gutachten zur Projektprüfung. Lappermühle 1993, S. 54.

[38] Es gibt in der BRD zahlreiche Didaktikmodelle, die in der Ausbildung von Lehrern benutzt werden und die auf den Unterricht einwirken. Die wichtigen Didaktischen Modelle sind in Tabelle 9 aufgelistet.

[39] Vgl. Pätzold, Günter (Hrsg.): Handlungsorientierung in der beruflichen Bildung. Frankfurt 1992. Zum aktuellen Zustand in der Unterrichtswirklichkeit vgl. Pätzold, G./Wingels, J./Klusmeyer, J.: Methoden im berufsbezogenen Unterricht – Einsatzhäufigkeit, Bedingungen und Perspektiven. In: Clement, U./Lipsmeier, A. (Hrsg): Berufsbildung zwischen Struktur und Innovation. Stuttgart 2003 (17. Beiheft ZBW), S. 117-131.

Didaktisches Modell	Vertreter	Kurzbeschreibung
Lehr-/Lerntheoretische Didaktik (empirische Forschung)	Heimann, Otto, Schulz	Didaktik ist die *Theorie des Unterrichts* und aller ihn bedingenden Faktoren. Intentionen-, Themen-, Methoden- und Medienentscheidung stehen auf allen Ebenen der Analyse und Planung von Unterricht in einem Wechselwirkungszusammenhang. Ausgangspunkt sind individuelle und gesellschaftliche Randbedingungen. Diese Bedingungen sind als Folge von Unterricht einer Wandlung unterworfen. Berliner Modell: Lerntheoretische. Didaktik Hamburger Modell: Lehrtheoretische Didaktik
Bildungstheoretische Didaktik (geisteswissenschaftliche Methoden, Hermeneutik)	Weniger, Klafki, Blankertz	Didaktik ist die *Theorie der Bildungsinhalte*, ihrer Struktur, ihrer Auswahl und Rechtfertigung. Der einseitig, fachwissenschaftlich orientierte Dreischritt Sachanalyse/didaktische Analyse/methodische Analyse wird abgelehnt. Zentraler Bezugspunkt ist die didaktische Analyse.
Dialektisch orientierte Didaktik (Dialektischer Materialismus)	Klingberg	Didaktik ist die *Theorie des Unterrichts*, die anhand der *dialektischen Grundrelation von Lehren und Lernen* die allgemeinen Gesetzmäßigkeiten des Unterrichts herausarbeitet. Ziele, Inhalt und Methoden stehen in Wechselbeziehung zueinander.
Kybernetisch-informationstechnische Didaktik	v. Cube, Frank	Didaktik wird als *Theorie der Steuerung von informationstechnisch interpretierten Lehr- und Lernprozessen* verstanden.

Tabelle 9: Die didaktischen Modelle (angelehnt an: Prof. Dr.-Ing. Bernardo Wagner, Manuskript zur Vorlesung Didaktik der Elektrotechnik, S. 9. In: www.zdt.uni-hannover.de/studium/didaktik1/didaktik_skript_160402.pdf)

Die didaktischen Prinzipien hingegen bilden, wie in der DDR-Didaktik, ein wesentliches Element der Ausbildung, zumindest in der Theorie. Trotzdem scheinen diese didaktischen Prinzipien nicht in allen Ausbildungseinrichtungen wichtig zu sein; sie waren z.B. bei meiner Studie des Pädagogischen Lehrplans der UTE Ho Chi Minh Stadt nicht vorfindlich. Die Gliederung des Lehrfaches „Didaktik der Berufsausbildung" in Anlage 3.1 zeigt einen Überblick über die didaktischen Inhalte. Die Unterrichtsmethoden werden entsprechend der *Auffassung der DDR und der UDSSR in den 80er Jahren* nach Erkenntnisweg, nach Wahrnehmungsweg, nach praktischem oder theoretischem Unterricht klassifiziert. Die Aktionsformen und Sozialformen des Unterrichts werden auch gelehrt, aber in der didaktischen Diskussion der meisten vietnamesische Didaktiker gehören sie nicht zur Methoden. Sie werden als ein anderes didaktisches Element nicht eng auf die Methode bezogen. Schließlich gehören in das didaktische Themenspektrum Unterrichtsplanung und Organisation der schulischen Praxisausbildung. Die moderne produktionsangemessene didaktische Organisation des Lehrens und Lernens, in der BRD als Geschäfts- und Arbeitsprozessorientierung diskutiert (KMK)[40], wird hier nicht vermittelt.

Die Technikdidaktik oder Fachdidaktik der Metalltechnik wird ab 1998 in der UTE Ho Chi Minh Stadt und der UTE Hung Yen (damals noch TTTC) entwickelt und in der Lehrausbildung eingesetzt. Mit dem Ausbildungsansatz einer zukunftsorientierten Handlungskompetenz ist die Anforderung an eine wissenschaftliche Ausbildung formuliert. Dieser Ansatz soll sich zum einem in Forschung und Lehre auf die beruflichen Entwicklungen im Berufsfeld beziehen. Zum anderen soll der Aspekt „Handlungskompetenz" in der Unterrichtstätigkeit im Berufsfeld realisiert werden.

Bei der Analyse der Fachdidaktik des TTTC Hung Yen habe ich herausgefunden, dass es keine Begründungen aus psychologischer Sicht oder unter dem Aspekt Technik – Produktion und Bildung gibt. Der technische Systemansatz und die Bezüge der Fachdidaktik wie die industrielle Produktion, die Berufsentwicklung in den Metallberufen etc. sind in den Lehrveranstaltungen kaum zu finden. Das Curriculum in dem Berufsfeld und seine Bezüge zu den Qualifikationsanforderungen des Beschäftigungssystems werden im Studium nicht thematisiert. Die Lernzielorientierte und Handlungsorientierte Didaktik werden auch in der UTE Hung Yen und der UTE Ho Chi Minh Stadt mit Bezugnahme auf deutsche Literatur zwar behandelt. Aber es fehlt hier bei der Handlungsorientierung eine Begründung, etwa aus psychologischer und moderner arbeitsorganisatorischer Sicht. Diese Lehrinhalte werden meistens nur als Anleitungen für den technischen Unterricht unter methodischen Aspekten behandelt. Ob die auf diese Weise entwickelten und (schwach) begründeten Unterrichtskonzeptionen auch unterrichtswirksam werden, kann bezweifelt werden.

Diese Lehrplananalyse führt für die Lehrbildung zu den folgenden Hypothesen:
- Die modernen produktionsbezogenen didaktischen Organisationsformen des Lehrens und Lernens sind zwar in der Ausbildung bekannt, sie entbehren aber einer theoretischen Begründung, und weiterhin sind diese Inhalte vom didaktischen Ansatz losgelöst.
- Didaktik der Berufsbildung und Fachdidaktik sind noch keine Wissenschaft an der Hochschule, d.h. es gibt keine Verbindung von Forschung und Lehre in dem Bereich der Lehrausbildung.
- Es fehlen angemessene, moderne, produktions- und arbeitsprozessbezogene didaktische Konzepte und Ansätze in der Fachdidaktik; um sie zu entwickeln, wäre auch eine Arbeitsmarkt-, Berufs- und Qualifikationsforschung erforderlich.

---

[40] KMK: Handreichungen für die Erarbeitung von Rahmenlehrplänen für den berufsbezogenen Unterricht in der Berufsschule (1. Fassung vom 9.5.1996).

- Weiterhin gibt es weder Handbücher in der Lehrerausbildung noch Schulbücher für den Unterricht, die den modernen Ansätzen entsprechen.

3.1.3. Lehrerbildner und didaktische Elemente in der Lehrausbildung

Nach meinen Erfahrungen und Analysen muss ich zunächst feststellen, dass die Dozenten im pädagogischen/ berufspädagogischen Bereich der UTEs und der TTCCs viele Erfahrungen in der Ausbildung von Berufsschullehrern haben. Sie verfügen über eine Lehrberechtigung, die eine große Spannbreite von Fächern der jeweiligen Abteilung umfasst. Nach der Regelung der Lohnstundenzahlung versucht jeder Dozent, mehrere Fächer sogar bis 1000 Stunden im Jahr zu übernehmen. Das ist natürlich für die eigene Fortbildung und auch unter dem Aspekt der Stärkung der Forschung nicht besonders förderlich. Die aktiven und passiven Reaktionen auf die Reformmaßnahmen und Transformationsprozesse im Hochschulbereich sind gleichermaßen von der Intention der persönlichen Chancenmaximierung als auch von materiellen Interessen (Sicherung eines ausreichenden Einkommens) geprägt.

Die Dozenten sind aus verschiedenen Bereichen gekommen, wie z.B. von der eigenen Pädagogischen Hochschule, aber auch aus dem Ausland, besonders aus der DDR und aus der UDSSR (Qualifizierungsprogramme für Vietnamesen in diesen Ländern zwischen 1970 und 1990). In der Didaktik der Berufsbildung und in der Fachdidaktik, aber auch in Psychologie arbeitet in der Abteilung oder Fakultät Berufspädagogik bei der UTE und am TTCC kein Dozent, der einen Doktor-Titel besitzt[41] . Die pädagogischen Dozenten der UTE besitzen meistens einen Master-Titel, den sie in der BRD oder an der UTE oder an der TU-Hanoi[42] oder der Pädagogischen Hochschule erworben haben. Im Gegensatz dazu haben die meisten Dozenten am TTCC ein geringeres Qualifikationsniveau, verglichen mit den UTE- Dozenten. Aus diesen Analysen kann man im Vergleich der Entwicklungsländer etwa mit der BRD oder anderen Industrieländern feststellen, dass die Dozenten im pädagogischen/berufspädagogischen Bereich weniger qualifiziert und spezialisiert sind; hier gibt es einem erheblich Nachholbedarf.

Nach meinen Erfahrungen an der UTE Ho Chi Minh Stadt kann ich feststellen, dass die Lehrveranstaltungen meistens nur in Vorlesungsform mit hoher Studentenzahl von 80 bis 150 durchgeführt werden. Die Studenten bleiben sehr passiv. Diskussionen zwischen Lehrenden und Studenten und unter den Studenten finden nicht statt.

---

[41] 2003 erhielt eine Dozentin der Pädagogikfakultät der UTE Ho Chi Minh Stadt einen Doktortitel in Geschichte der Berufsbildung von Institut für Nationale Bildungsforschung.
[42] Masterstudium als Ausbildungsprojekt zwischen TU-Dresden und TU-Ha noi.

Das ist deswegen erstaunlich, weil es viele Beiträge und Tagungen zur Erneuerung des Lehrens und Lernens und zur Motivierung und Mitgestaltung durch Studenten gegeben hat. Wegen schlechter Ausstattungen und autoritärer Lehrkultur, die in Schule, Berufsausbildung und Hochschule sehr verbreitet ist (vgl. dazu später Kap. 4.5.), wird der Erneuerungsprozess in der Hochschulausbildung nur langsam fortgesetzt werden können. Beklagt werden die schlechten Studienbedingungen, die schlechte Ausstattung der Laboratorien und Bibliotheken sowie die Überladung der Studieninhalte mit unnötigen Detailkenntnissen. Bei durchschnittlich 33 Unterrichtsstunden/ Woche, sogar maximal bis 41 Stunden/Woche im Klassenverband[43], verbleibt außerdem kaum mehr Zeit für Eigenstudien, Bibliotheksarbeiten, Referatvorbereitung.

3.2. Gegenwärtige Reformmaßnahmen in der pädagogischen Aus- und Fortbildung

Wie schon in dem Kapitel 3.1.1. erwähnte, ist der pädagogische Rahmenlehrplan nach verschiedenen Vorschriften und Verordnungen wie z.B. die Verordnung Nr. 1395/TH-DN vom 13/7/1992 des MOET für die Ausbildung im TTC mit vierjähriger Studiendauer und die Verordnung Nr. 1253/GD-ĐT vom 10/4/1995 aufgebaut. Dieser Rahmenlehrplan ist für die direkte pädagogische Ausbildung von Berufsschullehrern vorgesehen (grundständiger Studiengang). Für die pädagogische Ausbildung (Zusatzmaßnahme) von Quereinsteigern benutzt man einen anderen Lehrplan, und zwar den nach der Verordnung Nr.1672/TH-DN vom 18/8/92 für die Ausbildungsstufe I und der Verordnung Nr. 2988/GD-ĐT vom 28/12/1993 für die Ausbildungsstufe II. Dieser Lehrplan enthält den zeitlichen Umfang in dem entsprechenden Lehrfach und die konkreten Inhalte sowie Hinweise für die Durchführung. Dieser Lehrplan der Ausbildungsstufe I umfasst vier Fächer und die Fortbildungsstufe II umfasst 210 Stunden in drei Schwerpunkten (siehe Tabelle 10.):

---

[43] Nach Datenbank-Forschungsprojekt des Berufsbildungsprogramms für Vietnam (BBPV) 2002, an dem ich beteiligt war.

		Z. Einheit
	Pädagogische Ausbildungsstufe I	
1	Allgemeine Psychologie und Lernpsychologie	46
2	Erziehungstheorie	30
3	Didaktik der Berufsausbildung	50
4	Organisation und Management der beruflichen Ausbildung	25
	Summe	151 St.
	Pädagogische Ausbildungsstufe II	
	A. Gemeinsam für alle Teilnehmer der verschiedenen Fachrichtungen	
1	Logik	30
2	Pädagogik- und Berufspsychologie	45
3	Wissenschaftliche Forschung in den Berufsausbildung	45
	B. Spezielle Bereich nach Fachrichtungen	
1	Berufspsychologie	20
2	Fachdidaktik	20
3	Wahlthemen (Medien, Fachdidaktik	20
	C. Durchführung der wissenschaftlichen Arbeit	30
	Summe	210 Stunden

Tabelle 10: Zeitrichtlinie bei der pädagogischen Ausbildungsstufe I und II

Um unter quantitativen und qualitativen Aspekten entsprechende Maßnahmen zur Ausbildung von Berufsschullehrern in der nächsten Zeit mit schneller Steigerung in der Zusatzmaßnahmeausbildung (Quereinsteiger) von Berufsschullehrern vorzubereiten, hat das MOLISA am 5-6/9/2002 mit Teilnehmern aller betroffenen UTEs, TTTCs, Pädagogischen Hochschulen und Universitäten, in denen Technische Lehrer ausgebildet werden, ein Seminar als MOLISA-Projekt über „Entwicklung des pädagogischen Lehrplans für die Ausbildung von Berufsschullehrern" durchgeführt. Die erwarteten Entwicklungsergebnisse sind der neue, wissenschaftlich abgesicherte pädagogische Rahmenlehrplan, einheitlich für alle Ausbildungsinstitutionen, sowie die erhoffte Bedarfsabdeckung für die direkte Ausbildung und die Zusatzmaßnahmenausbildung (Quereinsteiger) von Berufsschullehrern. Im Rahmen dieser Maßnahmen sind folgende Schwachpunkte in den bisherigen Lehrplänen für die direkte Ausbildung und Zusatzmaßnahmeausbildung in verschiedenen Ausbildungseinrichtungen benannt worden:
- Konzentrierung meistens nur an Kenntnissen und Fähigkeiten der allgemeinen Pädagogik, noch nicht an einer Ausbildung von Lehrfähigkeiten (Didaktik und Methodik);
- Große Defizite in Berufspädagogik und Fachdidaktik;[44]

---

[44] Vgl. Cao Van Sam: Curriculumentwicklung für die Ausbildung von Berufsschullehrern bis 2010. In Beitragsammlung: Curriculumentwicklung für die Ausbildung von Berufsschullehrern. Nghe An 5-6/9/2002.

	Summe des Zeitvolumens:	30 Kredite
	Pflichtfach:	26
	Wahlfach:	4
Pflichtfach:	1. Logik	2
	2. Berufspsychologie	4
	3. Erziehungstheorie	4
	4. Organisation und Management der Berufsausbildung	2
	5. Lehrfähigkeiten und didaktische Übungen	5
	6. Fachdidaktik (Fachmethodik)	3
	7. Schulpraktikum	6
Wahlfach	1. Wissenschaftliche Arbeit in der beruflichen Ausbildung	2
	2. Curriculumentwicklung	2
	3. Bildungstechnologie	2
	4. Anwendung Computertechnik in der Ausbildung	2

Abbildung 18: Überblick über den neuen pädagogischen Lehrplan (Entwurf)

Angesichts dieser in den meisten Ausbildungseinrichtungen anzutreffenden Zustände hat man in diesem Seminar sich darauf geeinigt, dass eine Reform in der berufspädagogischen Ausbildung dringend erforderlich ist. Der Lehrplan für die Ausbildung von Quereinsteigern „Stufe I und Stufe II" soll integriert werden und auch für die direkte Ausbildung angewendet werden. Im nächsten Seminar am 22/2/2003 in Vinh mit Teilnehmern aller zuständigen Einrichtungen wie UTE Hung Yen, von drei TTTCs und der Pädagogischen Hochschule Ha Noi und bei Teilnahme von weiteren Experten hat man den vereinbarten Rahmen in Zeitvolumen, Form und Struktur des Lehrplans festgelegt. Der neue Lehrplan soll sich wie in der Abbildung 18 gliedern.

Für den Lehrplan der einzelnen Fächer wurde eine geschossene Form und Struktur vorgeschlagen, und weiterhin wurden Bearbeitungsaufgaben für drei Hochschulen vereinbart[45]:

Lehrplanstruktur (Formen der einzelnen Fach-Lehrpläne)
1. Name des Lehrfachs und Zeitbedarf
2. Allgemeine Einführung in das Fach
3. Lernziele
4. Voraussetzungen
5. Hauptgliederung und Zeitplan
6. Formen und Verfahren der Lernleistungsbewertung
7. Nötige Medien
8. Konkrete Inhaltsgliederung
9. Hinweise für die Anwendung
10. Literaturen

---

[45] Vgl. MOLISA: Bericht über die Entwicklung des pädagogischen Lehrplans für die Ausbildung der Berufsschullehrer im Niveau Fachhochschule. Hanoi 2003.

Aufgabenverteilung für die Entwicklung von Fach-Lehrplan
A. UTE Hung Yen
1. Logik
2. Fachdidaktik (Fachmethodik)
3. Bildungstechnologie
B. TTTC Nam Dinh
1. Berufspsychologie
2. Schulpraktikum
3. Wissenschaftliche Arbeit in der beruflichen Ausbildung
C. TTTC Vinh
1. Erziehungstheorie
2. Organisation und Management in der Ausbildung
3. Die Lehrfähigkeiten und didaktische Übungen
4. Curriculumentwicklung
5. Anwendung von Computertechnik in der Ausbildung

Abbildung 19. Lehrplanstruktur und Aufgabenverteilung für die Entwicklung von Fachlehrplänen

Nach dieser Aufgabenverteilung sollen die obengenannten zuständigen Hochschulen den konkreten Fach-Lehrplan entwickeln. Es kann bezweifelt werden, ob die Kompetenz für Entwicklung des konkreten pädagogischen Lehrplans an dieser UTE und den TTTCs vorhanden ist. Trotzdem wurde 12/2003 dieser Entwurf veröffentlicht und in das Gutachtenverfahren gegeben. Bevor der Entwurf für die landesweite Ausbildung von Berufschullehrern aller Formen in Kraft tritt, soll eine Optimierung und Standardisierung durch die GDVT durchgeführt werden. Bis dahin tritt vermutlich keine große Änderung in den Inhalten ein. Um die Unterschiede und die obengenannten Schwachpunkte zu verdeutlichen, mache ich einen Vergleich mit dem gegenwärtigen Rahmenlehrplan der UTE Hung Yen (siehe folgende Übersicht):

Nr.	Lehrfächer von UTE Hung Yen		Lehrfächer bei neuem Entwurf	
	Fächer	Cedit	Credit	
1	Logik (Wahlfach nicht Pflicht)	2	2	Logik (schon in Allgemeine Fächer integriert)
3	Allgemeine Psychologie	2	4	Berufspsychologie
3	Pädagogische Psychologie	3		
4	Erziehungstheorie	2	4	Erziehungstheorie
5	Didaktik der Berufsbildung	2		
6	Pädagogische Interaktion und Kommunikation	2		
7	Technikdidaktik	3	3	Fachdidaktik (Fachmethodik)
8	Seminar Fachdidaktik	5		
			2	Organisation und Management der Berufsausbildung
9			5	Die Lehrfähigkeiten und didaktische Übungen

10	Unterrichtmedien	3	2	*Bildungstechnologie(*)*
			2	*Anwendung Computertechnik in der Ausbildung(*)*
11			2	*Curriculumentwicklung(*)*
12	Wissenschaftliche Arbeit	2	2	*Wissenschaftliche Arbeit in der Berufsaubildung(*)*
13	Schulpraktikum I	2	6 (#)	Schulpraktikum
14	Schulpraktikum II	4		
	Summe	30	26+2	

(#) 1 Credit ~ eine Wochepraktikum; (*) Wahlfach

Tabelle 11. Vergleich des neuen Lehrplanentwurfs mit dem gegenwärtigen Rahmenlehrplan der UTE Hung Yen

In der Analyse dieser Entwürfe für Inhalte[46] im Vergleich mit Anlage 3.1 komme ich zu folgenden Ergebnissen:

(1) Innovative Aspekte:
- Erhöhung der Freiheitsgrade der Studierenden, die zwei von vier Wahlfächern wählen können;
- Umfangserweiterung vorrangig für die Ausbildung von Lehrkompetenz in dem Fach „Die Lehrfähigkeiten und didaktische Übungen" mit 5 Crediten in Unterrichtsvorbereitung, Anwendung von Medien und Unterrichtsmethoden, Unterrichtsgestaltung, Evaluation Bewertung der Lernleistungen.
- Orientierung an der Managementkompetenz für Berufsschullehrer.
- Umwandlung des Faches „Didaktische Medien" in die Wahlfächer: „Bildungstechnologie" und „Anwendung Computertechnik in der Ausbildung";
- Weglassung des Faches „Pädagogische Interaktion und Kommunikation".

(2) Negative Aspekte:
- Mischung von alten Inhalten der allgemeinen Pädagogik und Didaktik;
- Zusammenfügen von „Allgemeiner Psychologie und Pädagogischen Psychologie" in „Berufspsychologie";
- Zusammenfügen von „Erziehungstheorie" und „Didaktik der Berufsbildung" zu „Erziehungstheorie"
- Keine Veränderung in den konkreten Inhalten der allgemein Pädagogik und Psychologie;

(3) Die Inhalte der Didaktik der Berufsausbildung sind gleich wie beim TTTC Hung Yen meistens vergangenheitsorientiert geblieben.

---

[46] Vgl. MOLISA: Entwurf der pädagogische Lehrplan für die Ausbildung der Berufsschullehrern in Niveau Fachhochschule. Hanoi 12/2003 (in Deutsch und Vietnamesisch).

Es ist schwer, die neuen pädagogischen Inhalte, die den internationalen Trends entsprechen würden[47], vollständig und umgehend in der Ausbildung von Berufsschullehrern in Vietnam zu realisieren, weil die Kompetenz dafür der Dozenten in UTEs und TTTCs sowie auch der Lehrplanentwickler überwiegend nicht vorhanden ist. Andererseits fehlt die neue Literatur.

Zur Verbesserung von pädagogischen Kenntnissen und Kompetenzen der gegenwärtig Lehrenden in beruflichen Schulen technischer Fachrichtungen organisiert auch die GDVT parallel zu den oben beschriebenen Maßnahmen seit 2002 in der Verbindung mit dem Projekt „Technical Education" unter ADB-Finanzierung die Fortbildung von Multiplikatoren. Das Ziel dieses Programms besteht darin, die Lehrkompetenzen der Technischen Lehrer in Berufsausbildungseinrichtungen in folgenden Schwerpunkten und Themen zu verbessern:

- Orientierungen für die Erneuerung in der technischen Ausbildung und Berufsbildung im didaktischem Konzept „Handlungsorientierung" und Curriculare Entwicklung in dem Projekt „Technikbildung und Berufsbildung"
- Didaktik der Erwachsenenbildung
- Kompetenzen in didaktischer Unterrichtsplanung wie: Formulierung von Lernzielen; Bestimmung von Quellen für Lernstoffe des Unterrichts; Vorbereitung von Lernmaterialien für den Unterricht; Darstellung mit Folien; Vorbereitung von Wand-Medien (z.B. Roll-Bilder); Vorbereitung von Arbeitsblättern; Simulierungstechnik; Anwendung des Computers in der Ausbildung; Anwendung der Videokamera in der Ausbildung
- Lehrkompetenz in der Durchführung des Unterrichts (Lehrfähigkeiten): Kommunikation im Unterricht; Anwendung von Gesprächsunterricht; Anwendung Präsentationstechnik bei Vorträgen; Brainstormingtechnik; Organisation und Durchführung der Gruppenarbeit (Kleingruppe); Eröffnung eines Unterrichts; Senden und Empfangen von Informationen im Unterricht; Unterrichtsplanungstheorie (Allgemein); Unterrichtsplanung für theoretischen Unterricht; Unterrichtsplanung für praktischen Unterricht.
- Kompetenz in Lernleistungsbewertung: Bewertung von den Lernleistungen; Vorbereitung von Testaufgaben; Analyse von den Testergebnisse; Bewertungen von Fertigkeiten.
- Kompetenz in der Organisation und im Management der Schulklasse.
- Unterrichtsübungen mit dem Lehrinhalt: Begriffe oder technische Prinzipien.

---

[47] Vgl. Lipsmeier 2001.

Bis 6/2004 wurden 6 Kurse für Multiplikatoren durchgeführt. Wie die Fortbildung für alle Technischen Lehrer weiter gehen wird, bleibt noch offen. Diese pädagogischen Fortbildungsinhalte orientieren sich meistens an allgemeinen Lehrhandlungen und Lehrfähigkeiten. Gleichzeitig bereitet das BBPV (Berufsbildungsprogramm für Vietnam von Deutschland) 12 methodisch didaktische Module für die Fortbildung der Berufsschullehrer durch die E-Learning mit der Anwendung von Internet vor. Mit dem Wunsch, die aktuellen pädagogischen Programm I und II durch dieses Programm ersetzen oder ergänzen zu können[48], ist dieses Programm des BBPV noch in der Entwicklung. Dieses Programm konzentriert sich auf die Lehrkompetenzen in folgenden Inhalten:

- Anwendung der unterschiedlichen lernzentrierten Methoden: Unterrichtsgespräche, Lernvortrag, Diskussion, Impulstechnik, Gruppenarbeit, Einzelarbeit;
- Entwicklung der Lernmittel, Arbeitsblätter für Selbstlernen und Entwicklung der Checkliste für die Bewertung des Selbstlernens der Lernenden;
- Entwicklung des Curriculums;
- Entwicklung von Unterrichtsmedien: Tafelarbeit, Flipchart, Folien, Arbeitsblätter, Bilder;
- Anwendung der didaktischen Prinzipien und Verlauf für die Vorbereitung in den Fachpraxisunterricht, Unterricht über den Arbeitsverlauf und die Bedienung von Maschinen; Formulierung von Lernzielen und Ordnung von Unterrichtsinhalten; Durchführung der Unterrichtsentwürfe;
- Entwicklung der Testaufgaben;
- Evaluation und Selbstbewertung von Unterricht;
- Organisation der Lehrwerkstatt und Anwendung von Vierstufen-Methode, Leittextmethode und Projektmethode;
- Anwendung der technischen Medien im Unterricht (Videogeräte); Bewertung des Lehrverhalten.
- Kompetenzen für die Durchführung von Gruppenunterricht;
- Lerntheorien: Behaviorismus, Konstruktivismus, Handlungstheorie.

Oben genannte didaktisch methodische Fortbildungsprogramme werden nur als eine Maßnahme für die Fortbildung zur Lösung der aktuellen Probleme der Berufs- und Techniklehrer angesehen und sollen den aktuellen pädagogischen Lehrplan nicht ersetzen. Trotzdem haben diese Programme für die Steigerung pädagogischer und didaktischer Kenntnisse und Fertigkeiten bei Techniklehrern und Berufsschullehrern

---

[48] Vgl. Idler, Horst: Seminarvortrag – Fortbildung für die Technische Lehrer und Berufschullehrer in Entwicklungsländern (Vietnam, Laos, Äthiopien). Hanoi 29-30/3/2004.

beigetragen. Ob es eine Kooperation dieser zwei obengenannten Programme mit dem Programm „Entwicklung des neuen pädagogischen Lehrplans für die Ausbildung von Berufsschullehrern" gibt oder geben wird, scheint nach meiner Einschätzung nicht sicher zu sein. Die didaktisch- methodische Ausbildung von professionellen Berufsschullehrern aller Formen soll verbessert werden. Vor allem sollen die Module zu Lernzielen, zu Inhalten, zu Methodik und zu Organisation des Unterrichts propagiert und implementiert werden, weil so die pädagogische Praxiskompetenz der Lehrenden gefördert werden kann. Die Referenzpunkte für die Begründung dieses Programms kommen aus den neuen Qualifikationsanforderungen und der Diskussion um eine neue Lernkultur sowie aus dem internationalen wissenschaftlichen Entwicklungsstand in Berufspädagogik und Didaktik. Zur Erreichung dieser Ziele müssen zuerst die Dozenten weiterqualifiziert werden.

Mit dem Wunsch einer qualitativen Ausbildung der Berufschullehrer versuchen MOLISA und MOET sowie die betroffenen UTEs und TTTCs zur Verbesserung in den pädagogischen Ausbildungsinhalten mit mehreren Aktionen beizutragen. Der Erfolg dieser Maßnahmen hängt jedoch von vielen Faktoren ab, z.B. von Kompetenz der Dozenten, der Versorgung mit Literatur, den Lehrbedingungen und von den Forschungsmöglichkeiten, um nur einige wichtige Faktoren zu nennen. Bildungspolitisch sind sich jedoch die Ministerien und Hochschulen in der Wichtigkeit dieser Maßnahmen für eine Verbesserung der Berufsausbildung einig.

3.3. Die didaktischen Diskussionen

Bis 1991 ist in Vietnam eine starke Ausrichtung der Didaktik in Lehre, Diskussionen und Praxis an osteuropäischen Vorbildern zu beobachten. Erst Anfang der 90er Jahre erfolgte eine zunehmende Orientierung an westeuropäischen und US-amerikanischen Bildungsstandards und dem entsprechenden didaktischen Wissen. Mit dieser Erneuerung kommen große Mengen an Literatur aus verschiedenen Konzeptionen und Positionen, aus verschiedenen Traditionen und Kulturen bezüglich der didaktischen Erkenntnisse nach Vietnam, was naturgemäß neben unbestreitbaren Vorteilen auch mit großen Verunsicherungen verbunden ist. Die mangelhafte Literaturlage[49] in Vietnamesischer Sprache stellt ein großes Problem dar. Hier wird die didaktische Diskussion über die neue Gestaltung für aktive Unterrichtsprozess mit den entsprechenden Maßnahmen aus der Sicht von Methoden, Medien und der Lernkontrolle dargestellt.

In Vietnam haben sowohl in der Schule als auch in der Erziehungswissenschaft die Methoden keine klaren Ausrichtungen erfahren. Die Forschung auf diesem Gebiet

---

[49] Didaktische Literatur liegt meistens in Form von Skripten oder Beitragsammlungen vor.

hat einem großen Nachholbedarf, besonders in Bezug auf Wirtschaft und Technologie. In der Theorie und die in der Anwendung von Methodik und Didaktik sind keine klaren Prinzipien erkennbar. Die heftige Diskussion konzentrierte sich von 1990 an auf den Aspekt „Umwandeln des lehrzentrierten zum lernzentrierten Unterricht"[50]. Viele Didaktiker haben das kritisiert. In Vietnam spielt die Normative Didaktik mit dem Lernkonzept „Entwickelndes Lernen" eine große Rolle. Wesen des Unterrichtsprozesses ist z.B. die Aktivität der Lernenden, die selbständige Problemlösung usw. Der Begriff „Lernerzentrierte Unterrichtsmethoden" war vor der Öffnung wegen der politischen Ideologie begrifflich nicht bekannt und neu in der didaktischen Diskussion. Aber aus dieser Diskussion heraus hat man in der vietnamesischen Erziehungswissenschaft ein durchaus eigenständiges Konzept entwickelt. So wird als Leitziel für die Bildung im Bildungsgesetz vorgegeben: „Hoc di doi voi hanh, giao duc ket hop voi lao dong san xuat, nha truong gan lien voi xa hoi."[51] (Lernen läuft zusammen mit Handeln, Bildung ist verbunden mit produktiver Arbeit, Schulen sind eng mit der Gesellschaft verbunden). Dadurch eröffnet sich allerdings in großem Umfang ein Forschungsbedarf in der Didaktik.

Mit dem Ziel zur Erneuerung in Methoden nach dem Beschluss der Regierung von 1993, Lehren für Lernen zu lernen (prozessual), selbstständig und sich schöpferisch zu entwickeln, Probleme zu finden und zu lösen, ist eine starke Kritik an der bisherigen Didaktik und Methodik verbunden, die sich gegen das einseitige Vermitteln richtet, wo die Lehrer vorlesen und die Lernenden abschreiben[52]. Das sind die Kernpunkte in der aktuellen Debatte, um neue methodische Konzepte zu entwickeln. Gründe dafür sind zum einen die Tendenzen der Veränderung der Lebensbedingungen (z.B. durch die Globalisierung, die Individualisierung der Lebensstile und Arbeitsformen oder die technische Entwicklung), die Notwendigkeit, sein eigenes Leben mehr und mehr selbst zu planen und zu steuern (neues Menschenbild) und zum anderen die Wissensexplosion in der Neuzeit. Die schnelle Wissensveraltung durch den technischen und wissenschaftlichen Fortschritt bedinge neue Formen des Lernens, so lautet die vielfach anzutreffende Erkenntnis der internationalen Diskussion (EU, OECD, UNESCO)[53]. Inzwischen, seit einigen Jahren, ist relativ viel didaktisch-methodische Literatur in Übersetzungen verbreitet. Ein wichtiges Thema ist der Übergang von den

---

[50] Vgl. Dang Thanh Hung: Positionen und Tendenzen der internationalen Methodik. Ha Noi – Institut für die Bildungsforschung 1994.
[51] Vietnamesische Bildungsgesetz, 12/1992.
[52] Vgl. Cao Van Sam: Entwicklung der Curricula im Berufsschullehrerstudiengang – eine Maßnahme für die Erreichung der Entwicklungsplanung von Berufsschullehrern bis 2010: In: Beitragsammlung: Entwicklung der Curricula von Berufsschullehrerstudiengängen. Nghe An 6/9/2002, S. 6.
[53] Vgl. z.B.: Europäische Kommission: Lehren und Lernen. Auf dem Weg zur kognitiven Gesellschaft. Luxemburg 1995.

traditionellen zu modernen Methoden wie z.B. Gruppenunterricht, Projektmethoden, Fallstudien, aktive Methoden, Problemlösungsmethoden, Leittextmethoden. Aber es fehlen hier weitgehend systematische und wissenschaftliche Begründungen und vor allem auch Adaptionen unter Berücksichtigung der vietnamesischen Geschichte und Kultur.

Der handlungsorientierte Ansatz wurde aus der psychologischen Sicht auch in der Lehre vermittelt[54]. Es handelt sich dabei jedoch nicht um ein didaktisches Konzept wie es in Deutschland vorgeschlagen und entwickelt worden ist. Es führt auch nicht zu Konsequenzen für didaktische Anwendungsmöglichkeiten. Wegen der traditionellen Lern-Lehrgewohnheiten, der unzureichenden Didaktikkenntnisse und der veralteten Curricula sowie auch angesichts der Lernbedingungen sowie und der Distanz zu modernen Didaktik- und Methodikkonzepten sind die Intentionen einer Erneuerung von Methoden nur schwer in der Praxis umzusetzen.

---

[54] Vgl. Nguyen Ngoc Quang: Vorlesungsskript: Didaktik – für Masterstudiengang. Ho Chi Minh Stadt 1994.

4. Referenzpunkte einer Fachdidaktik für Maschinenbau in Vietnam

4.1. Berufliche Fachdidaktiken als berufsfeldbezogene Wissenschaft

4.1.1. Probleme der Berufssystematik

4.1.1.1. Die zwei Subsysteme des Berufssystems

Die Berufe werden in Vietnam nach unterschiedlichen Schemata systematisiert und nach unterschiedlichen Kriterien zu Ausbildungsberufsgruppen und -berufsbereichen zusammengefasst. Diese Gruppierung von verwandten Berufen ist international weit verbreitet; in der BRD werden diese relativ homogenen Cluster als Berufsfelder bezeichnet. In Vietnam mangelt es jedoch an einheitlichen Beurteilungskriterien bezüglich beruflicher Ausbildungen. Das Berufssystem ist zur Zeit ein organisiertes Chaos. Für die beruflichen Fachdidaktiken bedeutet dies, dass ihr Gegenstandsfeld nicht klar und eindeutig mit Bezug auf eine allgemein anerkannte Berufssystematik entwickelt werden kann. Das hängt auch damit zusammen, dass die vietnamesische Berufsbildung eine lange Geschichte mit der gesellschaftlich-ökonomischen Situation von zwei Schultypen (Professional Secondary School [FachBerufsschule] und Vocational Training School [Berufsschule]) besitzt, obwohl es keine großen Unterschiede in den Ausbildungsinhalten gab; Einzelheiten dazu werden im nächsten Kapitel dargestellt. Die Kategorie der Berufsfelder (im deutschen Sinne) ist in Vietnam in zwei verschiedenen Berufssystemen entsprechend obengenannten Schultypen ansatzweise zu finden.

4.1.1.2. Das Ordnungssystem der Berufsfachausbildung

Die Klassifikation der Berufsfachausbildung veränderte sich entsprechend der wirtschaftlichen und gesellschaftlichen Situation. Die Verordnung Nr. 384 – TCTK – 25/6/1982 vom Statistikkabinett ist mit der Verordnung 1595/THCN – 7/4/91 des MOET für die Berufsausbildung umgesetzt worden. Nach der neuesten Verordnung des Systems der Ausbildungsberufe der Berufsfachschule *Nr. 1114/QĐ-GDĐT – 4/5/1994* des MOET, die die Verordnung 1595/THCN – 7/4/91 und 1740/THCN – 25/8/1992 ersetzt, gibt es in der zweiten Ebene des Systems *22 Fachrichtungsgruppen (Nhóm ngành) für 68 Ausbildungsfachrichtungen (Ngành đào tạo)* in der dritten Ebene. Das Berufsfachsystem gemäß dieser Ausbildungsart ist ein an fachlichen Gesichtspunkten orientiertes System. Die folgende Tabelle gibt das Ordnungsprinzip der Berufssystematik an Beispiel des Metallbereichs wieder:

Kodierung		Name der Fachausbildung
Fachausrich-tungs-Gruppen (nhóm ngành)	Ausbildungs-fachrichtungen (ngành đào tạo)	
01	...	Archäologie und Wettervorhersage
02	...	Bergbautechnik
03	00	Mechanik
	02	**Reparatur, Bedienung von mechanischen Anlagen**
04	00	Metallurgie
	01	**Gießereitechnik**
	02	**Walztechnik**
	03	**Warmbehandlungstechnik von Stahl**
	04	*Warmbehandlung Nichteisenmetall*
05		Wärmetechnik und Elektrotechnik
06		Bautechnik
07		Schifffahrtechnik
08		Elektronik, Kommunikation und Nachrichtentechnik
09		Nahrungstechnologie
10		Lagerungstechnik
11		Landwirtschaft
12		Forstwirtschaft
13		Seewirtschaft
14		Medizintechnik
15		Arzneimitteltechnik
16		Wirtschaft und Verwaltung
17		Handel
18		Rechtswesen
19		Öffentlichkeitsarbeit und Tourismus
20		Kunst
21		Sport
22		Pädagogik

Tabelle 12: Berufssystematik in der Berufsfachausbildung an Beispiel des Metallbereichs

Da die Gruppen der Berufsrichtungen nach unterschiedlichen Kriterien und aus unterschiedlichen Gründen in Gruppen und Felder gegliedert wurden, besteht kaum eine Übereinstimmung. Die Kategorien der Berufsrichtungsgruppen (nhóm ngành) 3 (Mechanik) und 4 (Metallurgie) weichen von den Kriterien der anderen Gruppen wie Sport, Kunst oder Bautechnik...erheblich ab. Eine homogene Metalltechnikgruppe wäre sinnvoll. Von daher ist schwer, ein gemeinsames Curriculum für die metalltechnische Fachberufausbildung zu entwickeln. Die Bestimmung der Berufsrichtungen (Berufsfelder) erfolgte nicht auf der Basis wissenschaftlich- systematisch begründeter Ordnungskategorien, sondern ging aus von der vorhandenen Fachpragmatik. Die Kategorien sind bis heute unverändert geblieben und es gibt keine Hinweise auf neue

Richtlinien in der Systematik der anerkannten Ausbildungsfächer seitens des MOET. Das ist aus didaktischer Sicht wenig hilfreich. Die Ausbildung in der Metalltechnik begrenzt sich auf nur in zwei Hauptgruppen, nämlich Mechanik und Metallurgie, mit folgen Fachrichtungen:
- *Reparatur und Bedienung von mechanischen Anlagen,*
- *Gießereitechnik*
- *Walztechnik*
- *Warmbehandlungstechnik von Stahl*
- *Warmbehandlung von Nichteisenmetall*

Viele Gebiete wie etwa Fertigungstechnik, Fertigungsverfahren, Werkstofftechnik, Maschinenelemente, Technische Kommunikation/Technisches Zeichnen, Prüftechnik, Automatisierungstechnik und Arbeitsorganisation sind hier gar nicht vertreten, von Randbereichen wie Arbeitsschutz, Umweltschutz und Qualitätssicherung einmal ganz abgesehen.

4.1.1.3. Das Ordnungssystem der Berufsausbildung

Für die Berufsbildung in der Vocational Training School für Langzeitausbildung und Kurzzeitausbildung gilt ein anderes Berufssystem nach der Verordnung Nr. 796/TH-DN – 19/02/1992: *56 Berufsgruppe (Nhóm nghề) mit 221 Berufen (Nghề).* Die Kategorie der Ausbildungsberufe hat nach der Verordnung folgende Zwecke[55]:
- Einheitliche Verwaltung der Berufsausbildung (Ausbildungsberuf, Curricula, Ausbildungsplan);
- Einheitliche Curricula für die Ausbildung in einer Berufsgruppe, zunächst nur für die Grundausbildung.

In dieser Verordnung wurde auch festgelegt, dass eine Berufgruppe nach dem Prinzip der Ähnlichkeit der Ausbildungsinhalte ca. 70% zu bilden ist, damit einheitliche Curricula entwickelt werden können. Das kann als eine berufspädagogische Leitidee zur curricularen Entwicklung angesehen werden. Die folgende Tabelle ist ein Beispiel für die Metallberufe in diesem Berufssystem:

---

[55] Vgl. Verordnung Nr. 796/TH-DN – 19/02/1992.

Kodierung		Name der Ausbildungsberufe
Berufsgruppe	Berufe	
08		Zerspannung
	01	Dreher
	02	Fräser, Hobel
	03	Schleifer
09		Mechaniker
	01	Schmiede
	02	Umformer
	03	Schweißer
10		Kaltbearbeitung (Schlosser)
	01	Maschinenschlosser
	02	Schlosser für Reparatur von großen Bohranlagen (Bergbau)
	03	Schlosser für Reparatur von Bergbauanlagen
	04	Schlosser für Reparatur von Anlagen in Chemieindustrie
	05	Schlosser für Reparatur von Anlagen in Erdölbearbeitung
	06	Schlosser für Reparatur von Werkzeugmaschinen
	07	Schlosser für Reparatur von Kraftfahrzeugen
11		Reparatur von Feintechnikanlagen
	01	Uhrreparatur
	02	Reparatur von Amperemessern
	03	Reparatur von Waagen
	04	Reparatur von Messanlagen auf Schiffen
	05	Reparatur von medizinischen Geräten
12		Metallurgie
	01	Erzeuger von Gusseisen
	02	Erzeuger Eisenstahl
	03	Erzeuger Nichteisenstahl
	04	Metallgießer
	05	Metallwalzer
	06	Wärmebehandlung

Tabelle 13: Berufssystematik in der Berufsausbildung an Beispiel des Metallbereichs

Dieses Berufssystem stimmt nicht mit dem Berufsfachsystem für den Ausbildungstyp „Professional Secondary School" überein. Seit der Aufteilung der Zuständigkeiten in der Berufsausbildung auf MOET und MOLISA entstand eine uneinheitliche Organisation, damit auch unklare Kategorien für die Curriculumentwicklung sowie für den Aufbau und die Struktur eines Berufssystems. Jedes Ministerium hat eigene Curriculumkonzepte. Das MOLISA orientiert sich vornehmlich an der Nachfrage der Wirtschaft nach Qualifikationen (Lang- und Kurzeitausbildung, geringe Berücksichtigung von Allgemeinbildung). Umgekehrt orientiert sich das MOET an einem Konzept der Berufsfachausbildung, das stärker die Allgemeinbildung integriert. Obwohl beide

Bildungsarten/Bildungsgänge durchaus vergleichbar sind, kann man nicht von einem einheitlichen System sprechen. Eine Kooperation wäre dringend erforderlich. Um dieses Problem zu beseitigen und Durchlässigkeit in der Berufsbildung zu gestalten, schlägt Prof. Ðuong, Autor der beiden obengenannten Verordnungen, vor, dass die Zuständigkeit dafür in einem Ministerium zusammen gefasst werden sollten. Er weist darauf hin, dass zwischen „Professional Secondary" und „Vocational Training" unter dem Aspekt von neuen Qualifikationen keine Trennung bestehen sollte [Zeitung *Người Lao Ðộng* 09/10/2003].

Die obengenannte Verordnung für die Berufsaubildung Nr. 796/TH-DN – 19/02/1992 gibt eine leichte Orientierung für Fachdidaktiker bei der Entwicklung des curricularen Konzepts, wobei für eine Berufsgruppe eine gemeinsame Grundbildung vorgesehen ist. Aber die Klassifikation der Berufsgruppen ist, wie erwähnt, inhomogen, wie z.B. obige Tabelle zeigt, denn alle diese Berufsgruppen gehören zu den metallischen Berufen. Die anerkannten Ausbildungsberufe in dieser Verordnung sind zu eng am Prinzip einer Tätigkeit orientiert (z.B. Dreher, Schleifer, Schmiede, Metallgießer...), was mit der heutigen Situation der realen Berufsausbildung nur schwer in Einklang zu bringen ist, da viele Tätigkeiten berufsübergreifende Elemente/Aspekte besitzen, von gemeinsamen Schlüsselqualifikationen ganz zu schweigen. Weil bis jetzt jedoch keine andere neue Verordnung vorliegt, bleibt die Berufsbezeichnung noch an engen Tätigkeitsbereichen orientiert, obwohl eine bereite Grundausbildung allen gemeinsam ist.

Die Berufe sollten sich in Berufsgruppen (Berufsfelder) gliedern: z.B. Metalltechnik (z.B. nach der Kategorie der Stoffe). Damit könnte die Anzahl der Berufsgruppen verringert werden. Die Veränderungen in der Arbeitswelt haben zwar einerseits den Ruf nach immer neuen Ausbildungsberufen aufkommen lassen. Auf der andren Seite taucht in diesem Zusammenhang die Forderung nach einer Reduktion der Ausbildungsberufe und breiten Berufen (Grundberufen, Berufe mit Spezialisierungen) auf.

4.1.1.4. Die Ordnung der Berufsausbildung unter statistischen Aspekten

Zum Zweck einer national einheitlichen Statistik und Dokumentation in der Bildung[56] hat die Generaldirektion für die Statistik eine Ordnung über das gesamte Bildungs- und Erziehungssystem im Jahr 1999 vorgelegt. Das Berufs- und Berufsfachsystem sollte in der nationalen Erziehung und Ausbildungssystematik Eingang finden. Dieses

---

[56] Vgl. Artikel II in Verordnung Nr. 115/1998-QÐ-TCTK: Systematische Kategorien in der Ausbildung und Bildung, 9/1999.

System ist nach dem System der Generaldirektion für die Statistik in drei Ebenen gegliedert:
1. Ebene: Bezeichnung des Ausbildungsniveaus (vom Kindergarten- bis Doktorniveau)
2. Ebene: Fachrichtungen, Berufsgruppen
3. Ebene: Spezifische Fachrichtungen, Berufe.

Die Fachberufsausbildung hat die Codiernummer 36, während die Kurzeitsausbildung mit Nummer 22 und Berufsausbildung mit Nummer 32 in Ebene I ausgewiesen ist. Die Berufsfelder (Fachrichtungsgebiete) in Ebene II sind gemäß folgender Übersicht geregelt (Tabelle 14):

Nr.	Berufsfelder Fachrichtungsgebiete	Kurzzeit- ausbildung	Langzeit- ausbildung	Fachberufs- ausbildung
1	Lehrer/Erzieher/Pädagogik			√
2	Kunst	√	√	√
3	Kommunikation, Zeitung	√		√
4	Wirtschaft und Verwaltung	√	√	√
5	Rechtswesen			√
6	Naturwissenschaft			√
7	Mathematik und Statistik			√
8	Computertechnik		√	√
9	Technik	√	√	√
10	Bergbau	√	√	√
11	Produktion und Verarbeitung	√	√	√
12	Bautechnik	√	√	√
13	Agrar- Forst- und Seewirtschaft	√	√	√
14	Tiermedizin	√	√	√
15	Gesundheitswesen	√	√	√
16	Hotel, Tourist Services	√	√	√
17	Transport	√	√	√
18	Umweltschutz	√		√
19	Sicherheit	√		√
	Summe:	14	12	19

Tabelle 14: Berufsfelder und Fachrichtungsgebiete in der Ausbildung

Da die Berufe nach unterschiedlichen Kriterien und aus unterschiedlichen Gründen in Gruppen und Felder in dieser II-Ebene gegliedert wurden, besteht kaum eine Übereinstimmung. Obwohl Bautechnik, Computertechnik, Bergbau und andere zur Technik gehören, bilden sie eigene Gruppen. Es bleibt festzuhalten, dass diese Klassifikation nur mit großen Einschränkungen für didaktische Konzeptionierungen brauchbar ist. Diese Widersprüche in der Klassifikation gelten auch für die Ebene III[57] (Ausbildungsberufe); so sind z.b. die Kategorienelemente der Technikgruppe nicht gleichartig:

Ausbildungsberufe (Ausbildungsfachrichtungen) in Langzeitausbildung [Codenummer 32]	Berufsfelder (Fachrichtungen) Technik [Codenummer 52]
	1. Fertigung, Montage von mechanischen Bauteilen
	2. Wartung und Instandsetzung von mechanischen Maschinen und Bauteilen
	3. Metallurgietechnik
	4. Elektrotechnik.
	5. Bohrtechnik
	6. Tauchtechnik
	7 Hebe-/Fördertechnik
	8 Anwendung von Baumaschinen
	...

Abbildung 20: Die Ausbildungsberufe (Ausbildungsfachrichtungen) im Berufsfeld „Technik"

4.1.2. Notwendigkeit eines neuen Ordnungsmodells nach Berufsfeldern

Die nicht oder nur sehr einschränkt kompatiblen Verordnungen zwischen unterschiedlichen zuständigen Behörden entwerten die Berufssystematik, sowohl unter theoretischen Aspekten (Einheitlichkeit der Kategorien) als auch unter praktischen Aspekten (Brauchbarkeit für didaktische Konzeptionierungen). Es scheint, dass diese Klassifikationen für die reale Berufsausbildung nicht mehr aktuell sind. Die heutige Berufsausbildung in Vietnam braucht dringend eine ordentliche stimmige Systematik der Ausbildungsberufe, damit Grundlagen für die Entwicklung von Curricula zur Verfügung stehen. Nach meiner Beobachtung arbeitet das MOLISA aus diesem Grunde seit 2003 an diesem Problem unter Vorlage verschiedener Entwürfe, die bis heute (6/2004) noch nicht in Kraft getreten sind. Aus fachdidaktischer Sicht wird eine neue Klassifikation des Berufssystems benötigt, damit eine Berufsfelddidaktik entwickelt werden kann.

Die schnellen Veränderungen in der Arbeitswelt rufen nach immer neuen Ausbildungen. Die internationale Entwicklung in der Berufsbildung zeigt eine Reduktion der Ausbildungsberufe auf (z.B. in der BRD von etwa 900 Ausbildungsberufen im Jahr 1950 auf etwa 350 Ausbildungsberufe im Jahr 2003). Der Weg dorthin führt über eine Zusammenfassung mehrerer verwandter Berufe zu sogenannten „Berufsfeldern"

---

[57] Die Berufsbezeichnung ist nicht benannt, sondern nur Fachrichtungen in Ebene III und auch in Ebene II.

und der Zusammenfassung von kleinen und spezialisierten Berufen zu breiten Kern- oder Basisberufen. Damit sind viele Vorteile verbunden[58]:

Für Wirtschaft (Betriebe und Verbände):
- *Flexibilität* beim Einsatz von Arbeitskräften an unterschiedlichen Arbeitsplätzen;
- *Sparpotenzial* und *Effizienzsteigerung* beim Marketing (Werbung, Berufsinformation), bei der Ausbildungsorganisation und der Berufsbildungsarbeit (Synergien dank Zusammenlegung)
- *Attraktivität* und *Erhaltung/Schaffung von Lehrstellen* dank breiter Ausbildung, neue Ausbildungsmodelle (Basislehrjahr, Ausbildungsverbunde) und bekannte Berufsbezeichnungen

Für Individuen (und Gesellschaft):
- Mehr *Transparenz* für Jugendliche und Eltern bei der Berufswahl (überblickbare Anzahl von Berufen und Berufsfeldern)
- *Mobilität* und erhöhte Arbeitsmarktfähigkeit auf dem Arbeitsmarkt (durch breitere Grundausbildung, weniger Spezialisierung)
- Erhöhte *Durchlässigkeit* zum tertiären Bildungsbereich dank klarer Anschlussmöglichkeiten
- Förderung von *Handlungskompetenz* und Selbständigkeit

Für Berufsschulen:
- Effizientere *Organisation* des Unterrichts durch höhere Lehrlingszahlen pro Beruf und Lehrjahr (dadurch homogene Klassenbildung auf regionaler Ebene möglich statt zentraler Blockkurse für Kleinstberufe oder heterogene Klassen)
- Erhöhte *Ausbildungsqualität* durch weitgehend einheitliche Ausbildung auf hohem Niveau in Berufsschule (Lehrpläne, Unterrichtsmaterialien),

Für Ämter und Berufsberatungen:
- *Effizienzsteigerung* durch Reduktion der Anzahl von Ausbildungsregelungen (Deregulierung), geringerer Dokumentations- und Verwaltungsaufwand
- *Ordnung und Transparenz* durch reduzierte Informationsfülle
- *Anpassungsfähigkeit von Ausbildungsinhalten und -regelungen*

Die Fachberufausbildung und Berufsbildung sollen in einem einheitlichen System aufgebaut sein. Viele vietnamesische Berufspädagogen kritisieren die gegenwärtige Systemordnung, die man eigentlich nur als Unordnung bezeichnen kann. In der modernen Berufsausbildung gibt es keine Unterschiede zwischen Fachbildung und Be-

---

[58] Vgl. Kurt Häfeli/Mark Gasche: Beruf und Berufsfeld: konzeptionelle Überlegungen zu kontroversen Begriffen, Schweizerisches Institut für Berufspädagogik (SIBP) Forschung & Entwicklung. Mai 2002; Pahl 2001 und 2004.

rufsausbildung, wohl in den Inhalten und in den Vermittlungskonzepten, aber nicht in ihrer arbeitsmarktbezogenen Strukturiertheit. Das neue Ordnungssystem soll nach der Vorschrift über die Vertikaldifferenzierung der Berufsbildung in drei Niveaus (Teilberufe, volle Anspruchberufe und höhere Berufe) des MOLISA aufbauen (siehe 4.2.). Der Widerspruch in der Klassifikation der Horizontdifferenzierung und in der Bezeichnung der Ausbildungsberufe soll beseitigt werden.

4.2. Curriculare Situation und Diskussionen in der Berufs- und Fachausbildung

4.2.1. Die curriculare Situation im Metallgewerbe

In der Langzeitausbildung befinden sich in ganzen Vietnam jährlich ca. 5000 bis 10.000 Schüler (geschätzte Anzahl, keine Statistik) in Metalltechnik. Die Ausbildung wird nach dem Schulkonzept organisiert, das heißt, dass die Ausbildung meistens in zwei Teilen, nämlich Schulklasse für Theorie und Lehrwerkstätte für Praxis, durchgeführt wird. Die anerkannte Ausbildungsberufe im Bereich Metalltechnik sind überwiegend enge Berufe nach Verordnung Nr. 796/TH-DN – 19/02/1992 z.B. Dreher, Fräser, Schweißer, Maschinenbauer, Schlosser. Die Curricula werden von einzelnen Schulen nach dem Rahmenlehrplan des MOET mit der Verordnung Nr. 21/2001/QĐ-BGD&DT vom 6/6/2001 (siehe Anlage 4.1) bei Berufsfachausbildung, und von MOLISA nach der neuesten Verordnung Nr. 212/2003/QĐ-BLĐTBXH vom 27/02/2003 für die Berufsausbildung (siehe Anlage 4.2) gestaltet. Es gibt erhebliche Unterschiede von Berufsschule zu Berufsschule und von Berufsfachschule zu Berufsfachschule. Im allgemeinen gliedern sich die Lehrpläne der beiden obengenannten Ausbildungstypen in 6 Lernbereiche wie:

---

1. Allgemeine Fächer: Naturwissenschaftliche Fächer

2. Pflichtfächer: Politik, Wehrerziehung, Sport

3. Grundlagenfächer

4. Hauptfächer (Fachtheorien)

5. Praxisübungen

6. Betriebpraktikum

Als Beispiel soll die folgende Analyse des Lehrplans einer Berufsfachausbildung und einer Berufsausbildung (siehe Anlage 4.3) dienen. Die Abgänger aus Klasse 9. der

Berufsfachausbildung sollen ca. 1300 Stunden Naturwissenschaften und Vietnamesisch gelernt haben. Die Naturwissenschaften umfassen Mathematik, Physik, Chemie. Das naturwissenschaftliche Studium ist nicht erforderlich für die Abgänger 12 Berufsfachschule und alle Lernenden in der Berufsausbildung. Die sozialwissenschaftliche Pflichtfächer wie z.b. Einführung in die Politik, Grundgesetz, Sport, Informatik, Fremdsprache, Wehrerziehung umfassen ca. 500 Stunden bei Schülern der Berufsfachausbildung und ca. 300 Stunden bei Schülern der Berufsausbildung. Die Technischen Grundlagenfächer wie z.b. Technisches Zeichnen, Technische Mechanik, Elektrotechnik, Werkstofftechnik, Messtechnik, Arbeitssicherheit sind für beide Schultypen mit ca. 400 Stunden vorgesehen. Die Berufsfachausbildung konzentriert sich insbesondere auf die Fachtheorie der metallischen Fächer wie z.B. Hydraulik, Automatisierung, CAD. Im Gegensatz dazu konzentriert sich die Berufsausbildung auf das Hauptfach „Zerspannungstechnik" und mit vielen Praxisübungen. Die Durchführung von Praxisunterricht erfolgt meistens nach der Vierstufemethode. Die handlungsorientierten Methoden wie Leittext- oder Projektmethode sind nicht zu erkennen. Die Praxisübungsthemen sind z.B. Langdrehen, Kegeldrehen, Nutfräsen,... für die Grundfertigkeit in Metalltechnik. In der fachlichen Ausbildung zwischen Abgängern der 9. und 12. in der Berufsfachausbildung bestehen keine Unterschiede. Weil die verbindlichen Kategorien für die Ausbildungsberufe zu alt sind, bleibt die Bezeichnung der Ausbildungsberufe und auch der Fachausbildungsberufe sehr eng, z.B. Dreher, Fräser, Schleifer... Die meisten Bezeichnung in der Berufsfachausbildung basieren nicht auf verbindlichen Vorgaben. Das Curriculum für die Kurzeitausbildung wird von Berufsschulen und Berufszentren selbst entwickelt, und zwar für Teilberufe (Berufsgebiete) z.B. Dreher, Fräser, Schleifer, Hobler, Schweißer. Die Ausbildungszeit beträgt ca. von 130 bis 320 Stunden je nach Beruf, davon sind ca. 4/5 für Praxisübung. Hier werden keine zusätzlichen Fachtheorien wie z.B. Fachzeichnen oder Werkstofftechnik, sondern nur enge Gebiete wie Spannungstechnik gelehrt.

Es gibt noch keine einheitlich verbindlichen Curricula, weder für die Berufsfachausbildung, noch für Berufsausbildung in der Lang- und Kurzeitausbildung und es gibt auch keine Durchlässigkeit zwischen diesen Bereichen. Die vorläufigen Lehrpläne in der Metalltechnik bei Fach- und Berufsaubildung zeigen, dass die bisherigen Lehrpläne in Richtung Fachsdisziplinen orientiert sind. In der Praxis konnten die einfach manuellen Fertigkeiten geübt werden. An Hand der Anlage 4.3 konnte man das traditionale Konzept der Curricula für die Ausbildung der Fachkenntnisse und Fachpraxis in beiden Berufausbildungstypen allgemein zusammenfassen, wie die untere Darstellung zeigt:

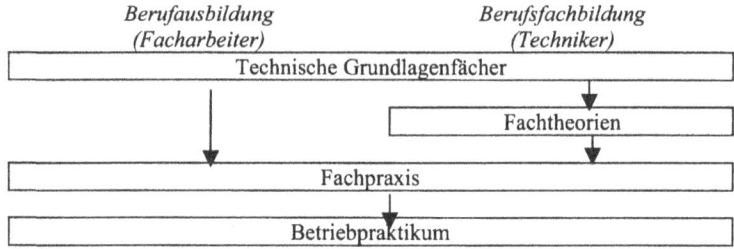

Abbildung 21: Traditionales Curriculumkonzept der vietnamesischen Berufs- und Fachberufsausbildung.

Die Technischen Grundlagenfächer und Fachtheorien sind aus den korrespondierenden Fachwissenschaften abgeleitet. Die wichtigsten Fächer: Technisches Zeichnen, Werkstofftechnik, Bemaßung, Mechanik sind immer in der Fach- und Berufsausbildung der Metallberufe vorhanden. Die Einführung von anderen technischen Fächern wie z.b. Elektronik, CAD, CNC-Technik, Pneumatik... oder von den Praxisübungen hängt von der Leistungsfähigkeit der Ausbildungseinrichtung ab. Die Berufsfachausbildung orientiert sich mehr an fachwissenschaftlichen Kenntnissen und Theorien, während die Berufsausbildung als eine theoriebegleitete Fachpraxis charakterisier werden kann.

Der schnelle Wandel beruflicher Anforderungen, initiiert durch neue Technologien, anspruchsvolle Arbeitsorganisationskonzepte und daraus erwachsende Anforderungen an den Arbeitnehmer, scheint dieses curriculare Konzept wenig flexibel zu sein, und es kann auch nicht als arbeitsprozessorientiert betrachtet werden. Weitere Schwachpunkte sind folgende:
- Die Theorievermittlung im Theoriebereich stellt keinen hinreichenden Bezug zu der sich schnell wandelnden beruflichen Praxis her;
- Die theoretischen Fundierungen sind nicht praxistauglich;
- Orientierung an den Fachwissenschaften ist zu stark ausgeprägt;
- Das Konzept verleitet zu isolierter fachlicher Verselbständigung;
- Es überlässt anwendungsbezogene Verknüpfungserfordernisse den Lernenden;
- Es erschwert eine inhaltliche Abstimmung von Praxis und Theorie.

Für einheitliche Ausbildung unter Berücksichtigung von Anforderungen der beruflichen Arbeit soll das neue Lehrplankonzept entwickelt werden.

4.2.2. Richtlinien in der curricularen Entwicklung in der Berufsausbildung

Seit der Gründung des Berufsbildungssystems als Berufsfachbildung mit der Dominanz des Schulsystemkonzepts[59] sind die Lehrpläne/Richtlinien vorwiegend inhaltorientiert, also strukturiert als „Lehrinhalte"-Elemente. Curriculare Elemente wie „Lerninhalte und Lernziele" oder „Lerngebiete, Lehrinhalte und Lehrziele" oder „Lernfelder: Lehrinhalte und Kompetenzen" sind neu bezogen auf das traditionelle didaktische Verständnis. Mit internationalen Unterstützungen besonders der Schweiz und von Kanada und anderer internationaler Organisationen zur Entwicklung von wirtschaftsnahen und arbeitsprozessorientierten Curricula hat MOLISA mit unterschieden Projekten z.b. dem Projekt der Technischen Bildung unter Finanzierung der ADB die curriculare und didaktische Weiterentwicklung der Berufsbildung vorangetrieben. Auf der *Makroebene* (Ministerien, Institute...) werden curriculare Vorgaben wie Rahmenlehrpläne, Prüfungsordnungen u.s.w. entwickelt. Mit dem Ziel zu einheitlichen Curricula für die Berufsausbildung, und zur Unterstützung der obengenannten curricularen Arbeit der Ausbildungseinrichtungen und Zuständigen erlässt das MOLISA am 27/02/2003 die Verordnung Nr. 212/2003/QĐ-BLĐTBXH über die Richtlinien und Prinzipien in der Entwicklung und Durchführung von beruflichen Curricula in den Schulen, die zur MOLISA gehören, vermutlich mit der Absicht, die Berufsfachausbildung des MOET und die jetzige Langzeitberufsausbildung von MOLISA mindestens in Curriculumentwicklung einheitlich zu gestalten. Diese Vorschriften sind auf der Basis des Dekretes vom 09.01.2001 (Nr. 02/2001/NĐ-CP) weiter definiert, mit dem die Vertikaldifferenzierung in Form von Kurzzeitausbildung (Teilberuf) unter 12 Monaten und die Langzeitausbildung mit 12 bis 36 Monaten in zwei Ausbildungsniveaus mit Vollanspruchsberufe und Hochqualifizierungsberufe unterteilt wurde. Die curriculare Entwicklung für die Langzeitausbildung soll gemäß Artikel 5 nach folgenden Kriterien vorgenommen:

- Bestimmung der anerkannten Ausbildungsberufe, die vom MOLISA per Erlass in Kraft gesetzt werden;
- Einbeziehung der Ergebnisse der Berufsanalyse (Tätigkeitsanalyse) und Bestimmung von Handlungskompetenzen *(Handlungsorientierung)*;
- Sicherung von Ganzheitlichkeit, Wissenschaftlichkeit *(Wissenschaftsorientierung)*, Stabilität und Systematik *(Systematikorientierung)*;
- Sicherung von Durchlässigkeit;

---

[59] Das internationale Ausbildungssystem ist nach Greinert in vier Modelle eingeteilt, nämlich Marktmodell, Schulmodel, Traditionsmodel und Mischmodel. Vgl. Schelten, Andreas: Begriffe und Konzepte der berufspädagogischen Fachsprache. Stuttgart /Franz Steiner 2000, S. 125.

- Sicherung von Grundbildung mit Praxisorientierung (*Breitausbildungsorientierung*) und schrittweise Modernisierung zur Anpassung an den Arbeitsmarktbedarf (*Qualifikationsorientierung*)
- Sicherung der Einheitlichkeit/Gemeinsamkeit von Berufen in einer Berufgruppe (*Berufsfeldorientierung*).

Der Artikel 6 bestimmt die Prinzipien bei der Entwicklung der Curricula für Kurzzeitausbildung:
- Berücksichtigung von Ergebnissen der Berufsanalyse (Tätigkeitsanalyse) und Handlungskompetenzen *(Handlungsorientierung)*
- Sicherung von Wissenschaftlichkeit (*Wissenschaftsorientierung*), Systematik (*Systematikorientierung)* und Flexibilität
- Sicherung von Durchlässigkeit
- Sicherung der Anforderung des Arbeitsmarktes (*Qualifikationsorientierung*).

Eine grundlegend wichtige Festlegung der Curriculaformen bestehet darin, dass ein relativ hoher Freiheitsgrad eingeräumt wird; die Curricula sollen folgende Strukturen haben [Artikel 10]:
- Fachsystemkonzept,
- Modulsystemkonzept (entsprechend Lernfeld),
- Oder Mischkonzept von Fach- und Modulsystem.

Die Ausbildungsmodule integrieren Grundlagenfächer, Fachtheorien und Fachpraxis oder Fachtheorien und Fachpraxis [Artikel 17]. Die Struktur der Ausbildungsmodule soll nach Zielen, Ausbildungsinhalten, Lernerfolgsmessung und Leistungsbeurteilung, Bedingungen zur Durchführung gegliedert sein und mit den Lernhandlungen (Lernsituationen) verbunden werden. Aus der Sicht dieser Richtlinien gibt es zwei Lehrplanarten, nämlich Rahmenlehrpläne für Berufsgruppen (Berufsfelder) und Lehrpläne für einzelne Berufe mit vorgeschriebener Ausbildungsdauer und Festlegung der Anteile von Ausbildungsinhalten (siehe Anlage 4.1).

Die 76 Lehrpläne, die im ADB-Projekt entwickelt wurden, sollen für 48 häufige Ausbildungsberufe, davon 45 für Vollanspruchsberufe, und für 31 höhere Berufe bis 2003 geschaffen werden. Diese Lehrpläne wurden nach dem DACUM-Verfahren (Developing A Curriculum) in integrierter Form zwischen Fachssystem und Modulsystem konzipiert. Die Experten und Ingenieure der Unternehmungen beteiligen auch in der Curriculumentwicklung, damit die Curricula mit den Praxisanforderungen übereinstimmen und der Abstand zwischen Bedarf und Angebot an Facharbeitern verringern wird[60]. Wie die konkrete Struktur und die Inhalte der Lehrpläne beschaffen

---

[60] Vgl. Ý Hà – Mai Minh: Wird der Berufsbildungsumfang verringert, 01/11/2003. In: http://www.vneconomy.com.vn/index.php?action=thongtin&chuyenmuc=02&id=031031164000

sein werden, ist noch nicht bekannt geworden; außerdem gibt es Arbeitszögerungen, so dass diese Lehrpläne noch nicht in Kraft getreten sind.

Ein großes Problem bei der Lehrplanentwicklung und für die Fachdidaktiker besteht darin, dass bis heute (2003) noch keine neuen Bestimmungen der anerkannten Ausbildungsberufe vom MOLISA erlassen worden sind, die die alte Bestimmung Nr. 1114/QĐ-GDĐT – 4/5/1994 von MOET und Nr. 1740/THCN – 25/8/1992[61] ersetzen soll. So sind für die Lehrplanentwickler keine Orientierungsmöglichkeiten gegeben. Möglichtweise sind die neuen anerkannten Ausbildungsberufe anders als die vorläufigen.

Die Prinzipien wie Systematik-, Wissenschafts-, Breitausbildungs-, Qualifikations-, Handlungs-, Durchlässigkeitsorientierung bei der Entwicklung und Implementation von beruflichen Curricula eröffnen für die Didaktiker mehrere Forschungsrichtungen in der didaktischen Arbeit. Diese Prinzipien sind nicht zwangsläufig alternativ zu sehen, sondern können sich durch auch gegenseitig ergänzen.

4.2.3. Das integrierte Curriculum als eine Ausrichtung auf das Lernfeldkonzept

Der Begriff „Lernfeld" ist in der aktuellen Didaktikdiskussion in Vietnam nicht bekannt. Eine andere Weise wie Modularisierung von Ausbildungsinhalten hat man in der Richtlinie für die Curriculumentwicklung benannt. Die Modularisierung, die gemäß dem DACUM-Konzept entwickelt ist, ist auch nach Handlungsfeldern orientiert, die in etwa in der deutschen didaktischen Diskussion mit dem Lernfeldkonzept vergleichbar sind, welches die Handlungsorientierung im Kontext beruflicher Facharbeit curricular unterstützen soll. Die Handlungsfelder wurden mit Hilfe der DACUM-Methode bei der Durchführung der Arbeitsplatz- und Berufsanalyse herausgefunden. Das Grundprinzip des Lernfeldkonzeptes (Modulkonzept) besteht darin, den Theorieunterricht an den Arbeitsprozessen des Berufes zu orientieren. Die Lehrpläne im Modulsystem oder im integrierten Fach- und Modulsystem sind in diesem Sinne zu strukturieren. Die Tendenz der Lehrplanentwicklung zielt auf eine Kombinierung von Kenntnissen der Naturwissenschaften, Grundlagenwissenschaften, Fachtheorien und Fachpraxis in Modulen (Lernfelder). Sie orientiert sich an dem Prinzip, das Curriculum nach beruflichen Aufgabenstellungen und Handlungsabläufen zu strukturieren und bietet damit ein neues Lernkonzept, das bis heute in Vietnam noch nicht durchgesetzt ist, nämlich handlungsorientiertes und gestaltungsorientiertes Lernen für die Arbeitswelt zu unterstützen. Der Arbeitsablauf bei der Curriculumentwicklung im „Programm für die Technik- und Berufsbildung" wurde in der Vorschrift Nr.

---

[61] Nähere Erklärungen erfolgen in Kap. 4.1.1.

209/2003/QĐ-DA-GDKT&DN vom 24/4/2003 festgeschrieben, und zwar mit folgenden Schritten:

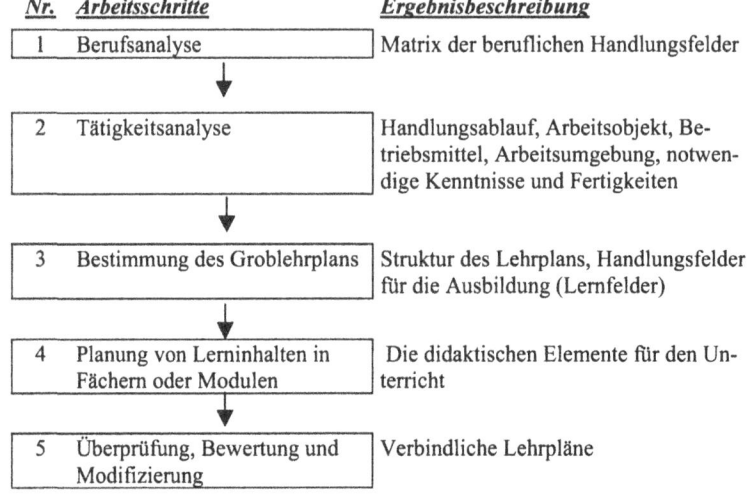

Abbildung 22: Curriculare Entwicklungsschritte nach der Vorschrift Nr. 209/2003/QĐ-DA-GDKT&DN

Von der Definition her sind: „Lernfelder durch Zielformulierung, Inhalte und Zeitrichtwerte beschriebene thematische Einheiten, die an beruflichen Aufgabenstellungen und Handlungsabläufen orientiert sind" (Kultusministerkonferenz 1999, S.14), und am obengenannten Ablauf kann man erkennen, dass das Curriculumentwicklungskonzept in Vietnam mit der Entwicklung der Lernfelder in Deutschland vergleichbar ist, wo Handlungsfelder der betrieblichen Berufsausbildung gemäß den Ausbildungsordnungen zu Lernfeldern in der Berufsschule umgewandelt werden. Handlungsfelder sind zusammengehörige Aufgabenkomplexe mit beruflichen, lebens- und gesellschaftsbedeutsamen Handlungssituationen, zu deren Bewältigung befähigt werden soll. Ausgangspunkt zur Erarbeitung von Lernfeldern ist das berufliche Handeln. Im Berufs- oder Arbeitsfeld werden Handlungsfelder identifiziert. Lernfelder (vietnamesische Ausbildungsmodule) sind wie erwähnt, aus beruflichen Handlungsfeldern entwickelt. Sie sind didaktisch begründete und schulisch aufbereitete thematische Einheiten. Hierdurch soll den Schülerinnen/Schülern die notwendige Handlungskompetenz vermittelt werden.

4.3. Ingenieurwissenschaften unter besonderer Berücksichtigung des Maschinenbaus

4.3.1. Situation in der Hochschulbildung

Nach der Angabe des MOET gibt es im Jahr 2004 85 Hochschulen/Universitäten und 120 Colleges (Fachhochschulen). Die vier größten darunter sind: Nationale Universität Hanoi, Thai Nguyen, Danang und Ho Chi Minh Stadt. Die Hochschulen/Universitäten (Tertiary) beschäftigen ca. 27393 Dozenten und Mitarbeiter (1630 Professoren/ 5286 Doktoren). Im Gegensatz dazu sind ca. 11215 Dozenten und Mitarbeiter (25 Professoren/190Doktoren) in Fachhochschulen (Post-secondary non-tertiary) tätig. Die Studienzulassung beträgt für die Hochschulen/Universitäten 127590 Studenten und für Colleges 69295 Studenten (Studienplätze). Beide Ausbildungsniveaus ergeben zusammen rund 196885 Studienplätze[62]. Diese relativ große Zahl von Studienplätzen muss man allerdings mit der Nachfrageseite konfrontieren, denn jährlich schließen ca. 750000 Abiturienten die Secondary Schule ab. Das ergibt einen Zugang zur Hochschul-/Universitätsausbildung von ca. 17% und zur Collegeausbildung von ca. 9%.

Bereits seit 1987 hat die Gewerkschaft die Staatskampagne zur „Vergesellschaftlichung von Bildung" (xa hoi hoa giao duc) geführt, deren Ziel es vor allem ist, ein gesellschaftliches Verantwortungsempfinden für den Bildungsbereich zu schaffen und so den Staat zu entlasten. Neben staatlichen Hochschuleinrichtungen wurden mehrere Privat- und Halbprivathochschuleinrichtungen (25 Einrichtungen bis 2004) gegründet. Diese Hochschuleinrichtungen orientieren sich meistens an Studiengängen, die wenig Ausrüstungen brauchen, also im wesentlichen die „Buchwissenschaften" wie Rechtswissenschaft, Wirtschaftswissenschaft, Sozialwissenschaften.

Beklagt werden von den Studenten, Dozenten u.a. außer diesen Kapazitätsengpässen auch die schlechten Studienbedingungen, die schlechte Ausstattung der Laboratorien und Bibliotheken sowie die Überladung der Studieninhalte mit unnötigen Detailkenntnissen in allgemeinen Festlegungen. Das ist auch im Diskussions-Forum „Erneuerung und internationale Integration der Hochschulbildung" vom 22 – 23/6/2004 des Nationalen Bildungsgremiums über die Schwachpunkte der vietnamesischen Hochschulbildung festgestellt worden:

- Die Standorte der Hochschuleinrichtungen konzentrieren sich meistens auf große Städte; viele Standorte sind zu klein;
- Es gibt nur eine geringe vertikale sowie horizontale Differenzierung entsprechend der funktionalen Struktur von Ort, Provinz, Land;

---

[62] Vgl. Statistik der Studienbewerbungen 2004. In: www.tuoitre.com.vn/media/download/dkdt.htm

- Die rechtlichen Bedingungen für die Verwaltung, Organisation und das Eigentum der Hochschuleinrichtungen sind nur unzureichend festgelegt;
- Es herrscht ein großer Mangel an Dozenten. Ein nicht kleiner Anteil der Dozenten hat mangelhafte Kompetenzen im Fach, in Fremdsprachen und in der Informatik;
- Es fehlt an modernen Laborausrüstungen;
- Erneuerung und Veränderung von Lehrplan und Methodik erfolgen nur langsam. Meistens sind die Curricula noch an der Vergangenheit orientiert, die vor 20-30 Jahren gegeben war. Besonders fehlt eine Verbindung zwischen Ausbildung und Forschung (forschungsorientiertes Lernen).

Um diese schwachen Punkte der Hochschulausbildung zu beseitigen, bemühen sich MOET und die Hochschuleinrichtungen schrittweise mit mehreren Entwicklungsmaßnahmen besonders in den Problemebereichen wie Personal, Ausbildungsinhalte, Ausbildungsmethoden und Ausrüstungen, die sich direkt auf die Qualität der Ausbildung auswirken, Verbesserungen zu erzielen.

Wie im Kapitel 2.3. schon erwähnt, erfolgt die Entwicklung von Lehrplänen für Hochschulen und Colleges nach der Verordnung Nr. 2677/GD-ĐT vom 3/12/1993 des MOET über die Strukturen und Mindestlehrstoffe, der Verordnung Nr. 2678/GD-ĐT vom 3/12/1993 über die Mindestallgemeinbildung und dem Einleitungsblatt Nr. 2162/ĐH vom 15/3/1999 über die Erneuerung der Hochschullehrpläne. Nach Beschluss Nr. 498/QĐ-BGD&ĐT-ĐH vom 21/11/2000 sollen neue Rahmenlehrpläne für die Hochschulausbildung entwickelt werden, damit die Qualität des expandierenden Hochschulsystems kontrolliert, verläuft. Für die Entwicklung der Rahmenlehrpläne sind viele wissenschaftliche Gremien nach Fachrichtungen gebildet worden. In der Regel werden 60% Inhalte der neuen Rahmenlehrpläne von den wissenschaftlichen Gremien (offene und geschlossene Rahmenlehrpläne) entwickelt. Darunter sind allgemeinen Fächer, die Grundlagenfächer und ein Teil der Hauptfächer. Die Mindestallgemeinbildung wird einheitlich nach der Vorgabe des MOETs für sechs Studienrichtungsgruppen mit ca. 90 Kredits in Universitäten/Hochschulen und mit ca. 40 bis 80 Kredits in Fachhochschulen festgelegt. Weil diese Rahmenlehrpläne bis 2004 meistens nur für das Collegeniveau in Kraft treten werden, benutzen die meisten Hochschulen noch ihre selbstentwickelten Lehrpläne weiter. Der Prozess der curricularen und methodischen Erneuerung wird sich also noch über viele Jahre hinziehen.

4.3.2. Lehre in der Ingenieurwissenschaft Maschinenbau

Unter Ingenieurwissenschaften werden die Wissenschaften zusammengefasst, die sich mit der technischen Entwicklung und Konstruktion von (meist industriell einsetz- oder fertigbaren) Gegenständen beschäftigen und dabei mathematische und naturwissenschaftliche Erkenntnisse praktisch anwenden. Sie verstehen sich als eine angewandte Wissenschaft. Die klassischen Ingenieurwissenschaften sind das Bauingenieurwesen, der Maschinenbau und die Elektrotechnik. Die Ingenieurwissenschaften erheben nicht den Anspruch, eine exakte Wissenschaft im eigentlichen Sinne zu sein: Zu viele der Grundlagen, die bei der praktischen Anwendung von Naturwissenschaften auftreten, sind in ihrer Kombination zu komplex, um exakt berechnet werden zu können. Daher versuchen die Ingenieurwissenschaften, praktikable Verfahren zu finden, um die technischen Vorgänge sicher zu beherrschen. Die naturwissenschaftlichen Grundlagenfächer, auf denen die Ingenieurwissenschaften aufbauen, sind insbesondere Mathematik und Physik, aber auch Chemie. Auf diesen naturwissenschaftlichen Grundlagen bauen die ingenieurwissenschaftlichen Grundlagenfächer auf. Hier wären insbesondere die Mechanik (mit den Teilbereichen der Statik und Dynamik) zu nennen, die angewandte Thermodynamik und die Elektrotechnik. Zu diesen Grundlagenfächern gesellen sich methodenorientierte Grundlagenfächer wie beispielsweise die Konstruktionslehre sowie ergänzende Grundlagen aus der Betriebswirtschaft und Informatik.

Auf diesen Grundlagen setzen die eigentlichen Ingenieurwissenschaften auf, die im folgenden dargestellt werden. In den Grenzbereichen zwischen den Arbeitsgebieten etablieren sich häufig eigenständige Fächer (zum Beispiel die Mechatronik).[63]

Studiengänge aus dem Bereich Maschinenbau sind in Vietnam in allen Institutionengruppen des tertiären (đại học) und Post-secondary non-tertiary (cao đẳng) Bildungsbereiches breit etabliert. Über die traditionellen Diplomstudiengänge hinaus werden an vietnamesischen Hochschulen/Universitäten vor allem auch im Maschinenbau Masterstudiengänge entwickelt. Diese Studiengänge werden nur von den besten der unten genannten Universitäten/Hochschulen durchgeführt. Maschinenbau also kann in mehreren Technischen Hochschulen/Universitäten und Fachhochschulen mit ca. 8000 Studienplätzen[64] in Vollzeit- und Teilzeitstudiengängen studiert werden. Ein Studium des Maschinenbaus dauert an Universitäten/Hochschulen (tertiär – đại học) neun und an Fachhochschulen (Colleges) sechs Semester. Die Ausbildungsaufgaben

---

[63] Vgl. in: http://www.lexikon-definition.de/Ingenieurwissenschaft.html
[64] Die Zulassung für alle Technischen Hochschulen/Colleges beträgt 24820 Studienplätze für Dipl. Niveau und 12780 Ing. Niveau (Colleges) im Jahr 2004. Davon ist ca. 1/5 für Metall- Maschinenbau.

von Fachhochschulen und Technischen Universitäten sind nach wie vor unterschiedlich. Die Fachhochschulen bilden unmittelbar für die betriebliche Praxis aus[65]. Technische Universitäten/Hochschulen haben die Ausbildungsziele, den wissenschaftlichen Nachwuchs mit soliden theoretischen, aber auch praxisorientierten Kenntnissen in der Forschung heranzubilden. Die traditionellen wichtigsten Hochschulen/Universitäten von Vietnam mit dem breitesten Angebot an Fachwissenschaften und mit zahlreichen Ausrüstungen für die Ausbildung in technischen Fachrichtungen, sind TU-Hanoi, TU-Ho Chi Minh Stadt, TU-Da Nang (diese Universitäten sind Mitglied der drei Nationaluniversitäten Hanoi, Da Nang, Ho Chi Minh Stadt) und UTE Ho Chi Minh Stadt.

Mit langer Tradition ist die TU-Hanoi seit ihrer Gründung im Jahr 1956 als erste nach wie vor die herausragende Technische Universität von Vietnam, die mit mehreren Studiengängen besonders auf den Bereich Metall- und Maschinentechnik spezialisiert ist und das Recht hat, Promotionsstudien in den meisten Technischen Fachrichtungen zu betreuen. Im Bereich der Metall- und Maschinentechnik sind 32 Associate Professoren zuständig. Hier werden jährlich ca. 1500 Studenten für die Fachrichtung Metall- und Maschinentechnik zugelassen.

Die TU Da Nang wurde 1976 gegründet. Mit einem Associate Professor und sieben Doktoren darf die Fakultät für Maschinenbau Doktoranden in Fertigungstechnik und Verbrennungsmotorentechnik betreuen. Hier werden jährlich ca. 300 bis 400 Studienplätze angeboten.

Die TU Ho Chi Minh Stadt ist auch wie die TU Da Nang und die UTE Ho Chi Minh Stadt nach der Vereinigung von 1975 gegründet worden. Mit 10 Associate Professoren und 22 Doktoren im Maschinenbau dürfen Doktoranden in allen Fachrichtungen der Maschinenbauwissenschaften hier betreut worden. Hier werden ca. 700 bis 800 Studienplätze jährlich angeboten.

Im Vergleich zu obengenannten Technische Universitäten sind die Anzahl der Fachwissenschaftler im Bereich Maschinenbau der UTE Ho Chi Minh etwa weniger mit 3 Associate Professoren und 5 Doktoren geringer. Hier werden ca. 700 Studienplätze in Vollzeitstudiengängen jährlich zulassen.

Neben diesen wichtigsten staatlichen Technischen Hochschulen/Universitäten wurden in letzter Zeit auch einige private Hochschulen für technische Fachrichtungen gegründet. Im Vergleich zu den obengenannten staatlichen Hochschulen/Universi-

---

[65] Diese Aufgabenverteilung zwischen Universitäten und Fachhochschulen findet sich in vielen anderen Ländern, z.B. auch in der Bundesrepublik Deutschland; die Einführung von Bachelor und Masterstudiengängen in beiden Hochschultypen wird diese traditionellen Unterschieden möglicherweise verwischen.

täten sind ihre Ausrüstungen, die Zahl an Wissenschaftlern und das Bibliothekswesen mangelhaft.

Neben der geringen Anzahl an Wissenschaftlern (Doktoren und Professoren[66]) im Bereich Maschinenbau in der Universität gibt es noch Dozenten, von denen allerdings nur ca. 20 % bis 70 % den Mastertitel besitzen. Diese Situation ist in den einzelnen Universitäten/Hochschulen sehr unterschiedlich. Außerdem gibt es noch große Bestände an Stellen für nichtwissenschaftliches Personal (Ingenieure, Techniker), die in der Praxisausbildung und für Laborarbeit sowie in der Lehre zuständig sind. In der Fachhochschule kann die Ausstattung mit wissenschaftlichem Personal aber als durchaus dramatisch angesehen werden.

Angesichts der vergleichsweise hohen Ausdifferenzierung des Maschinenbaus als Wissenschaftsdisziplin und der beruflichen Anforderungen, die vielfach Querschnittsqualifikationen verlangen, hat sich für das Studium des Maschinenbaus eine Vielzahl unterschiedlicher Studienrichtungen herausgebildet. Studiengänge im Bereich Maschinenbau im tertiären Bereich werden nach der Studiengangbezeichnung namentlich in engeren Studienfachrichtungen auf Dipl. Niveau spezialisiert (siehe untere Tabelle):

	TU-Hanoi	TU-Ho Chi Minh Stadt	TU-Da Nang	UTE-Ho Chi Minh Stadt
Allgemeiner Maschinenbau	X und X(*)	X	X und X(*)	X(*)
Feinmechanik	X			
Maschinentechnik	X			
Kfz-Technik	X	X	X	X(*)
Schiffstechnik		X		
Energietechnik		X		
Schweiß- und Urformtechnik	X			
Produktionstechnik		X		
Hydraulische Automatisierungstechnik	X			
Mechatronik				X(*)
Automatisierung und Steuerungstechnik		X	X	X(*)
Luftfahrzeugtechnik	X	X		
Umformtechnik	X			
Klima- und Wärmetechnik	X		X	X(*)
Konstruktionstechnik	X			X(*)
Industrietechnik	X		X und X (*)	X(*)
Metallurgie	X	X	X	

---

[66] Bis Jahr 2003 wurden 412 Professoren- und 1587 Associate-Professorentitel verliehen. (Quelle: Tuổi trẻ Zeitung, 15/10/2003).

Metallwerkstoffs- Warmbehandlungstechnik	X			
Mechanik und Walztechnik	X			
Werkstoff-Urformtechnik	X			

(*) Studiengänge inkl. Pädagogik für die Ausbildung von Berufsschullehrern

Tabelle 15: Spezialisierung der Studiengang Maschinenbau in unterschieden Hochschulen

Andere Spezialisierungsrichtungen wie z.b. Landfahrzeugtechnik oder Verkehrsmaschinen werden in anderen eigenen Hochschulrichtungen wie Agrarwirtschafts-, Verkehrshochschulen etc. gelehrt.

Die konkreten Fachinhalte und der quantitative Anteil der Fächer sind zwischen den Technischen Hochschulen/Universitäten unterschiedlich. Übergreifende Studienstrukturen sind für die Studiengänge an Universitäten und Fachhochschulen durch die vom MOET ausgearbeiteten Rahmenlehrpläne festgelegt. Die Inhaltsstruktur des Studiengangs Technik-/Berufschullehrer in der Fachrichtung „Allgemeiner Maschinenbau" an den verschiedenen Technischen Universitäten/Hochschulen ist in Abbildung 15 (Kapitel 2.3) dargestellt worden. Die Ausbildung in allgemeinen Fächern (Natur- und Sozialwissenschaft) wird nach einem gemeinsamen Lehrplan des MOET in allen Hochschulen/Universitäten durchgeführt. Dieser Bereich umfasst ca. 90 Kredite. Davon sind ca. 24 bis 36 Kredite für Naturwissenschaften/Grundlagenfächer (13 bis 15%) innerhalb der Studiengänge für Technik und Naturwissenschaft festgelegt. Diese Grundlagenvermittlung ist m. E. umfassend genug (siehe untere Tabelle):

	UTE-Ho Chi Minh Stadt	TU Ha Noi	TU Da Nang	TU Ho Chi Minh Stadt
Mathematik	19	15	19	13
Physik	10+2*	10+2*	10+2*	7+1*
Chemie	4+1*	4+1*	4+1*	2+1*
Summe	36/234	32/258	36/270	24/185

(*) Laborarbeiten.

Tabelle 16: Naturwissenschaften in der Ausbildung von Diplom Ingenieuren.

Die Regelstudienzeit beträgt neun Semester. Das Lehrangebot erstreckt sich über acht Semester, während für die Ablegung der Diplomprüfung, die Anfertigung der Studien- und der Projektarbeit und die Absolvierung der Praktika im Hauptstudium ein Semester vorgesehen ist. Der zeitliche Gesamtumfang der Lehrveranstaltungen im Pflicht- und Wahlpflichtfach ist von Hochschule zur Hochschule unterschiedlich. Dieser Bereich umfasst 185 bis 270 Kredite (siehe Anlage 4.4 – 4.6). Besonders niedrig ist die Lehrveranstaltungsanzahl in der TU Ho Chi Minh Stadt mit 185 Krediten im Vergleich zu den anderen Universitäten/Hochschulen.

Bei der Analyse der exemplarischen Lehrpläne im Maschinenbau der wichtigsten Technischen Hochschulen/Universitäten (Anlage 4.4 – 4.6) kann folgendes festgestellt werden:
- Der Umfang in Technischen Grundlagenfächern (Konstruktionslehre, Mechanik, Festigkeitslehre, Maschinenelemente, Elektrotechnik, Werkstofftechnik, Messtechnik) kann als ausreichend angesehen werden.
- Die anwendungsbezogenen Fächer sind noch stark an allgemeinen traditionellen Technologien wie Fertigungstechnik, Abtrenntechnik, Fügetechnik, Urform-/Umformtechnik orientiert. Die Verfahrenstechnik ist nicht stark entwickelt.
- Es fehlt an Laborarbeiten in Werkstofftechnik, Messtechnik, Fertigungstechnik; wegen mangelhafter Ausrüstung und unzureichender Medien haben viele Lehrveranstaltungen nur einen geringen Praxisbezug; es werden meistens Theorien vermittelt.
- Die Integration der Berufspraxisarbeit in die Ausbildung ist defizitär. Unter diesem Aspekt werden nur manuelle Grundfähigkeiten wie Feilen, Drehen, Fräsen, Schweißen ausgeübt, also keine Ingenieurpraxis; die Vermittlung dieser Hand- und Maschinenfertigkeiten ist sowohl die Ausbildung in der Hochschule als auch für die spätere Ingenieurtätigkeit nahezu unrelevant. Dieses Praktikum müsste umstrukturiert und umakzentuiert werden[67].

Das Fachhochschulstudium (Post-secondary non-tertiary Bereich) sollte sich nach Auffassung des MOETs auf die Vermittlung der Grundlagen des Faches Maschinenbau im mathematisch-naturwissenschaftlichen und technischen sowie praxisorientierten Bereich konzentrieren, diese gegebenenfalls an geeigneter Stelle exemplarisch vertiefen und sich an den beschriebenen etablierten Ausbildungsprofilen orientieren. Die Studiengänge sind überwiegend in der Produktionstechnik angesiedelt (Fertigungstechnik; besonders Abtrennungstechnik) und orientiert sich an manuellen maschinellen Praxisarbeiten, sind also eher als eine höhere Berufsausbildung anzusehen[68]. Die typischen Fachhochschulen, die mit mehrere Studiengänge anbieten, sind die Industrie-Fachhochschulen Ha Noi und Industrie- Fachhochschule Nr. 4 – Ho Chi Minh Stadt und TTTCs. Außerdem wird diese Ausbildung auch in mehreren Technischen Universitäten/Hochschulen neben Diplomstudiengängen durchgeführt. Eine

---

[67] Vgl. Lipsmeier, Antonius: Gutachten über die Qualifizierung technischer Lehre in Vietnam. Karlsruhe 5/2004.
[68] Das Niveau entspricht wohl eher dem einer höheren Berufsfachschule (BRD: z.B. Techniker- oder Assistentenniveau) als einer Fachhochschule.

Spezialisierung in der Werkstofftechnik (Metallurgie) ist besonders an der Fachhochschule für Metallurgie - Thai Nguyen entwickelt worden.

4.4. Betriebliche Strukturen im Maschinenbau und im Metallgewerbe

4.4.1. Gegenwärtige Situation

Das Wirtschaftssystem und der Arbeitsmarkt in der Sozialistischen Republik Vietnam sind seit einigen Jahren eindeutig in Richtung Industrialisierung in Bewegung. Das Bruttoinlandprodukt im Industrie- und Bausektor hat daran einen großen Anteil mit ca. 38,55% und mit ca. 5 Millionen Beschäftigen (2002). Die industrielle Metall- und Maschinenbau ist ein Basissektor der Industrie und wird wirtschaftspolitisch als wichtigster Sektor für die wirtschaftliche Entwicklung und als Stabilitätsfaktor des Landes angesehen. Der Maschinenbau in Vietnam wird von der Regierung als einer der Hoffnungsträger für den Industrialisierungs- und Modernisierungsprozess des Landes bezeichnet; er befindet sich größtenteils in der Hand staatlicher Unternehmen. Maschinen und Geräte „made in Vietnam" sind technologisch wenig anspruchsvoll. Es handelt sich zumeist um mechanische Geräte auf dem Stand älterer Technik und von geringer Genauigkeit. Maschinen bzw. Geräte mit höherer Genauigkeit werden in einigen großen Betrieben bzw. Instituten hergestellt, dabei handelt es sich aber um Montagebetriebe, die wichtigen Komponenten werden aus dem Ausland importiert.

In den letzten Jahren sind die metallische Produkten wie z.B. Herstellung von Dieselmotoren, Metallurgie, Montage von Kraftfahrzeugen kontinuierlich hoch angestiegen (siehe Abbildung 23). Wegen höherer Anforderungen bezüglich der Investitionen zur Finanzierung und der Technologie und auch wegen starker internationaler, auch innerasiatischer Konkurrenz ist der Werkzeugmaschinenbausektor zurück geblieben, er spielt in Vietnam keine Rolle. So wurden im Jahr 2002 lediglich 791 Werkzeugmaschinen mit oder ohne CNC- und NC-Steuerung produziert, womit nicht annähernd der Bedarf der Industrie gedeckt werden kann. Meistens werden die entsprechenden Maschinen von den Hochtechnologieländern (Japan, Korea, Europa, USA) importiert.

Um die situative Struktur des Sektors Metall- und Maschinenbau zu verdeutlichen, soll der Bereich Industrie und Handwerk analysiert werden. Die Ausführungen werten die vorhandenen Dokumente des Ministeriums für Planung und Investition aus (http://www.mpi.gov.vn/ttkt-xh.aspx?lang=4&magoc=271&machude=8).

Im Bereich der Herstellung von komplexen Schweranlagen sind zur Zeit drei größere staatliche Konzerne (Kombinate) tätig: Tổng công ty Máy và thiết bị công nghiệp, Tổng công ty Cơ khí mỏ và Năng lượng und Tổng công ty Cơ khí xây dựng;

außerdem gibt es noch andere kleinere Fabriken wie Cơ khí gang thép Thái nguyên, Cơ khí phân đạm, Cơ khí Gia lâm, Cơ khí 45-1, Cơ khí-776, in denen ca. 10000 Beschäftige, davon mehr als 1000 Diplom Ingenieure arbeiten. In der letzten Zeit beschränkten sie sich im wesentlichen auf Blechbearbeitung, Schweißen, Umformung bis 50mm Dicke. Das Urformen ist nur sehr schwach vertreten, von anderen technisch anspruchsvollen Arbeitsverfahren und Fertigungsverfahren wie z.b. Sintern ganz abgesehen. Das bedeutet, dass die Herstellung von Halbzeugen nicht stark entwickelt ist.

Im Bereich des Metallbaus für Leichtindustrie gibt es zur Zeit zehn staatliche Kernunternehmen. Ihre Funktion ist die Herstellung von Maschinen und technischen Anlagen mit ca. 2000 Tonnen/Jahr in der Leichtindustrie wie z.b. für die Holzverarbeitung, Textil- und Spinnbearbeitung, Lebensmittelbearbeitung.

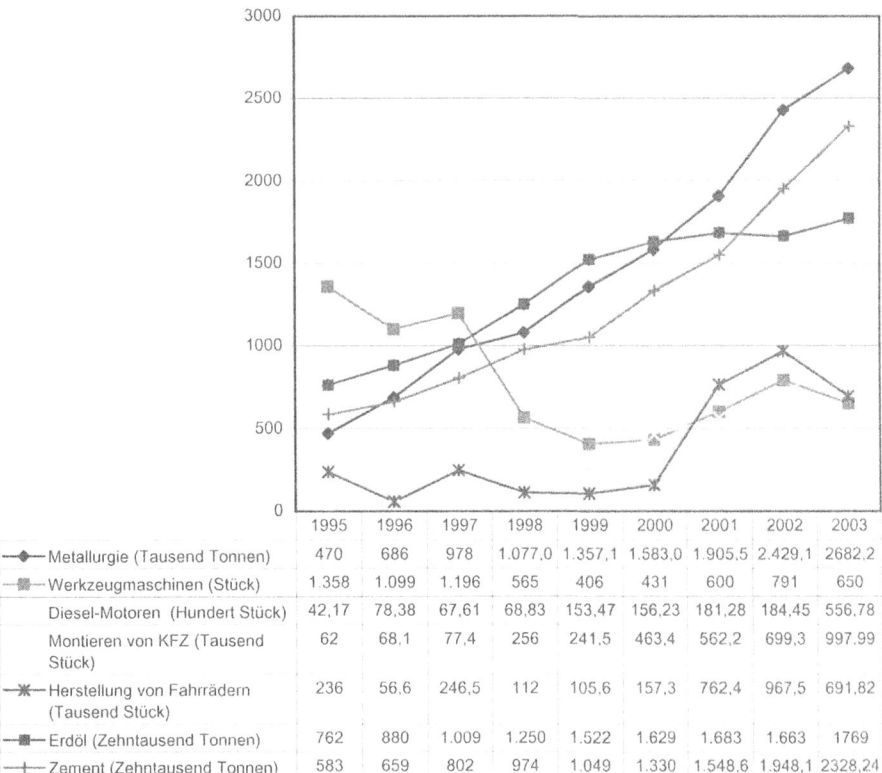

	1995	1996	1997	1998	1999	2000	2001	2002	2003
Metallurgie (Tausend Tonnen)	470	686	978	1.077,0	1.357,1	1.583,0	1.905,5	2.429,1	2682.2
Werkzeugmaschinen (Stück)	1.358	1.099	1.196	565	406	431	600	791	650
Diesel-Motoren (Hundert Stück)	42,17	78,38	67,61	68,83	153,47	156,23	181,28	184,45	556,78
Montieren von KFZ (Tausend Stück)	62	68.1	77,4	256	241,5	463,4	562,2	699,3	997.99
Herstellung von Fahrrädern (Tausend Stück)	236	56.6	246,5	112	105,6	157,3	762,4	967,5	691,82
Erdöl (Zehntausend Tonnen)	762	880	1.009	1.250	1.522	1.629	1.683	1.663	1769
Zement (Zehntausend Tonnen)	583	659	802	974	1.049	1.330	1.548,6	1.948,1	2328,24

Abbildung 23: Entwicklungstendenz von Produkten im Industriesektor (Anlehnung der Daten an den Bericht der Zeitung „**Thời báo Kinh tế** Việt Nam" 09/05/2003 und 09/01/2004, in: http://www.vneconomy.com.vn/vie/index.php?param=article&catid=03&id=040109145408)

Im Bereich des Schiffbaus kann Vietnam Schiffe und die dazugehörenden Anlagen selbst herstellen, z.B. Schiffe bis 6.500 Tonne für Containertransport, Saugschiffe, Fährschiffe etc. In diesem Bereich sind mehr als 60 Unternehmen für die Neuherstellung und die Reparatur tätig.

Im Bereich Metallbau für die Land- und Forstwirtschaft und für Verarbeitungsindustrie sind überwiegend staatliche Unternehmen engagiert, die von Ministerien geleitet werden. Zum Industrieministerium gehört der Konzern für Landmaschinen- VEAM (Tổng công ty máy động lực và máy nông nghiệp). Dieser große Konzern gliedert sich in 13 Fabriken und zwei Forschungsinstitute mit etwa 7000 Beschäftigten. Die Hauptprodukte sind Dieselmotoren 6-12cv, kleine Benzinmotoren, kleine Traktoren, Reisverarbeitungsanlagen sowie Bauelemente für Landmaschinen. In den Betrieben, die zum Landwirtschaftsministerium gehören, sind ca. 4200 Werktätige beschäftigt. Die Hauptarbeit ist die Reparatur und Verbesserung von Landmaschinen, Herstellung von technischen Anlagen für die Verarbeitung von Kautschuk, Café, etc. In den lokalen Betrieben (Provinz) werden meistens nur kleine Anlagen und Geräte wie z.B. Wasserpumpen, Reisverarbeitungsmaschinen, auch Zweiräder-Traktoren mit 6-12cv hergestellt. Allgemein ist allerdings festzustellen, dass diese Betriebe nur eine relativ kleine Leistung erbringen und mit veralten Ausrüstungen produzieren. Die ausländischen Investitionsprojekte (FDI-Projekte) zur Produktion von Geräten für die Landwirtschaft und anderen mechanisierten Bereichen sind von geringerer Bedeutung, mit Ausnahme der Werften (Schiffbau und Reparatur)

Besonders in Bereich der Herstellung von Kraftfahrzeugen sind elf kooperative ausländische Firmen (Jointventure) mit einer Produktionskapazität ca. 185000 Stücke/Jahr bei 28 Modellvarianten mit moderner Montagetechnologie und Arbeitsorganisation auf westlichem Standard tätig. Aus vielen verschiedenen Gründen erreichen diese Firmen jedoch nicht das Niveau der Produktionskapazität; so wurden z.B. im Jahr 2003 nur ca. 35000 PKWs produziert[69]. Nach dem Forschungsbericht des Instituts für Strategien und Industriepolitik werden in diesen elf Firmen nur etwa 2 bis 10% der Bauteile im Land selbst produziert; dabei handelt es sich überwiegend um einfache Bauteile, also auch um einfache Arbeit mit geringen Qualifikationsansprüchen. Die Fertigungstiefe ist also sehr niedrig.

Im Bereich der Zweiräderproduktion können jährlich ca. 2 Millionen Stück gefertigt werden. Zur Zeit erreichen diese Unternehmen jedoch nur 20 bis 25 % ihrer Produktionskapazität. Hier liegt allerdings der Anteil an Inlandproduktbauteilen und -baugruppen bei ca. 33 bis 57%, je nach Projekt. Das Ziel ist es, diesen Anteil auf 80-90% im Jahr 2010 zu steigern. Für die Produktion investierten diese Unternehmen zur

---

[69] Vgl.Ôtô đắt hàng chưa từng có. In: http://vnexpress.net/Vietnam/Kinh-doanh/2003/12/3B9CDCFC/

Zeit meistens nur in Montagearbeit mit moderner Montagetechnologie und Arbeitsorganisation. Diese Montagearbeit soll schrittweise durch Fertigung von Bauteilen erweitert werden; damit stiege dann auch der Anspruch an das Qualifikationsniveau der Arbeiter und damit auch indirekt an die Berufsausbildung.

Der Bereich des handwerklichen Metallbaus im Privatsektor produziert schwerpunktmäßig für den Bedarf am Hausbau, wie z.b. Herstellung von Fenstern, Türen, oder er erbringt Dienstleistungen wie z.b. Reparieren und Warten. Aber auch die Herstellung von einfachen Bauteilen für Kraftfahrzeuge und Zweiräder erfolgt überwiegend im handwerklichen Privatsektor. In diesem Sektor werden nur Teilqualifikationen in traditionellen Hand- und Maschinenfertigkeiten im Bereich der Fertigungsverfahren E-Schweißen, Löten, Drehen, Fügen und Montieren benötigt. Vor allem in den Provinzstädten und in den Kreisstädten finden sich diese Betriebe des Metallbaus, die einfache Arbeiten mit alten Maschinen betreiben. Es gibt keine Statistik über die Anzahl der Betriebe in diesem Sektor, aber es scheint so zu sein, dass hier viele Beschäftigte tätig sind und dass sie den Bedarf des privaten Bauwesens und der damit zusammenhängenden Dienstleistungen in hohem Maße abdecken können. Die Inhaber und Arbeitnehmer besitzen meist eine Berufsausbildung in Form von Kurz- oder Langzeitausbildung der Berufsschulen. Besonders KFZ-Reparaturarbeiter haben neben der Ausbildung in den Bildungseinrichtungen oft nur eine Ausbildung in Familienschulen oder eine Ausbildung durch Anlernensprozess des Mitarbeitens in den Familienwerkstatt.

Im Vergleich zu anderen Bereichen der Wirtschaft ist der Metall- und Maschinenbau noch ein schwacher Sektor und benötigt große Investitionen. Da die Investitionen in der mechanischen Industrie lange Laufzeiten erfordern, ist der Anteil der weniger kapitalkräftigen privaten Unternehmen noch gering. Die Auslandsinvestitionen (FDI) in die mechanische Industrie liegen bei einem registrierten Kapital von insgesamt USD 2,2 Mrd., davon sind über 50% Montage von Kfz, Krafträdern und langlebigen Konsumgütern. Die frühen Jahre der Reformpolitik führten zu einer Stagnation in der mechanischen Industrie, infolgedessen konnte der Inlandsbedarf nicht gedeckt werden und es musste mehr importiert werden. Davon betroffen waren auch Produktgruppen, die jahrzehntelang marktbeherrschend waren, wie Werkzeuge, kleine Antriebe, kleine Traktoren. Zur Zeit können diese Inlandprodukte dieser Branche nur 8-9% des Bedarfs der Wirtschaft abdecken. Die Schwachstellen sind folgende[70]:

- 70% der Maschinen und Ausrüstung sind veralt und müssen modernisiert und ersetzt werden.

---

[70] Vgl. Situation der Metall- und Maschinenbau. In:
http://www.dpi.hochiminhcity.gov.vn/vie/news_detail.asp?period_id=1&cat_id=31&news_id=140

- 85 bis 90% der Werkzeugmaschinen (Drehen-, Umformen, etc...) sind nur für die Fertigung von kleinen Teilen geeignet.
- 30% der technischen Anlagen und Maschinen können nur für einfache Fertigungsverfahren benutzt werden.
- Es fehlt die komplexe Verbindung aller Fertigungsverfahren, besonders für die Herstellung von Halbzeugen durch Urformen (bes. Gießen).

Vor diesem Hintergrund kommt Lipsmeier in seinen Gutachtenbericht zu folgender Einschätzung[71]:
- Neben modernster Technik und Ausrüstung (etwa in der Steuerung und Regelung von Anlagen in unterschiedlichsten Bereichen) befinden sich veraltete Technik und verbrauchte Ausrüstung im Einsatz, welche zunehmend modernisiert werden wird;
- Einzelanfertigung von Maschinen und Anlagen, Reparatur und Modernisierung auch von importierten Anlagen, elektrische Installationen und Leichtstahlbau für industrielle Anlagen und private Haushalte spielen eine große Rolle;
- Für den Produktions- und Montagebereich (in dem häufig noch importierte Komponenten und Bauteile eingesetzt werden) bevorzugen Industriebetriebe im allgemeinen technische Arbeiter auf Mindestlohnbasis mit guter allgemeiner Vorbildung (mindestens 9 Jahre Schule) und kurzer fachlicher Ausbildung zwischen 3 und 6 Monaten (zusätzlich oft innerbetrieblicher Fortbildung);
- Für elektrische und mechanische Installation sowie Wartung und Reparatur benötigen die Industriebetriebe technische Arbeiter mit hohem und breit angelegtem Ausbildungsniveau, also meistens Absolventen mit 12jähriger Schulzeit und zusätzlicher Ausbildung;
- In anderen Bereichen (z. B. des Handwerks) benötigen die Betriebe Arbeiter, die eine Teilqualifizierung mit kurzer Ausbildung und bedarfsspezifischer Spezialisierung/ Weiterbildung besitzen;
- Im gewerblich-technischen Bereich des Beschäftigungssystems, aber auch z.B. in der Lebensmittelindustrie und in vielen anderen Bereichen, werden neben traditionellen Hand- und Maschinenfertigkeiten (Bedienung) zunehmend zur Wartung und Reparatur von Maschinen und Anlagen auch Querschnittsqualifikationen zur elektrischen, elektronisch-hydraulischen, pneumatischen und elektropneumatischen Steuerung und Regelung benötigt.

---

[71] Lipsmeier: Gutachten über die Qualifizierung technischer Lehrer in Vietnam, S.19, Karlsruhe, 03.05.2004.

Zur Zeit ist diese Branche in der Lage, konkurrenzfähige Produkte für das eigene Land, aber auch für den Export in folgenden Bereichen anzubieten: Dieselmotoren, komplette Anlagen für Reisbearbeitung, für die Zuckerproduktion und für die Zementproduktion. Aber große Probleme liegen nach allgemeiner Einschätzung der Experten noch in der schwachen Kompetenz für die Herstellung anderer Produkte in dieser Branche. Die Ausrüstungen sind noch rückständig, und zwar mit 30 bis 40 Jahren im Vergleich zu Nachbarländern und mit 50 bis 60 Jahren im Vergleich zu entwickelten Ländern. Die Produktionsprozesse finden im Allgemeinen in einem isolierten Umfeld statt, es gibt wenig Austausch mit anderen Betrieben, keine Trends zur Spezialisierung oder Kooperation im eigenen Land[72]. Auch die Kooperation mit den Technischen Universitäten und Fachhochschulen in Forschung und Entwicklung lässt zu wünschen übrig.

Eine andere Einschätzung über den Maschinenbau in Vietnam von Experten im Land stellt folgende Merkmale heraus[73]:

- Die Entwicklung der Industrie wurde in der Vergangenheit hauptsächlich durch staatliche Subventionen gefördert. Auf Grund des geringen Volumens der Förderung ist die Industrie in Rückstand geraten und kann heute den Inlandsbedarf nicht decken.
- Die im Einsatz befindlichen Technologien und weithin verwendeten Geräte sind um 30-40 Jahre veraltet. 95% der Geräte sind nicht mit dem heutigen Industriestandard kompatibel und können nicht nachgerüstet werden.
- Trotz ausreichender Kapazität an Fachkräften kann die mechanische Industrie nur 10% des Inlandsbedarfs decken. Hier werden die Versäumnisse der Investitionspolitik am deutlichsten.
- Eine flankierende Unterstützung durch externe Forschung und Entwicklung lässt zu wünschen übrig und erschwert die Entwicklung technologisch anspruchsvollerer Produkte aus eigener Kraft. Qualifizierte Arbeitskräfte neigen daher dazu, in andere Bereiche abzuwandern, und die Anreize, eine Ausbildung zum Facharbeiter oder Ingenieur zu wählen, sind gering.

Mit dem Ziel, die Wettbewerbsfähigkeit im Globalisierungsprozess zu steigern, sollen die Investitionen in Richtung von Automatisierung der Produktion und Verbesserung der Arbeitsorganisation wichtigste Faktoren sein. Viele wichtige Betriebe wie

---

[72] Vgl. Vietnamesische Industrie ist bereits wettbewerbsfähig im internationalen Bereich der Region. (Công nghiệp Việt Nam sẵn sàng cạnh tranh cùng khu vực). In: http://www.vietnam-tourism.com/vietnam_gov/v_pages/Kinhte/congnghiep&khaikhoang/kh_cnvn

[73] Vgl. Vietnam Brief: Der vietnamesische Maschinenbau, 20/5/2004. In: http://www.vietnam.ahk.de/news-detail.asp?ID=21

z.B. die Werkzeugmaschinenfabrik Nr. 1 Hanoi und andere haben in den Umwandlungsprozess mit der Zertifizierung ISO 9000 ihre Arbeit und die Ausrüstung umorganisiert und modernisiert. In der Urformungstechnik hat der größte Betrieb „Werkzeugmaschinen Hanoi" mit Hilfe einer Subvention der Regierung von 2003 eine hochmoderne Gießerei mit einer Kapazität von 12000 Tonnen/Jahr errichtet[74]. Mit dieser Leistung kann Vietnam bisherige Mängel in der Fertigung, besonders in der Urformung, beseitigen oder zumindest mildern.

4.4.2. Entwicklungsstrategie und Perspektive bis 2010

Vietnam hat sich zum allgemeinen Ziel gesetzt, dass die Industrie bis 2010 das durchschnittliche Niveau der Region (also der Nachbarländer im asiatischen Raum) erreicht und bis 2020 eines der führenden Länder Asiens im Bereich der mechanischen Industrie wird. Bis dahin soll die Industrie in der Lage sein, den Binnenmarkt zu befriedigen und besonders konkurrenzfähige Produkte in die Region und weltweit zu exportieren. Mit dem Standpunkt der Regierung, den industriellen Metall- und Maschinenbau als einen Basissektor der Industrie und als wichtigsten Sektor der wirtschaftlichen Entwicklung und als Stabilitätsfaktor des Landes einzustufen, werden die Investitionen in diesem Sektor mit verschiedenen Schwerpunktprojekten betrieben. So sollen z.B. im Jahr 2004 folgende Bauprojekte im Bereich Metallurgie wie das Walzwerk Thai Nguyen mit jährlich 300000 Tonnen und das Walzwerk Phu My in Betrieb gehen und ab 2004 die Projekte wie Nord-Metallwerk mit jährlich 500000 Tonnen und das Metalldrahtwerk in Da Nang sowie das Walzwerk Lien Chieu mit 250000 Tonnen/Jahr anlaufen.

Mit diesem Ziel und mit besonderen Maßnahmen der Regierung sollen bis zum Jahr 2010 die Metall- und Maschinenprodukte 45 bis 50% Inlandbedarf decken. Die Ziele für die einzelnen Bereiche sind wie folgt festgelegt worden:[75]
- Im Bereich des großen kompletten Anlagenbaus sollen die Produktionstechnik schrittweise durch neue moderne Technologien ersetzt werden, damit der Anteil an Importanlagen reduziert werden kann. Die konzentrierte Investition in die komplexen Ausrüstungen der Grundfertigung wie Urformen, Schmieden, Herstellung von großen Halbzeugen ist für die Herstellung von komplexen Baugruppen notwendig. Mit neuen Kooperationen in arbeitsteiliger Fertigung

---

[74] Vgl. Fabrik Werkzeugmaschinen Hanoi steigert Effektivität der Investition (Công ty cơ khí Hà Nội nâng cao hiệu quả đầu tư). In: http://www.ktdt.com.vn/default.asp?thongtin=chitiet&id=16772
[75] Vgl. Entwicklungsstrategien des mechanischen Industrie Vietnams bis 2010 und Perspektive bis 2020. Regierungsbeschluß Nr.186/2002/QĐ-TTG, 26/12/2002. In: http://www.moi.gov.vn/News/detail.asp?Sub=33&id=113

sollen die Ausrüstungen im Land effizienter genutzt werden. Bis zum Jahr 2010 soll im Bereich des Anlagebaus 40% des Bedarfs gedeckt werden. Zunächst wird die Herstellung auf den Bau von Anlagen für die Produktion von Papier, Zement, Bauwerkstoffen, Raffinerie und Verarbeitung konzentriert. So soll der Inlandsbedarf von 2001 bis 2005 zu 35-40% abgedeckt werden (ca. US$ 1-1,2 Mrd. p.a.), im Zeitraum von 2006 bis 2010 aber schon mit etwa 50-65% (ca. US$ 3-3,5 Mrd. p.a.).

- Die Herstellung von Motoren (Diesel und Benzin) soll als stärkster Bereich der Industrie durch die Unterstützung mit Investitionsprogrammen gefördert werden, um so die Kompetenz und die Konkurrenzfähigkeit erhöhen zu können. Bis zum Jahr 2010 sollen 60-70% des Bedarfs an kleinen und mittleren Motoren abgedeckt werden. Es wird angestrebt, bis zum Jahr 2010 Motoren für den Schiffbau mit einer Leistung von mehr als 400 PS mit 35-40% Anteil an lokal beschafften Komponenten zu bauen.
- Es ist vorgesehen, den inländischen Bedarf an Zweirädertraktoren mit 8 und 12 PS abzudecken. Schrittweise sollen die Vierräder-Traktoren mit 18, 20, 25 und 30 PS hergestellt werden, und bis zum Jahr 2010 können auf dieser Basis die Vierräder-Traktoren mit 50-80 PS produziert werden. Die Herstellung von Arbeitsmaschinen soll für die Lebensmittelverarbeitung und die Landbearbeitung den Bedarf schrittweise abdecken und sich dann stärker auf den Export konzentrieren. Besondere Förderung sollen die kleinen und mittleren Regionunternehmer erhalten.
- Der Werkzeugmaschinenbau wird als ein vorrangiger Bereich für den Bedarf der Industrie angesehen. Die Forschung, Konstruktion und Herstellung von modernen Modellen (PLC, CNC) und Spezialverarbeitungsmaschinen soll stark gefördert werden. Das Programm „Verbesserung der vorhandenen Werkzeugmaschinensysteme durch Installierung zusätzlicher CNC Teile" soll ausgebaut werden, um die technischen Ausrüstungen in den Industriebetrieben zu modernisieren, was auch die Modernisierung der veralteten Ausrüstungen einschließt.
- Die Entwicklung der Schiffbauindustrie soll als eine wirtschaftliche und technische Einheit von Forschung, Konstruktion, Herstellung und Handel beschleunigt vorangetrieben werden. Damit kann Vietnam als Schiffbauindustrienation mit mittlerem Entwicklungsniveau sein. Es ist ein wichtiger Faktor für die Entwicklung der Wirtschaft und für die nationale Sicherheit. Bis zum Jahr 2010 soll die Herstellung aller Wassertransportmittel unter 15000 DWT in Vietnam erfolgen; die Herstellung von Schiffen mit 15000 bis 100000

DWT soll zu 70-75% innerhalb des Landes geschehen, und auch komplexe Reparaturen von Schiffen bis zu 400000 DWT sollen von den landesinternen Werften übernommen werden. Parallel dazu soll die Zuliefer-Produktion etwa von Stahlblechen, elektrischen Anlagen, etc. für den Schiffbau bis 60% des gesamten Umfangs ebenfalls in Vietnam erfolgen.

Mit dem Ziel der Erhöhung des Anteils der im Inland produzierten Bauteile für die Automobilbranche hat die vietnamesische Regierung eine Entwicklungsstrategie mit folgenden Maßnahmen vorgegeben:
- Steigerung der Inlandproduktbauteile und -baugruppen bei den allgemeinen Lastwagen und Personentransportwagen um 40% im Jahr 2005 zur Erreichung eines Anteils von 40-50% des inländischen LKW-Bedarfs, um 45% im Jahr 2006, um 50% im Jahr 2007, um 55% im Jahr 2008 und um 60% (bei Getrieben 90%) im Jahr 2010, damit mehr als 80% des inländischen LKW-Bedarfs aus heimischer Produktion stammen.
- Steigerung der Inlandproduktbauteile und -baugruppen bei den speziellen Lastwagen um 40%, damit der Inlandbedarf zu 30% im Jahr 2005 abgedeckt werden kann, und um 60%, damit der Inlandbedarf zu 60% im Jahr 2010 erfüllt ist.
- Steigerung der Inlandproduktbauteile und -baugruppen der Luxus Personenwagen um 20-25% im Jahr 2005 und um 40-45% im Jahr 2010; für die Luxus-Busse soll der Anteil um 20% im Jahr 2005 und um 30-35% im Jahr 2010 erhöht werden.
- Für die Erneuerung von Waggons soll der Inlandsanteil von Reparatur- und Ersatzteilen auf 70% im Jahr 2005 und auf 90% im Jahr 2010 steigen.

Für die Realisierung dieser Perspektive hat die vietnamesische Regierung mehrere Maßnahmen und die Verbesserung von Rahmenbedingungen in der Kapitalförderung zu Investitionszwecken im Metall- und Maschinenbau vorgesehen. Trotzdem bleibt Vietnam noch eine Import-Nation für Maschinen und Anlagen. Der Inlandsbedarf dieser Branche ist nicht abgedeckt. Neben neuer Technik und neuen Arbeitsorganisationsformen, die sicherlich zur Produktivitätssteigerung beitragen werden, besteht das große Hemmnis nach wie vor darin. dass mit weitgehend veralteten Maschinen und Anlagen produziert werden muss, die nur schrittweise und in einem längeren Zeitraum durch neue Anlagen ersetzt werden können. Dieser Umwandlungsprozess bedarf der Unterstützung durch die Regierung und durch ausländische Firmen; nur so kann die Metall- und Maschinenbauindustrie in Etappen entwickelt werden.

4.5. Sozialisations- und Ausbildungskultur in Vietnam

4.5.1. Erziehung, Bildung und Ausbildung unter dem Aspekt der kulturellen „Situierung"

Das Bemühen, die Referenzpunkte für die Konzipierung einer Fachdidaktik zu bestimmen, führt neben der Auseinandersetzung mit den fachspezifischen Gegebenheiten und Vorgaben zwangsläufig auch zur Beschäftigung mit den allgemeinen Grundlagen von Bildung, Erziehung und Ausbildung. Mit Blick auf die hier zugrunde liegende Problemstellung ist zunächst daran zu erinnern, dass diesbezüglich spätestens von den großen kulturanthropologischen Studien am Ende des 19ten und zu Beginn des 20ten Jahrhunderts erhebliche Unterschiede zutage gefördert wurden. Mit den Begriffen Enkulturation und Sozialisation versuchen die Erziehungswissenschaftler seither der Erkenntnis Rechnung zu tragen, dass pädagogisches Handeln sowohl in der Familie als auch in den formalen Bildungsinstitutionen – gleich, ob ganz gezielt oder ungeplant – das Hineinwachsen junger Menschen in Kultur und Gesellschaft bewirkt. Dass sich der kulturelle und gesellschaftliche Kontext auf die Bestimmung von Lehrplänen und die Auswahl von Unterrichtsgegenständen auswirkt, ist heutzutage als schlichte Selbstverständlichkeit zu begreifen. Dies gilt in gleicher Weise für die Tatsache, dass Kenntnisse, Fertigkeiten und Fähigkeiten immer auf die Bewältigung von Gegenwarts- und Zukunftsaufgaben hin ausgelegt sind und einem permanenten Anpassungsprozess an die Weiterentwicklungen im technischen und ökonomischen Bereich wie auch an die Wandlungen im sozialen und politischen Bereich unterliegen. Weniger selbstverständlich und in ihren Folgen auch wesentlich schwieriger empirisch zu bestimmen sind dagegen die kulturellen Einflüsse auf die normative Verankerung pädagogischen Handelns. Werte bilden nun aber, wie beispielsweise Hofstede betont, die „grundlegende Ebene einer Kultur".[76] Sie repräsentieren nämlich die von der Mehrheit der Mitglieder einer Kultur geteilten Vorstellungen darüber, „was gut und böse ist, schön oder hässlich, rational oder irrational, normal oder abnormal, natürlich oder paradox, anständig oder unanständig" (ebd.). In dieser Hinsicht gilt es prinzipiell zu unterscheiden zwischen Wertorientierungen, die pädagogisches Handeln als solches überhaupt erst legitimieren und solchen, die als übergeordnete Erziehungsziele fungieren oder häufig auch als „hidden curriculum" den fachlichen Lerninhalten unterlegt sind. Im vorliegenden Zusammenhang spielen letztere die entscheidende Rolle. Denn zum einen haben kulturspezifische Erwartungen bezüglich dessen, was richtiges oder angemessenes Handeln und Verhalten kennzeichnet, einen

---

[76] Hofstede 1989, S. 159.

maßgeblichen Einfluss auf alle didaktischen Überlegungen, und dies gerade auch dann, wenn sie nicht ausdrücklich als Entscheidungsgrundlage herangezogen werden. Und zum anderen wurden im Hinblick auf den normativen Orientierungsrahmen von Handeln und Verhalten in der kulturvergleichenden Forschung der vergangenen drei Jahrzehnte, insbesondere im Vergleich von asiatischen und europäischen Gesellschaften, erhebliche Unterschiede aufgezeigt. Über die Interpretation und Systematisierung dieser in einer Reihe von empirischen Studien herausgearbeiteten Unterschiede hat Hofstede (1984) eine Differenzierung von vier bzw. fünf charakteristischen Dimensionen der kulturellen Prägung entwickelt. Diese Dimensionen erscheinen uns auch geeignet, um den allgemeinen werttheoretischen Bezugsrahmen methodisch-didaktischer Entscheidungen in Vietnam zu beschreiben.[77]

Die erste Dimension bezeichnet Hofstede als *Machtdistanz* und weist ihr die Einstellungen und das konkrete Umgehen mit sozialer Ungleichheit zu. In idealtypischer Dichotomisierung sortiert er die empirisch festgestellten Variationen in den drei Sozialisationsfeldern Familie, Schule und Arbeitsplatz nach Kulturen mit hoher und Kulturen mit niedriger Machtdistanz. Mit der zweiten Dimension, *Individualismus versus Kollektivismus*, versucht Hofstede die unterschiedliche Bedeutung der Gruppenzugehörigkeit zu erfassen. Die empirisch erfassten Variationen in den drei Sozialisationsfeldern Familie, Schule, Arbeitsplatz ordnet er auf dieser Dimension nach den beiden idealtypischen Ausprägungen individualistische versus kollektivistische Kulturen. Auf der dritten Dimension, *Maskulinität versus Feminität*, versucht Hofstede die Einstellungen und die Wertschätzungen hinsichtlich Durchsetzungsfähigkeit, Wettbewerbsbereitschaft, Bescheidenheit und Fürsorglichkeit etc. abzubilden. Die in dieser Hinsicht gemessenen Differenzen in den drei Sozialisationsfeldern bilden die beiden idealtypischen Pole feministische versus maskuline Kulturen. Mit der vierten Dimension, der *Unsicherheitsvermeidung*, versucht Hofstede das Ausmaß an Toleranz gegenüber Lebenssituationen zu fassen, die von Unsicherheit und Ambiguität geprägt sind. In den drei Sozialisationsfeldern Familie, Schule, Arbeitsplatz unterscheiden sich „Unsicherheit vermeidende Kulturen" von „Unsicherheit akzeptierenden Kulturen" dadurch, dass unstrukturierte Situationen möglichst gemieden und der Glaube an absolute Werte und unumstößliche Wahrheiten bestärkt wird. Die fünfte Dimension schließlich, die Hofstede nur im „östlichen Denken" identifiziert hat, bezeichnet er als *Konfuzianischen Dynamismus* und versucht damit charakteristische Unterschiede hinsichtlich der Vergangenheits- bzw. Zukunftsorientierung abzubilden. Demnach dominieren in den drei Sozialisationsfeldern im ersten Falle Wertorientierungen wie

---

[77] Wie beziehen uns hierbei auf eine weiterführende Systematisierung der von Hofstede 1984 herausgearbeiteten sozialisationsrelevanten Kulturdifferenzen (vgl. diesbezüglich Hofstede 1989, S. 165ff).

Tradition und „niemals das Gesicht verlieren", während im anderen Falle Sparsamkeit und Ausdauer im Vordergrund stehen.

4.5.2. Kulturgeschichtliche Wurzel

Seine wechselvolle Geschichte setzte Vietnam immer wieder den verschiedensten Kultureinflüssen aus. Das Volk nahm viele unterschiedliche Elemente als Bereicherung der eigenen Kultur auf. Die Religion und ethischen Lehren sind im Konfuzianismus, Buddhismus und Daoismus verwurzelt, der auch heute noch in vielen Werten und Normen präsent ist. Um die heutige Situation in der Bildung und Erziehung zu verstehen, soll dieser Sachverhalt in diesem Abschnitt näher erläuten werden.

Konfuzianismus und Daoismus kamen im Zuge der chinesischen Herrschaft (2. Jh. v. Chr. bis 939 n. Chr.) nach Vietnam. Der Konfuzianismus entsprach in vielen Bereichen der Lebensweise der Menschen, denen Ahnenverehrung, Ein- und Unterordnung, Bedeutung der Familie und ein großer Gemeinschaftssinn von jeher wichtig waren (vgl. Heyder 1997, S. 31). Konfuzianismus und Daoismus wurden im Rahmen einer angestrebten Assimilierungspolitik von chinesischen Gouverneuren, Präfekten und Mandarinen eifrig verbreitet, um damit Vietnam als festen Bestandteil in das „Reich der Mitte" zu integrieren. Konfuzius vertrat eine konservative Staats- und Moralvorstellung wie Menschlichkeit, Rechtschaffenheit, Schicklichkeit, Weisheit und Loyalität[78]. Der Konfuzianismus betonte die Rolle der Hierarchie, das den Rechten und Pflichten gemäße Verhalten und die Ableitung der Stellung des Menschen in der Gesellschaft aus seinen moralischen Qualitäten. Nur wenn die Edlen und Weisen die Welt regierten, konnte diese in Ordnung sein, und die Edlen und Weisen waren allgemein gebildet, nicht durch die profanen Zwecke von Beruflichkeit und Verwertbarkeit des Wissens geprägt[79]. Menschliche Ordnung in einer streng hierarchisch aufgebauten Gesellschaft, die überwiegend auf Erziehung und Selbsterziehung basierte, waren Grundpfeiler seines Verhaltenskodexes, der durch fünf Grundsätze in sozialen Beziehungen, die in der Gesellschaft verwirklicht werden sollen, gekennzeichnet war[80]:

---

[78] Vgl. 1995, Kunzmann, Peter/ Burkhard, Franz-Peter/Wiedmann, Franz. In: dtv-Atlas zur Philosophie. Tafeln und Texte, 1995. S. 23.
[79] Vgl. Schoenfeldt, Eberhard: Dem Lernen widmet sich der edle Mensch. Bildung und Ausbildung in Korea (Republik). Studien zu einem modernen, konfuzianisch geprägten Land. Kassel (Universitätsbibliothek) 2000, bes. S. 63ff.
[80] Vgl. Wilfried Lulei: Denken die Vietnamesen anders? Religionen und ethische Lehren in Vietnam in Vergangenheit und Gegenwart (Vortrag auf dem Mekongländertag in der VHS Berlin Schöneberg am 13.Oktober 2001). In: http://www.vietnam-dvg.de/dvg-kultur.html. Auch Vgl. Heyder 1997, S. 30.

- Güte des Herrschers – Loyalität des Untertanen,
- Liebe des Vaters – Pietät des Sohnes,
- Wohlwollen des Älteren – Ehrfurcht des Jüngeren,
- Gerechtigkeit des Mannes – Gehorsam der Frau,
- Treue des Freundes – Treue des Freundes

Während für den Konfuzianismus eine „universelle Ordnung" Idealbild und anzustrebendes Ziel ist, gilt diese im Daoismus als gegeben im Rahmen einer Harmonie der Gegensätze, die sich im Zusammenwirken unterschiedlicher Prinzipien zeigt: Männlich-weiblich; Ruhe-Bewegung, Himmel-Erde. Der Daoismus fordert vom Menschen *Bescheidenheit, Verinnerlichung, Passivität*, während der Konfuzianismus die ständige Vervollkommnung und *aktives Handeln im Rahmen vorgegebener Gesetze und Regeln* erwartet. Beiden Lehren gemeinsam ist die Anerkennung „ewiger" Prinzipien, die Unterordnung des Einzelnen unter allgemeine Verhaltensregeln, die Akzeptanz bestehender Regeln und Normen, die Unterordnung der eigenen Interessen unter die der Gemeinschaft. Während Konfuzianismus und Daoismus immer mehr für die Staatslehren und die Ideologie der Oberschicht waren, blieben die Vorstellungen der dörflichen normalen Bevölkerung in viel stärkerem Maße dem Buddhismus verbunden. Ihre Vorstellungswelt war von Ahnenverehrung und Animismus geprägt. Beides gibt es in Vietnam, solange dort Menschen leben, sie waren also lange vor den großen Morallehren und Religionen verbreitet. Die Ahnenverehrung ist eng mit der hohen *Achtung vor dem Alter* verbunden. So alt wie der Ahnenkult sind Naturgottheiten und Geisterglauben, wobei die Grenzen zwischen Göttern und Geistern nicht genau gezogen sind. Alles, von dem man Hilfe erwartete oder Schaden befürchtete, musste durch Opfergaben oder auf andere Weise ermuntert oder besänftigt, zum Verweilen gebeten oder ferngehalten werden. Götter bzw. Geister konnten Blitz und Donner, Berge oder Bäume, Tiere aber auch Geister von Personen sein. Ein Stein, Baum oder Tier konnte Sitz eines Geistes, aber auch selbst Geist sein, wobei oft nicht eindeutig zwischen guten und bösen Geistern unterschieden wurde[81].

Im Laufe der chinesischen Herrschaft über das damalige Vietnam wurden diese Lehren bestimmend für das offizielle Staats- und Gesellschaftssystem, für seine Kultur und sein Geistesleben. Als Vietnam im 10. Jahrhundert seine Unabhängigkeit von China errang, zog es politisch, wirtschaftlich und militärisch einen klaren Trennungsstrich zum großen Nachbarn im Norden. Im geistig-kulturellen Bereich blieb es jedoch fest im chinesischen Kulturkreis verankert. Bis zum Beginn des 20.Jahrhunderts sprach die Oberschicht chinesisch, die konfuzianischen Literaturprüfungen blieben

---

[81] Vgl. Lulei, a.a.O.

Grundlage der Beamtenauswahl und konfuzianische Moralvorstellungen bestimmten die Verhaltensnormen (vgl. Wilfried Lulei). Der 1070 gebaute Literaturtempel in Hanoi diente zur Verehrung des Konfuzius und war lange Zeit Ort der Staatsprüfungen für die oberste Ämter am Königshof[82]. Die konfuzianischen Literaturprüfungen werden in drei Ebenen gestuft, und zwar in „thi huong", „thi hoi", „thi dinh" entsprechend den Kreis-, Bezirks- und Regierungsprüfungen. Die Prüfungen waren als soziales Ereignis mit vielen Anstrengungen. Das ist bis heute für die höheren Prüfungen wie Sekundar-II-Abschluss oder Hochschulaufnahmeprüfung so geblieben. Wer nach der Kreisprüfung nicht gleich eine Stelle bekam, ging als Lehrer in die Dörfer und bereitete sich auf die nächste Prüfung vor. So blieben die Gelehrten in Kontakt mit den einfachen Leuten, lernten deren Leben kennen und wurden von ihnen wegen ihrer großen Bemühungen um das Wissen und die Bildung anerkannt. Die Lernform war im Lauf der Lernzeit in der Familie der Lehrenden als Auswendiglernen. Die Lernenden kamen aus unterschiedlichen sozialen Milieus. Sie wurden wie eigene Kinder angesehen und als Hilfsarbeiter in der Familie eingesetzt. Die konfuzianischen Literaturprüfungen waren offen für alle Menschen aus unterschiedlichen Schichten der Gesellschaft. Aber nur sehr wenige Kinder aus den unteren Schichten der Gesellschaft konnten eine Ausbildung absolvieren und somit den sozialen Aufstieg erreichen.

Intention der Alphabetisierung auf breiter Basis und Abschneiden der vietnamesischen Bevölkerung von chinesischen Traditionen und Einflüssen, von politisch-kulturellen Loyalitäten und von traditionellen konfuzianischen Wertvorstellungen und Normen wurde eine neue Schrift (quoc ngu) in der Koloniezeit eingeführt und dadurch der Ersatz der bisher verwendeten chinesischen Schriftzeichen. Die Abschaffung der Prüfungen für Mandarin-Ämter (1015) löste die traditionelle Kultur und den Konfuzianischen Einfluss ab. Das von den Franzosen einführte formalen Bildungssystems[83] des gesamten Bereichs von der Grundschule bis zur Universität eröffnete neue Etappe der vietnamesischen Bildungsgeschichte und als Grundlage für den Aufbau des nachkolonialen und heutigen Bildungssystems.

Seit Jahrtausenden ist das Leben der Vietnamesen durch den Anbau von Nassreis unter körperlichen Anstrengungen von der Natur und dem Wetter geprägt. Diese Tätigkeit ist sehr aufwendig und erfordert ein Zusammenarbeiten und gegenseitige Hilfe vieler Menschen. Das mag eine Ursache für die Herausbildung bestimmter Eigenschaften, Verhaltensweisen und Normen sein wie Fleiß und Sparsamkeit. Fleiß ist eines der wichtigsten Kriterien für die Wertschätzung durch die Vietnamesen.

---

[82] Vgl. Heyder, Monika. In: KulturSchock Vietnam. Bielefeld/Brackwede 1997, S. 33.
[83] Vgl. Erhard U. Heidt: Westliche Bildungssysteme in nicht-westlichen Gesellschaften. In: Gisela Trommsdoff (Hrsg): Sozialisation im Kulturvergleich. 1989, Ferdinand Enke Verlag. S. 259.

Der Konfuzianismus, der die Kultur des Landes beeinflusst hat, spielt offensichtlich eine wichtige Rolle in heutiger Moralvorstellung, in der Sozialbeziehung und für die Erziehung.

4.5.3. Die Rolle der Familie und die Erziehung

Die Familien bilden den Kern der südostasiatischen und chinesischen Kultur. Sie sind patriarchalisch gegliedert und durch hierarchische Rollenpflichten gekennzeichnet. Jeder hat seinen festen Platz und bestimmte Pflichten gegenüber der Familie als Ganzem und den einzelnen Mitgliedern. In seinem Weltbild stellt die Familienordnung die Voraussetzung für die gesellschaftliche Ordnung dar. Die vorgegebenen Grundwerte bestehen zu einem erheblichen Teil bis heute wie der Pietät des Sohnes gegenüber dem Vater (der Kinder gegenüber den Eltern), der Sittsamkeit der Ehefrau gegenüber ihrem Mann und dem Gehorsam des jüngeren Bruders gegenüber dem älteren. Die Kinder haben gegenüber den Eltern die Pflicht des unbedingten Gehorsams. Der alte autoritäre Erziehungsstil wird weiter erfolgt, wie:

„*Thương con cho roi cho vọt*" *– Liebt man die Kinder, greift man zum Prügel. Liebt man sie nicht, schenkt man ihnen ein süßes Leben (Wer seine Kinder liebt ,der erzieht seine Kinder streng und diszipliniert so werden sie gut erzogen; wenn man die Kinder nicht liebt, lässt man sie machen was sie wollen und sie werden verzogen.)*

Nicht nur die Familie, sondern die ganze Gesellschaft ist im Übrigen auf allen Ebenen hierarchisch gegliedert. Eigenschaften, wie Disziplin, Gehorsam, Respekt vor Würdenträgern und vor dem Alter werden als menschliche Vorzüge empfunden. Häufig findet man deswegen auch ein passives, unkritisches Vertrauen auf Autoritätsträger. Damit scheinen die Menschen in der Regel ausgeglichen und artig. Ihnen fehlt die westliche Ich-Bezogenheit, sie werden zum Gehorchen erzogen und fühlen Scham über unrechtes Verhalten. Die Eltern erwarten von ihren Kindern Gehorsam, Höflichkeit, Duldsamkeit, Toleranz, das Einfügen in die Gemeinschaft am angestammten Platz, Fleiß, Lernerfolge und die Unterstützung in allen Lebenslagen, besonders im Alter. Im Gegenzug finden es die Kinder selbstverständlich, dass die Eltern alles tun, damit sie gut heranwachsen und eine ordentliche Ausbildung erhalten und dass sie so lange für sie da sind, bis sie vollständig auf eigenen Füßen stehen können.[84]

In der Schule sind die Erziehung zu Disziplin, Höflichkeit, Toleranz, Achtung vor dem Alter u.a. Aufgaben der Lehrenden in der Entwicklung der Persönlichkeit der Kinder. Der alte Grundsatz wie „*Tiên học lễ, hậu học văn*" (zuerst wird Disziplin,

---

[84] Vgl. Heyder, Monika, a.a. O. S. 118ff.

Höflichkeit gelernt, dann fachlich) ist heute noch auf Plakaten mancher Schulen zu sehen. Der Lehrer ist neben den Eltern die wichtigste Respektsperson und das Vorbild, dem nachgeeifert wird. Er gilt als vollkommen, weise und selbstbeherrscht. Der Schüler hat ihm gegenüber insbesondere die Pflicht des Gehorsams. Der Lehrer ist auch die Respektsperson vor den Eltern, wie es ein altes Sprichwort zum Ausdruck bringt: „*muốn sang thì bắc cầu kiều, muốn con hay chữ thì yêu lấy thầy*" (Willst du den Fluss überqueren, bau eine Brücke. Willst du, dass dein Kind ein gebildeter Mensch wird, so ehre und respektiere seinen Lehrer).

4.5.4. Die Fortschritte

Die seit den achtziger Jahre praktizierte Reformpolitik und der Übergang zur Marktwirtschaft haben in Vietnam einen Reformprozess in Gang gesetzt. Der rasche wirtschaftliche und wissenschaftlich-technische Fortschritt verändert die gesamte sozialökonomische und gesellschaftliche Situation, aber auch Ideologie und Kultur sowie Sitten und Bräuche. Tatsächlich vollziehen sich in Vietnam gegenwärtig Prozesse, die bisherige Moralvorstellungen und Wertsysteme stark verändern und teilweise völlig in Frage stellen. Am auffälligsten ist der Übergang vom wir zum ich, vom Gemeinschaftsdenken zur Ausprägung der Rolle des Individuums. Selbstlose Unterordnung unter die Interessen der Gemeinschaft ist nicht mehr unbedingtes muss, die Verwirklichung persönlicher Interessen notfalls auch gegen die Gemeinschaft nicht mehr grundsätzlich unmoralisch. Dieser Übergang vollzieht sich sowohl im Kleinen (in der Familie) als auch im Großen (in der ganzen Gesellschaft). Das Wort Freiheit macht einen allmählichen Bedeutungswandel durch. Früher war es fast ausschließlich ein Synonym für nationale Unabhängigkeit. Heute verstehen immer mehr Vietnamesen darunter auch die Freiheit des Individuums. Die persönliche Freiheit einzufordern, ist nicht mehr ehrenrührig. Vor allem die junge Generation hat die alten Schemata durch neue Denkweisen ersetzt (vgl. Wilfried Lulei).

Die reale Bildung, Erziehung und Ausbildung bleibt allerdings (noch) von traditionalen Moralstellungen beeinflusst. Die Schüler bleiben sehr passiv, obwohl Selbstständigkeit, Aktivität und schöpferisches Handeln von der Erziehungswissenschaft gefordert werden (siehe Kapitel 3.3. und auch 4.5.5). Dieses Problem wird schon lange und bis heute in der didaktischen Debatte diskutiert. Hier soll eine neue Lern- und Lehrkultur entwickelt werden, in der die Schüler aktiv am Lernprozess teilnehmen. Wegen der geringen Veränderung in den Lerninhalten, Methoden, in den Rahmenbedingungen und in den Leistungsbewertungen bleibt noch ein langer Weg, die Veränderungen durchzuführen.

Das Einfluss des Prinzips der Seniorität wird in Teilen des öffentlichen Lebens (teilweise auch auf dem Arbeitsmarkt) auf die Positionsvergabe und Entscheidungsfindung nur langsam geändert. In den sozialen Beziehungen wird nach wie vor das Alter respektiert. Es gibt keine rechtliche Festlegung über die Bedeutung des Alters für die Positionsvergabe in den staatlichen Organisationen, aber scheint so zu sein, dass dieser Einfluss nach wie vor besteht. In der heutigen Debatte wird auch gefordert, Schüsselpositionen in der staatlichen Verwaltung und in der Wirtschaft an junge Leute zu vergeben. In den Privatorganisationen wird die Leistung als wichtiges Kriterium für die Entscheidungsfindung gegenüber dem Senioritätsprinzip schon überwiegend anerkannt.

4.5.5. Bildung und Ausbildung

Als nationale Besonderheit darf der vielfach als „Königsweg" wahrgenommene Ausbildungsgang von Primarstufe über Sekundarstufe I und II bis hin zur Universität und zum Postgraduiertenstudium gelten. Unter dem Einfluss des Konfuzianismus, demzufolge Wissen und Bildung einen hohen Stellenwert in der Gesellschaft besitzen, genießt in Vietnam die akademische Bildung eine hohe Anerkennung. Dem Bildungsideal des Konfuzianismus entspricht ein Mensch, mit literarischer „Buch-Bildung". Der durch das Studium der alten Schriften allumfassend Gebildete erfährt eine Versittlichung, die ihn zum moralisch integeren Herrscher und Vorgesetzten qualifiziert. Während man durch Bildung Zugang zur Schicht der sozialen und ethischen Elite bekommt, werden fachliches Wissen und ökonomisch verwertbare Fähigkeiten und Fertigkeiten als unwichtig angesehen. Dieses Bildungsverständnis schließt eine ökonomisch berufliche Orientierung aus. Handwerkliche oder körperliche Betätigungen werden als Angelegenheit von Menschen niedriger Stände angesehen. Wer gebildet ist, gehört daher zu den Herrschenden und wer einfache körperliche Arbeiten verrichten muss, wird legitimer Weise beherrscht. Auf diese Weise führt das konfuzianische Bildungsverständnis zu einer gesellschaftlichen Grundhaltung, die allen beruflichen Bildungsgängen einen eher zweitrangigen Platz einräumt[85]. Berufliche, besonders handwerkliche Ausbildungen hingegen werden auch noch heute gering geschätzt. Aus der Überlieferung vieler Jahrhunderte und insbesondere der Geschichte der Bildung der letzten 50–80 Jahre leitet sich ab, dass die Bildung nur für wenige Leute vorgesehen ist und dass eine hohe Bildung die Voraussetzung für sozialen Aufstieg ist. Das bedeutet für vietnamesische Eltern, sich als Verlierer im Gesellschaftskontext anzusehen, wenn ihr Kind nicht in die höhere Schule gehen kann.

---

[85] Vgl. Schoenfeldt, a.a.O., S.169ff.

Der Aufstieg von Sekundarstufe I zu II ist nicht so anstrengend wie von der Sekundarstufe II zur Hochschule. Aus wirtschaftlichen Gründen oder aus Leistungsgründen werden ca. 36% der Absolventen der Sekundarstufe I nicht weiter in die höhere Schule gehen. Sie kommen meistens aus armen Familien. Die Chance, einen anspruchvollen Ausbildungsberuf oder eine Fachausbildung zu bekommen, ist für sie sehr niedrig. Obwohl diese Schultypen im Bildungssystem auf der Mittelstufe aufbauen, werden bis zu 70 % Abiturienten aufgenommen (siehe Kapitel 1.2.3). Meistens gehen die Absolventen danach in den Arbeitsmarkt mit einfacher Arbeit gegen niedrigen Lohn, oder sie nehmen eine Teilberufsausbildung auf.

Der Weg zur Hochschule ist nicht offen für alle Abiturienten, obwohl sie alle versuchen in die Hochschule zu aufsteigen. Wenn man die nationale Aufnahmeprüfung nicht bestanden hat, wird das als soziale Rückstufung betrachtet. Die Eltern und oftmals Dorfgemeinschaft sind Stolz auf die Hochschulzulassung ihrer Kinder. Jährlich schließen, wie in Kapitel 1.2.2. erwähnt, ca. 820.000 Abiturienten die Sekundarstufe II ab, und von diesen Absolventen können nur 196.885 im Jahr 2004-2005[86] in den Hochschulen (Cao đẳng- Post Secondary non tertiary und Đại học – Tertiary) einen Studienplatz bekommen. So haben ca. 75% der Abiturienten keine Chance, zur Hochschule zu kommen. Diese Schulabsolventen versuchen oft 2 bis 3 mal, die Zulassungsprüfung zu wiederholen. Dieses Problem hat das MOET auch schon zur Kenntnis genommen. Viele Pädagogen haben das vietnamesische Bildungssystem kritisiert, dass es nur den Königsweg (siehe Kapitel 1.2) zur Hochschulausbildung gäbe und dass das nicht dem heutigen Qualifikations- und Sozialbedarf entspräche. Wer eine Berufsbildung durchlaufen hat, hat nur eine geringe Chance, sich für eine Hochschulausbildung zu bewerben.[87] Ein vergleichsweise gut ausgeprägtes gesellschaftliches Bewusstsein um den Wert von Hochschulausbildung als sozialer Aufstiegschance hat mittlerweile dazu geführt, dass immer größere Teile der Elternschaft private Investitionen in die Bildung ihres Nachwuchses leisten. Das Rennen zur Hochschulbildung fängt schon in den ersten Klassen an. Neben der regulären Lernzeit in der Schule gehen fast alle städtischen und auch viele ländliche Schüler am Abend und am Wochenende noch in die Privatklasse mit Zusatzunterricht und Prüfungsvorbereitung. Es bleibt keine Freizeit. Nach der Angabe des Forschungsinstituts für Bildung in Ho Chi Minh Stadt (2004) haben 61 % der Schüler der sechsten Klasse, 85 % der Schüler der siebenten Klasse, 89 % der Schüler der achten Klasse, 92 % der Schüler der neunten Klasse und 85 % der Schüler der zwölften Klasse in Ho Chi Minh Stadt an der Pri-

---

[86] Vgl. Ha Anh *(VietNamNet):* Bericht über die Bewerbungen an die nationale Hochschulaufnahmeprüfung. 13/5/2004.
[87] Nur die UTE Ho Chi Minh Stadt hat Studiengänge für diese Adressaten.

vatklasse der Klassenlehrer teilgenommen. Sie werden in dieser Hinsicht unter psychischen Druck gesetzt und fühlen sich zu Höchstleistungen verpflichtet.

Die Maßnahmen auf der Makroebene zur Lösung des expandierten Bedarfs an Hochschulbildung werden in letzter Zeit durch Genehmigung zum Teilzeit- oder Abendstudium, durch Umwandlung von Berufsfachschulen zu Fachhochschulen und durch Bildungskooperationen zwischen Hochschulen und Provinzen sowie Vergesellschaftung der Hochschulbildung unterstützt. Wegen der schlechten Bildungsbedingungen, schlechter Ausrüstungen und nicht ausreichender Dozenten (quantitativ und qualitativ) wird die Qualität allerdings nicht gesichert. In der Planung sollen bis 2010 noch 110 Hochschuleinrichtungen neu gegründet werden.[88]

In der Vorstellung der Gesellschaft hat die Berufsfachschule einen höheren Wert als Berufsschule, obwohl kein großer Unterschied unter pädagogischen Aspekten besteht. Die Absolventen, die die Hochschulaufnahmeprüfung nicht erreicht haben, versuchen mit dem Nachweis der Hochschulaufnahmeprüfungsnote oder einer anderen Prüfung, sich um eine Fachausbildung in den Berufsfachschulen zu bewerben; die anderen können in den Arbeitsmarkt oder andere Ausbildungseinrichtungen gehen. Die Lernmotive dieser Gruppen und die Anziehungskraft hängen von den Schultypen ab, ob sie nach der Ausbildung leicht eine Stelle bekommen können. Nach den Angaben des MOLISA[89] steigt der Bedarf an den anspruchvollen Ausbildungsberufen in letzten Jahren an. Die Bewerbungen sind fünffach höher als die Zulassungen. Das kann als ein Signal der Veränderung in der Bewertung der Gesellschaft von Bildung (allgemeine Bildung; Hochschulausbildung) und Berufsausbildung verstanden werden.

In der Tradition des konfuzianischen Lernens bleiben Schulen oft noch der überkommenen Buchschule verhaftet, obwohl die moderne Erziehungswissenschaft in der letzten Zeit einen immer großen Einfluss auf die vietnamesische Bildung ausübt. Die Wirklichkeit wird im pädagogischen Alltag auf sprachlich vermittelte Fakten, Regeln, Prinzipien und Abstraktionen bei wenig Anschaulichkeit reduziert. Aktivität, Spontanität, Lebendigkeit, Problemlösung und Kritik werden im Unterricht wenig eingeholt. Das gesamte Bildungswesen konzentriert sich auf die Ansammlung und Reproduktion von großen Wissensmengen (Fachkompetenz – Faktenwissen); Handlungs-, Methoden- und Sozialkompetenz wie in Deutschland werden vernachlässigt. Der Unterricht ist sehr lehrerzentriert. Den Grund dafür verdeutlicht der Rektor der Pädagogi-

---

[88] Vgl. Jungendzeitung: Đến năm 2010 mở thêm 110 trường Đại học, Cao đẳng-110 Hochschuleinrichtungen werden bis 2010 neu gegründet. 12/10/2004. (Im Jahr 2004 gibt es 244 Hochschuleinrichtungen.)
[89] Vgl. Học nghề xu hướng mới trong lớp trẻ – Berufsausbildung eine neue Tendenz der Jugendlichen. In: http://www.edu.net.vn/Default.aspx?&tabid=2&mid=39&tid=106&iid=1038, 14/7/2004.

schen Hochschule Hanoi, Prof. Phan Đình Diện „Das ist eine Krise in der heutigen Bildung. In der Allgemeinbildung und auch in der Hochschule wird nur einseitig die Methode des Frontalunterrichts praktiziert. Lehrende erklären im Unterricht langsam, oft lesen sie sogar aus ihrem Unterrichtsentwurf; Studenten, Schüler sollen einfach nur abschreiben und das Abgeschriebene auswendig lernen"[90]. Von daher sind Eigeninitiative, Aktivität, Problemlösung und Entwicklung der Kompetenz zum eigenständigen Lernen nicht gefragt. Selbstverantwortung, Kooperations- und Kommunikationsfähigkeit sind in Lehrplänen nicht als notwendige Ausbildungsziele klar etabliert.

Die Ursachen dieser Krise speisen sich aus verschiedenen Quellen, besonders aus der Ideologie und Denkweise über das Bildungswesen. In den Vorschlägen der Erneuerung des Bildungswesens an den Staatpräsidenten schreibt Hoang Tuy[91]: „Seit 1966 bis heute haben wir viele richtige Beschlüsse für die Bildungspolitik, aber sie werden bei der Durchführung nicht ernst genommen. Obwohl wir uns viele Mühe gegeben haben, aber diese Krankheit in der Bildung wird sich endlos weiter verbreiten. Dazu kann man feststellen, dass die Ursachen nicht nur im Bildungsmanagement liegen, sondern in falschen Standpunkten und Positionen sowie in der mangelhaften Konzeption des Bildungswesens begründet sind. Diese Fehler sind systematisch und können nur beseitigt werden, wenn man auf die Ursachen (Quellen) zurückgeht. Das ist Kommando des Lebens, wenn wir nicht mehr rückständig bleiben wollen." Einer seiner zehn Vorschläge ist die Anerkennung der Emanzipation. Das heißt, dass die Bildung die Funktion hat, die Befreiung von Gewohnheiten, Meinungen, Vorurteilen, unreflektierten Lebensmustern bewusst zu machen. Sie unterstützt eine Persönlichkeitsentwicklung, die dem Individuum die Stärke verleiht, Verantwortung für das eigene Leben zu übernehmen, sich moralisch zu verhalten, schöpferisch und gestaltend tätig zu sein, einen Beitrag zur Entwicklung der Gesellschaft und der Kultur zu leisten. Dafür wird ein Wandel in Richtung einer neuen Lehr- Lernkultur gefordert. Die Gestaltung einer Lern- und Lehrkultur ist zugleich Voraussetzung und Mittel zur Durchsetzung von Erneuerungen im Bildungswesen.

4.5.6. Die Bedeutung von Sozialisation und Kultur für Didaktik und Methodik

Sozialisation, verstanden als die Gesamtheit aller inneren und äußeren Einflüsse, die auf die Persönlichkeitsentwicklung eines heranwachsenden Menschen einwirken,

---

[90] Vgl. Hoàng Thanh Hải: Beitrag – Erneuerung der Methoden ist eine Anforderung zur Erhöhung der Ausbildungsqualität von Lehrkräften. In: http://www.hdu.edu.vn/bai3.htm, 03/09/2004

[91] Vgl. Hoang Tuy: Notwendigkeit einer Verbesserung und Modernisierung der Bildung – Vorschläge an den Staatpräsidenten (Chấn hưng, cải cách, hiện đại hoá giáo dục). In: http//www.tuoitre.com.vn/Tianyon/Index.aspx?ArticleID=46993&ChannelID=13, 03/09/2004

umfasst sowohl die erzieherische Einflussnahme durch Eltern, Lehrer etc. als auch die nicht intendierte Beeinflussung durch andere Menschen und die allgemeinen Lebensbedingungen in einem bestimmten Kulturkreis. In dieser Hinsicht sei nochmals an das bis in die heutige Zeit sich auswirkende konfuzianistische Bildungsideal erinnert. Nachweisbar sind seine Nachwirkungen z.b. beim Lehrer-Schüler-Verhältnis, bei der Belastbarkeit der Schüler bis zur Leidensgrenze, bei der Buchorientierung des Unterrichts, beim Streben nach Widerspruchsfreiheit und Harmonie sowie der ungebrochenen Hochschätzung von Allgemeinbildung bei gleichzeitiger Geringschätzung einer utilitaristischen Berufsbildung. Sozialisation wirkt sich nun aber nicht nur auf die Einordnung eines Individuums in die Gesellschaft, sondern zugleich auch auf die gesellschaftliche und wirtschaftliche Entwicklung eines Landes aus.[92] Dementsprechend ist leicht nachvollziehbar, dass sich die Sozialisationsmerkmale einer Gesellschaft auch auf die Bestimmung von Lehrplänen und die Auswahl von Unterrichtsgegenständen als auch auf die bevorzugten Unterrichtsmethoden auswirken. Um nun die Ausrichtung dieser Einwirkungen zu verdeutlichen, sollen die in Kapitel 4.5.1 dargestellten Dimensionen der kulturellen Prägung von Hofstede herangezogen werden. Mit ihnen lassen sich die Einflüsse auf die Didaktik und Methodik bestimmen. In tabellarischer Form kann man die herausragenden Kultur- und Sozialisationsakzente wie folgt zusammenstellen:

Dimension kultureller Prägung	Kultur- bzw. Sozialisationsakzent
Große Machtdistanz	• Passivität der Schüler • Gehorsam und Unterordnungsbereitschaft • lehr- und lehrerzentrierter Unterricht • das Gelernte repräsentiert die persönliche Weisheit des Lehrers
Kollektivismus/Individualismus	• große Bedeutung des „Wir-Gefühls" (der Miteinander-Mentalität") • Verpflichtungen gegenüber der Familie und den sonstigen Gruppen (Respekt, Toleranz, Disziplin, Höflichkeit) • Lernen, wie man etwas macht
Femininität/Maskulinität	• Betonung der Beziehungsebene • Solidarität • Bescheidenheit und Fürsorglichkeit

---

[92] Vgl. hierzu insbesondere das Modell einer „Sozialisation als produktive Verarbeitung der inneren und der äußeren Realität" von Klaus Hurrelmann. 1998, S. 62ff.

<u>Starke</u> Unsicherheitsvermeidung	• Schüler sind an strukturierten Unterricht (exakt definierte Themen, detaillierte und geschlossene Anweisungen) gewöhnt • ausgeprägte Formalisierung und Standardisierung • Gefahr der Kritikunfähigkeit
Konfuzianischer Dynamismus	• hoher Wert des Wissens und der Bildung • keine Gleichwertigkeit von Allgemein- und Berufsbildung

Tabelle 17: vietnamesische Kultur- und Sozialisationsakzente

Aus der systematischen Übersicht wird deutlich, dass in der von Machtdistanz und Kollektivismus geprägten Kultur Vietnams soziale Normen und Werte wie Disziplin, Höflichkeit, Respekt und Gehorsam einen großen Stellenwert besitzen und bewusst, aber vielfach auch unbewusst, als Erziehungsziele dienen. Die auf den Dimensionen Feminität und starke Unsicherheitsvermeidung herausragenden Akzente weisen in Richtung Konfliktvermeidung und auf den großen Stellenwert sozialer Beziehungen, weshalb Unterricht meist von einer starken Systematisierung, Strukturierung und Detaillierung der Lehrinhalte geprägt ist. In Verbindung mit einem ausgeprägten Konfuzianischen Dynamismus führt dies dann häufig zur Geringschätzung von Selbsttätigkeit und Kritikfähigkeit und zur Präferenz für buch- und lehrerzentrierte, geschlossene Lehr-Lernprozesse und die Bevorzugung allgemeiner vor beruflicher Bildung. Diesem kulturell verankerten Denken und Handeln in Erziehung und Unterricht kamen die stark formalisierten Didaktik-Ansätze der russischen Pädagogik und der DDR-Pädagogik sehr entgegen: Die politischen Gemeinsamkeiten – zumindest die staatlich verordneten – trafen also in Vietnam auf einen durch die kulturelle Tradition gut vorbereiteten Boden, was die Implementation der importierten Didaktik-Ansätze natürlich stark beförderte (vgl. Kap. 5.5), mit Nachwirkungen bis in die heutigen Tage.

5. Darstellung des gegenwärtigen Diskussions- und Entwicklungsstands der Fachdidaktik in der BRD

5.1. Grundbegriffe der allgemeinen Didaktik – Fachdidaktik und ihre Aufgaben

Der Begriff „Fachdidaktik" enthält den Hauptbegriff „Didaktik", der durch den vorangestellten Begriff „Fach" eine Begrenzung und spezifische Ausrichtung erfährt. Zunächst sollen wesentliche Definitionen des Begriffs „Didaktik" dargestellt werden.

Didaktik im wissenschaftlichen Sinne existiert, seit sich die Pädagogik von der Philosophie loslöste und sich als eigene Wissenschaftsdisziplin etablierte. Sie wurde von J.A. Comenius als eine Idee verstanden, ein Lehrfach in der Hochschule zu lehren. Er verstand darunter „die vollständige Kunst, allen Menschen alles zu lehren". Das Wort Didaktik stammt von dem griechischen Verb „Didaskein" ab und kann sehr verschieden übersetzt und interpretiert werden:
- Im aktiven Sinne: Lehren oder unterrichten
- Im passiven Sinne: Lernen, belehrt werden oder unterrichtet werden
- Im medialen Sinne: aus sich selbst heraus lernen oder sich etwas aneignen[93]

So kommt es, daß die Begriffe „Didaktik" und „didaktisch" sehr unterschiedlich gebraucht werden und es bis heute keinen einheitlichen Sprachgebrauch gibt[94].

Über die unterschiedlichen Didaktik-Konzeptionen gehen zahlreiche Veröffentlichungen in zwei Richtungen:
- Erstens im Umfang, auf den sich didaktische Aussagen beziehen, wie zum Beispiel auf die Ziele und Inhalte einerseits oder auf alle Entscheidungsbereiche des Unterrichts andererseits.
- Zweitens in der Methode oder den Orientierungsmaßstäben, die für die didaktische Aussagen und Entscheidungen herangezogen werden.

Einen eng begrenzten Didaktik-Begriff kritisierte Martin Schmiel:
„Zu bedenken ist weiterhin, daß für geplante Lehr-Lern-Vorgänge eine größere Zahl von Entscheidungen, zum Beispiel zu den Zielen, Inhalten und den unterschiedlichen Teilfragen des Vorgehens zu treffen sind. Der enge, also nur auf die Auswahl der Lehrgegenstände bezogene Didaktik-Begriff würde nur einen Entscheidungsbereich, den der Ziele und Inhalte in ihrer Verzahnung erfassen... Das spricht dafür, den >Didaktik< Begriff nicht auf die Auswahl der Lehrgegenstände, zum Beispiel auf die Bestimmung der Bildungsinhalte oder Bildungskategorien zu beschränken, wie das früher häufig geschah und auch in der Gegenwart zum Teil noch anzutreffen ist. Daher empfiehlt es sich, den >Didaktik< Begriff auf alle Entscheidungsbereiche für geplante Lehr- Lern-Vorgänge, zum Beispiele innerhalb des Unterrichts, zu beziehen. Damit ergibt sich bereits eine Abgrenzung zum Begriff

---

[93] Vgl. Ott, B.: Grundlagen des beruflichen Lernens und Lehrens. Berlin 1997, S. 87.
[94] Vgl. Schmiel, Martin: Einführung in Fachdidaktisches Denken. München 1978, S. 19.

>Methode< .Versteht man >Methode< als Bezeichnung für die Frage der Gestaltung geplanter Lehr-Lern-Prozesse, also für das >wie< des Vorgehens, dann fügt sich die >Methodik< – als der wissenschaftliche Teilbereich, der diese Fragen zu bearbeiten hat."

Klafki[95] weiste darauf hin, dass das Gebiet der Forschung und Theoriebildung der Didaktik im weiteren Sinne dieses Wortes ein Gesamtkomplex der Entscheidungen, Entscheidungsvoraussetzungen, Entscheidungsbegründungen und Entscheidungsprozesse für alle Aspekte des Unterrichts ist.

Der Begriff „Fach" bezeichnet, bezogen auf Unterricht, ein Unterrichtsfach. Unterrichtsfächer stehen in einer gewissen Beziehung zur wissenschaftlichen Disziplin oder zu einer Fachwissenschaft, jedenfalls in einer traditionellen und auch heute noch anzutreffenden Auffassung. Das damit etablierte Wissenschaftsprinzip, nämlich die Auswahl und Strukturierung der Inhalte des Unterrichtsfaches in enger Anlehnung an die korrespondierende Fachwissenschaft, konkurriert aber besonders in neuerer Zeit mit einem anderen Prinzip, nämlich dem Situationsprinzip, also die Konzeptionierung eines Unterrichtsfaches in Anlehnung an Lebens- oder Arbeitssituationen. Manche Unterrichtsfächer entsprechen auch in ihrer Bezeichnung einer Fachwissenschaft wie zum Beispiel Werkstofftechnik. Zum Teil gibt es Unterrichtsfächer und es muss auch solche Unterrichtsfächer geben, denen keine Fachwissenschaft entspricht, wie z.B. Nähunterricht. Andererseits gibt es Unterrichtsfächer, denen mehrere wissenschaftliche Disziplin nahestehen wie zum Beispiel Technologie. Der Begriff <Fach> darf also nicht eng interpretiert werden. In der Curriculumforschung kann man neue Unterrichtsfächer entwickeln, die nicht nur von den Fachwissenschaften, sondern auch aus Berufsfeldern entstehen, also stärker von der Praxis, von beruflichen Situationen oder von Arbeitsprozessen mit verschiedenen Bezugswissenschaften geprägt sind. Darauf nehmen die Begriffe <Berufsfelddidaktik> und <Bereichsdidaktik> Bezug. Der Berufsfelddidaktik, verstanden als Bereichsdidaktik, kommt die Aufgabe zu, für ein ganzes Berufsfeld begründete Vorschläge hinsichtlich Zielproblematik, Inhaltsauswahl und des Methoden- und Medieneinsatzes, und zwar nicht nur des schulischen Lernortes, zu erarbeiten. Der berufsfelddidaktische Ansatz legitimiert sich unter anderem durch eine „größere Flexibilität" vor dem Hintergrund der geplanten Reduzierung der Berufe, die in Zukunft abverlangt wird[96].

Die traditionelle Bestimmung der Bildungsinhalte im gewerblich- technischen Bereich erfolgt vor allem im Bezug auf die Strukturen und Funktionen technischer Gegenstände und Systeme. Diese berufliche Fachdidaktikposition versucht den Erfor-

---

[95] Vgl. Klafki, Wolfgang: Zum Verhältnis von Didaktik und Methodik. In: Zeitschrift für Pädagogik, H. 22. 1976, S. 77ff.
[96] Pahl, J.-P.: Berufsfelddidaktik zwischen Berufsfeldwissenschaft und Allgemeiner Didaktik. In: Bonz, B/Ott, B. (Hrsg.): Fachdidaktik des beruflichen Lernens. Stuttgart 1998. S.77 f.

dernissen beruflichen Lehrens und Lernens vornehmlich über den Bezug zur korrespondierenden Fachwissenschaft gerecht zu werden. Die Wandlungen in Technik und Arbeit verlangen allerdings neue berufliche Bildungsinhalte, die sich allein in Rückbeziehung auf Fachwissenschaften nicht darstellen lassen und die außerdem mit dem Makel behaftet sind, dass sich auf diesem Wege weder die Motivationen der Lernenden besonders fördern lassen noch Bezüge zu Anwendungssituation in unmittelbarer Weise herstellen lassen. Die Fachdidaktiken nach der situationsorientierten Position wie bei Pahl, Rauner u.a. verstehen sich also Berufsfelddidaktiken der beruflichen Fachrichtungen.

In Anlehnung an Martin Schmiel (vgl. 1978, 23ff) formuliere ich die folgende Definition von <Fachdidaktik>:

(1) Fachdidaktik soll in weiterem Sinne verstanden werden, das heißt, Fachdidaktik bezieht sich auf alle Entscheidungsbereiche, nicht nur auf die Ziel- und Inhaltsauswahl, sondern auch Methoden- und Medienauswahl ein.

(2) Der Ausdruck <Fach> in Ausdruck <Fachdidaktik> bezieht sich auf Unterrichtsfächer oder Unterrichtsbereiche (z.B. auch Lernfelder). Das jeweilige Unterrichtsfach kann mit einer oder mehreren wissenschaftlichen Disziplinen oder Teilen von ihnen korrespondieren. Es ist allerdings auch möglich, dass ein Unterrichtsfach keine ihm entsprechende wissenschaftliche Disziplin vorfindet.

(3) Fachdidaktiken sind nicht allein für den Schulunterricht wichtig, sondern für alle Unterrichts-, Ausbildungs- und Weiterbildungssituationen, in denen sich ähnlich den Unterrichtsfächern abgrenzbare Lehr-Lernbereiche finden, die Inhaltsentscheidungen fordern.

Definition und Aufgabenverständnis von Fachdidaktik stehen in engem Zusammenhang. Beide werden wiederum von der zugrunde gelegten Definition von Didaktik beeinflusst (vgl. Martin Schmiel, 1978, 24). In einer engeren Definition der Didaktik beschränkt sich die Aufgabe der Fachdidaktik auf die Auswahl der zu berücksichtigenden Inhalte, die damit zu Lehrgegenständen werden. Nach dieser Auffassung z.B. Gahl[97] liegt die Aufgabe der Fachdidaktik in der Auswahl der Bildungsinhalte. Gemäß der Auffassung: Fachdidaktik ist die wissenschaftliche Lehre von der selektiven Vermittlung fachwissenschaftlicher Inhalte, kommen für Schröder[98] die Vermitt-

---

[97] Gahl, H.: Aufgaben der Fachdidaktik allgemein. In: Timmerman, J. in Verbindung mit Keeser, G., Matthiessen, K. und Schröder, K. (Hrsg.): Fachdidktik in Forschung und Lehre, Reihe C, Bd. 3/4 Hannover 1972, S. 111-112.

[98] Schröder, K.: Aufgaben der Fachdidaktik allgemein. In: Timmerman, J. in Verbindung mit Keeser, G., Matthiessen, K. undSchröder, K. (Hrsg.): Fachdidaktik in Forschung und Lehre, Reihe C, Bd. 3/4. Hannover 1972, S. 116-117.

lungsaufgaben der Fachdidaktik als Gesichtspunkt hinzu. Debl[99] führt die folgenden drei Aspekte für jede einzelne Fachdidaktik auf:
(1) Theorie der Unterrichts- bzw. Bildungsziele (wofür, wozu)
(2) Theorie des Bildungsgutes, der Bildungsinhalte (was)
(3) Theorie des Lehrverfahrens oder der Methodik (wie, womit).

Für die Orientierung meiner Arbeit schließe ich mich der Auffassung des Deutschen Bildungsrates[100] von den Aufgaben der Fachdidaktik an:
(1) festzustellen, welche Erkenntnisse, Denkweisen und Methoden der Fachwissenschaft Lernziele des Unterrichts werden sollen;
(2) Modelle zum Inhalt, zur Methodik und Organisation des Unterrichts zu ermitteln, mit deren Hilfe möglichst viele Lernziele erreicht werden;
(3) Inhalt der Lehrpläne immer wieder daraufhin zu überprüfen, ob sie den neuesten Erkenntnissen fachwissenschaftlicher Forschung entsprechen, und gegebenenfalls überholte Inhalte, Methoden und Techniken des Unterrichts zu eliminieren oder durch neue zu ersetzen;
(4) erkenntnistheoretische Vertiefung anzuregen und fächerübergreifende Gehalte des Faches beziehungsweise interdisziplinäre Gesichtspunkte zu kennzeichnen.

Für eine Trennung von Fachdidaktik und Fachmethodik übernehme ich die Überlegung von Förner[101], obwohl Fachmethodik als ein Teil der Fachdidaktik aufzufassen ist. Er geht davon aus, dass die der Fachdidaktik die folgenden Aufgaben umfasst:
- „einen fachspezifischen Anteil an Curriculum-Revision und Curriculumforschung einschließlich der Bereitschaft, die überkomme Einteilung der Schulfächer zu hinterfragen und gegebenenfalls zu verändern;
- einen fachspezifischen Anteil an der Lernzieloperrationalisierung;
- Fragen nach curriculum- und lernzielabhängigen Gruppierungs- und Unterrichtungsorganisationsproblemen;
- das Problem einer lernzielangemessenen Lernerfolgskontrolle;
- Problem lernzieladäquater Formen der Lernobjektivierung";

die Fachmethodik habe besonders auf folgende Aufgaben:
- „das Problem der fachspezifischen Unterrichtsorganisation;
- das Problem der fachspezifischen Unterrichtsmethode;
- das Problem der fachspezifischen Medien"

Der Terminus <Berufsfelddidaktik> ist relativ neu. Er wird noch nicht durchgängig in der Berufs- und Wirtschaftspädagogik verwendet und auch teilweise kontrovers dis-

---

[99] Debl, H.: Grundbegriffe der Didaktik. Geretsried 1969.
[100] Vgl. Deutscher Bildungsrat: Strukturplan für das Bildungswesen. Stuttgart 1970, 225f.
[101] Vgl. Förner, A.: Fachdidaktik, Fachmethodik der Unterrichtsfächer beruflicher Schulen. Berlin 1976, S. 41.

kutiert. Berufsfelddidaktik stellt quasi eine Bereichsdidaktik dar, obwohl in fachdidaktischen Diskussionen oftmals der Begriffsumfang von Berufsfelddidaktik gemeint ist, wird dennoch der herkömmliche Begriff von Fachdidaktik verwendet, unter anderem auch deshalb, weil das die Erklärung einer didaktischen Position zur Berufsbildung in der Berufs- und Wirtschaftspädagogik erleichtert[102], die sich von einer Fachsystematik zur einer Handlungsorientierung in Fragen der Inhalte und Methoden hinentwickelt.

Fachdidaktiken der Technik-Fachrichtungen in der Berufsbildung oder in der allgemeinen Schule werden üblicherweise als Technikdidaktik bezeichnet.

Fachdidaktik ist in verschiedener Weise als eine Komponente des Lehramtsstudiums ausgewiesen. Zu einem konkreten Verständnis von Fachdidaktik geht Reinhard Bader von allgemeinen Kategorien für die didaktische Planung und Entscheidung als ihrem Gegenstand aus. Die didaktische Analyse und Planung in der Fachdidaktik sind im wesentlichen folgende Felder[103]:

- Analyse von Rahmenbedingungen für Berufsbildung im Berufsbildungssystem sowie speziell in einem Berufsfeld; Analyse der Ausbildungsbedingungen in Bildungseinrichtungen;
- Analyse der Lern- und Lehrbedingungen in den Berufsfachrichtungen
- Reflexion und Weiterentwicklung der Bildungsziele in einem Berufsfeld bzw. in beruflichen Handlungsfeldern und deren Differenzierung;
- Analyse wissenschaftlicher Bezugsdisziplinen eines Berufsfeldes sowie beruflicher Handlungsfelder unter Aspekten der Relevanz für die Entwicklung beruflicher Handlungskompetenz; Identifizierung relevanter Lerninhalte, deren didaktische Rekonstruktion unter Aspekten von Fachsystematik (Wissenschaftsstruktur) und Kasuistik (Handlungsstruktur) sowie deren Transformation unter Aspekten von Verstehen, Anwenden und Gestalten;
- Analyse und Gestaltung von Unterrichtsmethoden einschließlich Organisationsformen mit berufsfeldbezogener Spezifizierung;
- Analyse und Gestaltung von Medien mit berufsfeldbezogener Spezifizierung;
- Analyse und Gestaltung von Methoden der Lernerfolgsmessung und Leistungsbeurteilung unter Berücksichtigung berufsfeldspezifischer Bedingungen.

---

[102] Vgl. Bonz, B.: Didaktik der Berufsbildung, Fachdidaktik und Berufsfelddidaktik – Stand und Entwicklungstendenzen. In: Bonz, B./Ott, B. (Hrsg): Fachdidaktik des beruflichen Lernens. Stuttgart 1998, S. 268-287.
[103] Vgl. Bader, Reinhard; Sloane, Peter F. E.: Bildungsmanagement im Lernfeldkonzept – curriculare und organisatorische Gestaltung. Paderborn 2002 S. 64.

5.2. Die Entwicklung der Fachdidaktik: Traditionen – Paradigmen

Die Entwicklung der Fachdidaktik bzw. Technikdidaktik geschah im Zusammenhang mit der Berufsausbildung in der gewerblich- technischen Berufsschule. Bernhard Bonz weist darauf hin, dass die Entwicklung der Technikdidaktik in Deutschland zunächst nur in Betrieben erfolgte und die Ergänzung der betrieblichen Ausbildung durch berufliche Schulen im 19. Jahrhundert begann. Seit dieser Zeit wirken sich aber auch die Allgemeine Schulpädagogik und Didaktik auf die Berufsbildung aus. Die didaktischen Überlegungen in der Berufsbildung sind häufig von der Allgemeinen Erziehungswissenschaft her beeinflusst[104], die jedoch „den Großteil beruflichen Lernens – z.b. im Betrieb – schlicht ignorierten. Dies obwohl von der Zahl her wie von qualitativem Anspruch berufliche Lernkonzepte die in allgemeinen Schulen und der außerschulischen Jugendarbeit vorfindlichten Lernformen deutlich übertreffen".[105] Seit der Entstehung des Dualsystems gegen Mitte des 19. Jahrhunderts (faktisch, nicht formal) sollte die Didaktik für die zwei Lernorte ein „traditionelles handwerkliches Lernkonzept" entwickeln; das bedeutet, handwerkliches ganzheitliches Arbeiten (Vgl. Lipsmeier 1989), also ein ganzheitliches Werkstück einschließlich der ökonomischen Aspekte (Preiskalkulation etc) in den Mittelpunkt des Unterrichts, der auch das Fach „Berufskunde/Geschäftskunde" umfasste, in den Mittelpunkt des Unterrichts zu stellen. Die Entwicklung der allgemeinen Fortbildungsschule zur beruflichen Fortbildungsschule im 19. Jahrhundert und dann zur Berufsschule anfangs des 20. Jahrhunderts war neben dem Bemühen um eine Bildungstheorie, die dann erst nach 1900 mit der Berufsbildungstheorie gefunden wurde – durch das Suchen nach der „didaktischen Mitte" dem Kern des Lehrplans, gekennzeichnet. Die allgemeine Formel gegen Ende des 19. Jahrhunderts, den Beruf des Schülers in den Mittelpunkt des Unterrichts zu stellen und alle anderen Fächer um dieses Zentrum herumzuranken (Konzentrationsidee), war zwar zugkräftig, aber nicht unmittelbar unterrichtlich umsetzbar. Für die Didaktik der Berufsschule (Fortbildungsschule) wurde diese Idee aufgegriffen und in einem längeren Prozess, der Jahrzehnte umfasste, realisiert. Einen ersten Abschluss hatte diese Bewegung mit den Preußischen Lehrplanerlassen von 1911 gefunden. Eine industriespezifische Didaktik und Methodik der Berufsausbildung war zu dieser Zeit noch nicht erforderlich. Die Spannweite des Lehr-/Lernkonzepts erstreckt sich bis heute vom betrieblichen Lernort zu den beruflichen Schu-

---

[104] Vgl. Bonz, Bernhard: Zur Entwicklung der Technikdidaktik. In: Bader, Reinhard; Bonz, Bernhard: Fachdidaktik Metalltechnik. Baltmannsweiler 2001, S. 6.
[105] Vgl. Greinert, Wolf-Dietrich: Konzepte beruflichen Lernens unter systematischer, historischer und kritischer Perspektive. Stuttgart 1997, S. 9.

len und damit vom praxisorientierten zum schulisch-systematischen Lernkonzept[106]. Das traditionelle Lernkonzept änderte sich mit der fortschreitenden Industrialisierung zum beruflich-systematischen Lernkonzept. Ab 1919 findet sich eine Reihe von systematischen Lehrgängen für Maschinenschlosser[107]. Diese Lehrgänge stellten eine Abfolge von Unterweisungen dar. Die Lernenden sollen einzelne Fertigkeiten lernen und dafür trainiert werden. Für rund 100 Jahre war die Lehrgangsmethode das alleinige Verfahren zur rationellen und hoch effektiven Organisation berufspraktischen Lernens in betrieblichen Lehrwerkstätten, überbetrieblichen Ausbildungseinrichtungen und beruflichen Vollzeitschulen. Auch wenn – besonders in Deutschland ab den 1970er Jahren neue Methoden hinzukamen – besonders Methoden mit Betonung der Aktivierung und Selbststeuerung, so hat die Lehrgangsmethode jedoch bisher ihre Stellung behauptet für das rationelle Erlernen beruflicher Grundfertigkeiten, die keinem raschen Modernitätsverfall unterliegen. Diese Methode ist besonders im berufspraktischen Unterricht oder in einem praxisbezogenen Theorieunterricht, wie er sehr häufig in Vietnam anzutreffen ist, weltweit verbreitet. Die Ausarbeitung und die Verbreitung von Lehrgängen und deren methodische Umsetzung hat ihren Ursprung in Russland. Diese Lehrgangsmethode, auch als „Russische Methode" bezeichnet, entwickelte Viktor Della-Vos (1929-1890) an der Kaiserlichen Moskauer Technischen Schule.

Die innovative Bedeutung der Lehrgangsmethode lag in der analytischen Ermittlung berufspraktischer Lerninhalte, der systematischen und ökonomischen Grundausbildung durch Lehrgänge sowie der Werkstatt-Pädagogik für die Lehrgangsausbildung. Vorteile wie Vollständigkeit, Qualitätsstandard, kontinuierliche Schwierigkeitssteigerung, Prüfbarkeit, Zeitökonomie, Personalökonomie, Disziplinierung führten zur weiten Verbreitung und Weiterentwicklung der Lehrgangsmethode besonders in Russland sowie in Österreich, USA und Deutschland; auch Anleihen an den skandinavischen Werkstattunterricht sind unverkennbar, woran Wiemann in besonderem Maß hingewiesen hat[108]. Erst nach der Jahrhundertwende übernahmen einzelne Großbetriebe in Deutschland die neue Methode, doch die Lehrgangsmethode mit ihren Lehrgängen für die berufspraktische Ausbildung erlebte in Deutschland vom Ende

---

[106] Vgl. Greinert, der
- traditionsorientierte berufliche Lernkonzepte,
- marktorientierte beruflichen Lernkonzepte (Training) und
- bürokratisch geregelte Lernkonzepte
1. schulisch-systematische Berufsbildung
2. fachtheoretische Berufsbildung als Ergänzung zur Betriebslehre,
3. systematische Berufsausbildung im Betrieb unterscheidet

[107] Vgl. Ploghaus, Günter: Die Lehrgangsmethode in der berufspraktischen Ausbildung. Bielefeld 2003.

[108] Vgl. Wiemann, Günter: Didaktische Modelle beruflichen Lernens im Wandel. Bielefeld 2002.

des Ersten Weltkriegs bis etwa zum Ende der 1960er Jahre eine zunehmend rasante Verbreitung und qualitative Weiterentwicklung. *Ploghaus* schlägt schließlich den Bogen von den damals Lehrgänge produzierenden zentralen Institutionen bis hin zum Bundesinstitut der Berufsbildung (BIBB).

An Beispielen von Lehrplänen für den praktischen Unterricht an Fachschulen, von Lehrgängen, Reihenfolge der Lehrlingsarbeiten, und Medien wird deutlich, wie man dieses fremdgesteuerte Lehrgangslernen realisierte. *Ploghaus* listet auf, für welche Berufe Lehrgänge herausgegeben wurden, und er bringt im Anhang auch viele Beispiele aus russischen Lehrgängen von 1873 über AEG-Lehrgang (1917), den DATSCH-Schlosserlehrgang (1926), den DAF/DINTA-Lehrgang „Eisen erzieht", der noch nach dem Zweiten Weltkrieg die Lehrlingsausbildung bestimmte, bis hin zum ABB-Grundlehrgang Metall (1958). Dabei ist nicht zu übersehen, dass die Wurzeln der Lehrgangsmethode in beruflichen Vollzeitschulen mit Lehrwerkstätten liegen.

Ploghaus bringt eine Vielzahl von Anregungen zum Lehren und Üben von Grundfertigkeiten, die auch weiterhin im Rahmen von umfassenden Zielen in der Berufsbildung große Relevanz besitzen. Für das Verständnis und die Legitimation von Lehrgangsmethode und von Lehrgängen sowie für deren didaktische Bewertung und Standortbestimmung für die Bestimmung berufspraktischer Lernziele in der Curriculumentwicklung und für die Praxis der Berufsausbildung ist das Werk von *Ploghaus* besonders wichtig.

Bonz weist darauf hin, dass solche Lehrgänge geschlossene Gesamtkonzeptionen darstellen. „Diesem systematischen Erlernen und praxisorientierten Training von berufsmotorischen Fertigkeiten im Betrieb entsprach im theoretischen Unterricht der Berufsschule, die die betriebliche Ausbildung ergänzt, eine systematische Vorgehensweise als eine linear-zielgerichtete Gesamtkonzeption. Das markante Beispiel war der fragend-entwickelnde Unterricht. Aber zur gleichen Zeit wollte Kerscheinsteiner mit der Arbeitsschule die Ideen der Reformpädagogik für berufliche Schule und den Technikunterricht. Die Beispiele Kerschensteiners gehen von einer offenen Gesamtkonzeption aus."[109]. Seither entwickelte man in Deutschland diese zwei Gesamtkonzeptionen in unterschiedlichen methodischen Ausrichtungen.

Die Fachdidaktik als Wissenschaft wurde erstmals Ende der sechziger Jahre im Zusammenhang mit der Akademisierung der Gewerbelehrer als Lehr- und Forschungsgebiet der Universitäten postuliert. Ott weist darauf hin, dass die Fachdidaktik von der Entstehung her eine Vermittlungsorientierung für die Lehr- und Forschungsbereiche war. Das zeigt sich in weitgespannten Aspekten[110]:

---

[109] Vgl. Ott, Bernd: Entwicklungslinien und Perspektiven einer ganzheitlichen Technikdidaktik, In: Bader, Reinhard; Bonz, Bernhard: Fachdidaktik Metalltechnik. Baltmannsweiler 2000, S. 23ff.
[110] Vgl. Ott, Bernd: ebenda, S. 23-24.

- Interdisziplinärer Aspekt
- Gesellschaftlich- politischer Aspekt
- Fachwissenschaftlich- curricularer Aspekt
- Psychologisch- soziologischer Aspekt
- Unterrichts- und ausbildungspraktischer Aspekt

Schütte[111] stellte eine geschichtliche Entwicklung der unterschiedlichen Aktivitäten der Berufsschuldidaktik dar. Als Reaktion auf die geforderte Verwissenschaftlichung des Berufsschulunterrichts lassen sich zwei Reflexionstypen (siehe Tabelle 18) ausmachen. In ganz unterschiedlicher Weise stellen sie sich der geforderten Wissenschaftsorientierung. Während der Typ A im wissenschaftstheoretischen Kontext der Berufs- und Wirtschaftspädagogik die Curriculumentwicklung ins Zentrum der didaktischen Reflexion stellte, konzentrierte sich Typ B auf den Unterricht im wissenschaftlichen Horizont von Methodik.

	curriculumtheoretischer Ansatz (Typ A)	unterrichtstheoretischer Ansatz (Typ B)
Wissenschafts- theoretischer Kontext	Berufspädagogik/ Erziehungs- und Sozialwissenschaften	Allgemeine Pädagogik
Objektbereich	Curriculum (Lehrpläne)/Fächer, Berufsfelder	Unterricht (Inhalte/Themen)
Methoden	empirisch/hermeneutisch	hermeneutisch
Zentrale Fragestellung	Kopplung von Wissenschaftssystematik und Berufspragmatik	Optimierung von Lernen und Lernen

Tabelle 18. Reflexionstypen der Didaktik beruflicher Bildung (nach Schütte)

Auf der Basis dieser Reflexionstypen fasst *Schütte* die verschiedenen Paradigmen als dominante Strömungen innerhalb des Diskurses der Fachdidaktik Metall- und Maschinentechnik zusammen (siehe Tabelle 19.). „Die einzelnen Paradigmen zeichnen sich dadurch aus, dass sie in den letzten zweieinhalb Jahrzehnten in unterschiedlicher Weise den Diskurs der Didaktik beruflicher Bildung resp. die Transformation der Berufsschuldidaktik in den beiden deutschen Staaten geprägt haben"[112]

---

[111] Schütte, Friedhelm: Fachdidaktik Metall- und Maschinentechnik – Traditionen, Paragmen, Perspektiven. In: Bader, Reinhard; Bonz, Bernhard: Fachdidaktik Metalltechnik. Baltmannsweiler 2001, S. 36 ff. Vgl. auch Pukas, Dieter: Die gewerbliche Berufsschule der Fachrichtung Metalltechnik. Alsbach 1988.

[112] Schütte, Friedhelm: Fachdidaktik Metall- und Maschinentechnik – Traditionen, Paragmen, Perspektiven. In: Bader, Reinhard; Bonz, Bernhard: Fachdidaktik Metalltechnik. Baltmannsweiler 2001, S. 40.

	Curriculum etc.	Unterricht etc.
fachdidaktisches Paradigma	Bader 1977; Schilling/Bader 1978; Schilling 1981; 1981a	Bader 1990; Bader 1995; Bader passim; Pahl 1989; Pahl/Schilling 1995
unterrichtsmethodisches Paradigma		Bernard 1974, 1985, 1988, 1990, 1999; passim; Bernard/Ebert/Schröder 1995; Bührdel/Reibetanz/Tölle 1988
fachmethodisches Paradigma		Pahl 1998; Pahl 1998a; Pahl passim
technikdidaktisches Paradigma	Lipsmeier 1982, 1995; Lipsmeier passim	Bonz 1976, 1981, 1995; Bonz passim; Nashan/Ott 1990; Ott 1995, 1997; Ott passim

Tabelle 19. Paradigmen der Fachdidaktik/Fachmethodik Metall- und Maschinentechnik (nach Schütte)

5.3. Die Rahmbedingungen für die Fachdidaktik Metall- und Maschinentechnik

5.3.1. Der Veränderung der Zielvorstellungen für die Berufsausbildung

Die heutigen Methodenkonzepte wurde nach neueren Zielvorstellungen entwickelt. Nach der Empfehlung des deutschen Bildungsrates von 1969 wurde die Zielkategorie der beruflichen Tüchtigkeit um die Zielkategorie der beruflichen Mündigkeit ergänzt[113]. Unter Mündigkeit wird die Befähigung zur Selbstreflexion und zur Reflexion gesellschaftlicher Strukturen und Prozesse verstanden; sie erweitert den Spielraum des einzelnen, um den Menschen zu befähigen, rational zu denken und zu handeln[114]. Hurtz und Albert weisen weiter darauf hin, dass neben dem Zielbegriff der Mündigkeit bzw. Emanzipation das Ziel der Beruflichen Handlungskompetenz in den Vordergrund zu stellen ist.

Der deutsche Bildungsrat hatte mit seiner Lehrlingsempfehlung des Jahres 1969 über die bis dahin vorherrschende Einengung der Zielproblematik auf den Aspekt der beruflichen Tüchtigkeit hinausgegriffen und die Dimension der Mündigkeit als gleichwertige Zielkategorie eingeführt. Die sieben „Ziele der Lehrlingsausbildung" spiegeln diese Polarität:

---

[113] Vgl. Lipsmeier, Antonius: Didaktik der Berufsausbildung. München 1978, S. 114 ff.
[114] Vgl. Hurtz, Albert: Handlungsorientiertes Lernen in der Maschinentechnik. Bochum 1996, S.12.

„1) Chancengleichheit im Zugang zu den Ausbildungsstätten und Bildungsinstitutionen des beruflichen Bildungswesens.
2) Erreichen einer beruflichen Qualifikation für alle Lehrlinge; dafür sind Mindestnormen anzusetzen.
3) Kritisches Verständnis des arbeitenden Menschen für technische, wirtschaftliche und soziale Prozessen.
4) Anpassungsfähigkeit der Arbeitskräfte an eine sich wandelnde Wirtschaft und Gesellschaft (Mobilität).
5) Durchlässigkeit innerhalb des allgemeinen und beruflichen Bildungssystems sowie zwischen den beiden Bereichen.
6) Flexibilität des Ausbildungssystems sowie Hinblick auf die Entwicklung des Jugendlichen als auch Wirtschafts- und Gesellschaftsveränderungen.
7) Angemessene Beteiligung aller betroffenen und kompetenten Personenkreise an der Regelung der Ausbildungsverhältnisse."
(Deutscher Bildungsrat 1969, S. 12)

Fast alle Ziele, mit Ausnahme des zweiten Zieles, enthalten Aspekte, die mündiges Verhalten einschließen; diese übergreifenden Ziele finden jedoch nur eine sehr verkürzte, teilweise auch anders zu deutende und nicht auf Mündigkeit zielende Entsprechung im Berufsbildungsgesetz. Mündigkeit bedeutet aus berufspädagogischer Sicht zweierlei:

- im eigentlichen Sinne: berufliche Tüchtigkeit als Summe der Qualifikationen, sich im Erwerbsleben nach vorgegebenen Leistungsnormen bewähren und gleichzeitig diese Normen in Frage stellen zu können[115].
- Im weiteren Sinne umschließt der Begriff Mündigkeit des Menschen Selbstreflexion und Reflexion gesellschaftlicher Strukturen und Prozesse mit den Zielen,
a) verinnerlichte Zwänge auflösbar zu machen,
b) den Verhaltensspielraum des einzelnen zu erweitern,
c) Gegebenheiten, die einer solchen Entfaltung entgegenstehen, als veränderbar begreifbar zu machen, und
d) den Menschen zu befähigen, rational zu denken und zu handeln[116].

Der Aktionsraum des Jugendlichen in und nach der Berufsausbildung überwiegend der Betrieb ist, muss die Konkretisierung des Begriffs Mündigkeit auf die Definition der Handlungschancen in diesem – zumindest zeitlich – dominanten Lebensraum des arbeitenden Menschen verwiesen werden, wobei es auch gilt, die Bindungen zu analysieren, die in der betrieblichen Realität die Einlösung dieses Zieles begünstigen

---

[115] Lempert, Wolfgang: Leistungsprinzip und Emanzipation. Franfurt 1971, S. 139.
[116] Voigt, Wilfried: Einführung in die Berufs- und Wirtschaftspädagogik. München 1975, S. 34.

oder erschweren. Für die Definition der Handlungschancen stehen in der neueren Diskussion in westlichen Industriegesellschaften die Forderungen nach:
- Demokratisierung der Gesellschaft (also einschließlich der Betriebe) und
- Humanisierung der Arbeit.

Um diese Ziele einlösen zu können, muss aber zunächst der Begriff von Mündigkeit noch näher geklärt wird. In der Schritt des Kultusministers des Landes Nordrhein-Westfalen über das berufliche Schulwesen findet sich folgender Versuch der Operationalisierung des Begriffs „Mündigkeit"[117]:

„Als mündige kann der Mensch angesehen werden, wenn er fähig und bereit ist:
- eine Position und Rolle in der Gesellschaft und für die Gesellschaft bewusst zu gestalten;
- seine Position und Rolle kritisch zu reflektieren;
- die gesellschaftliche Realität in einem Bedingungsgefüge zu erkennen, kritisch zu prüfen und im Sinne humaner Daseinsgestaltung zu verbessern;
- Konflikte rational auszutragen.

Ob sich diese Ziele in der vietnamesischen Berufsausbildung verankern lassen, kann hier nicht diskutiert werden.; Skepsis ist allemal angebrachte. Die neueren Unterrichts- und Ausbildungsmethoden stehen jedoch in diesem Kontext, der nicht ausgeblendet werden kann.

Mündigkeit ist ein Leitziel, das sich aus vielfältigen und einschneiden Wandlungen in Technik, Ökonomie und Gesellschaft ergibt. Die Wandlungen werden von Jürgen Pieper und Wolfgang Schwark dargestellt:

z.B. *in der Technik:*
- Entwicklung neuer Schüsseltechnologien
- Vernetzung bisher eigenständiger Technikbereiche,
- schnelle Alterung isolierter Fachkenntnisse,
- zunehmende Auswirkungen der Technik auf Ökologie und Gesellschaft,
- wachsende Komplexität technischer System.

in der Gesellschaft:
- Steigender Bildungsstand,
- wachsende Ansprüche an die Qualität von Arbeit und Technik,
- steigendes Interesse an Mitwirkung und Mitbeteiligung in Freizeit, Öffentlichkeit im Beruf,
- wachende Ansprüche an humaner Gestaltung der sozialen Beziehungen im Beruf,

---

[117] Kultusministerium Nordrhein-Westfalen: Neuordnung des beruflichen Schulwesens NW. Rating 1972, S. 18.

- verstärkte Sensibilisierung für Auswirkungen von Technik und Produktion auf Gesellschaft und Natur.

in der Ökonomie:
- Verschärfter Wettbewerb,
- Veränderung der Produktionskonzepte,
- Abkehr vom Taylorismus,
- Rückgang stupider Massenproduktion,
- Trend zu intelligenten Systemlösungen mit Dienstleistungselementen.

Pieper und Schark fordern, die Berufsbildung an die Wandlungen wie z.B. die Teamfähigkeit, die Flexibilität, Denken in Zusammenhängen und Systemen, Verantwortungsbereitschaft für Sachwerte – Mitmenschen – Umwelt, Qualitätsbewusstsein und Lernbereitschaft anzupassen[118]. Dieses Ziel der Mündigkeit setzt sich aus mehreren Einzelzielen zusammen wie fachliche Lernziele und Schüsselqualifikationsziele. Die Schüsselqualifikationen beabsichtigen eine soziale und personale Förderungen der Lernenden. Sie haben eine fachübergreifende Bedeutung, aber sie sind mit beruflichen Fachzielen eng verfochten sind. Als fachübergreifende Qualifikationen lassen sich die Schüsselqualifikationen nicht wie kognitive und psychomotorische Kenntnisse und Fertigkeiten abprüfen. Sie werden vielmehr im Verlaufe der Ausbildungsprozesse entwickelt und gefördert. Die Schlüsselqualifikationen wurden von Mertens in einem Katalog von Kategorien umrissen (erstmalig 1974):
- Förderungen der Fähigkeit zu lebenslangem Lernen und zum Wechsel sozialer Rollen;
- Distanzierung durch Theoretisierung, Kreativität, Relativierung, Verknüpfung von Theorie und Praxis, Technikverständnis, Interessenanalyse, gesellschaftswissenschaftliches Grundverständnis;
- Planungsfähigkeit;
- Befähigung zur Kommunikation und Dekodierungsfähigkeit;
- Fähigkeit hinzulernen, Zeit und Mittel einzuteilen und sich Ziele zu setzen;
- Fähigkeit zur Zusammenarbeit, zur rationalen Austragung von Konflikten, zur Mitverantwortung, zur Verminderung von Entfremdung und zur Leistung Freude[119].

Die konkreten Qualifikationen lassen für das gewerblich-technische Berufsfeld nach Jürgen Pieper, Wolfgang Schark und anderen bestimmen:
- Problemlösungsfähigkeit und Kreativität
- Kommunikations- und Kooperationsfähigkeit

---

[118] Vgl. Pieper, Jürgen; Schark, Wolfgang: Weg zur beruflichen Mündigkeit. Weinheim 1994, S. 11ff.
[119] Vgl. Mertens, Dieter: Schüsselqualifikationen- Thesen zur Schulung für eine moderne Gesellschaft. Nürnberg 1974, S. 40.

- Lern- und Denkfähigkeit
- Bewertungs- Begründungsfähigkeit
- Verantwortungsfähigkeit
- Selbständigkeit und Leistungsfähigkeit[120]

Gemäss der Konzeption des ganzheitlichen Unterrichts schlägt Ott vor, die Lernziele in vier Lernzielfelder zu gruppieren: inhaltlich-fachliche Lernziele, methodisch-problemlösende Lernziele, sozial-kommunikative Lernziele und affektiv-ethische Lernziele vor[121].

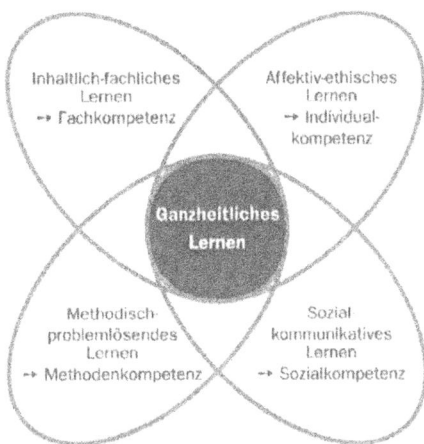

Abbildung 24: Dimensionen ganzheitlichen Lernens und die angestrebten Bereiche beruflicher Handlungskompetenz[122]

5.3.2. Theorie und die Diskussion bei der Curriculumentwicklung für die Berufsausbildung

Eine bedeutende didaktische Komponente, die Lerninhalte in der schulischen und betrieblichen Ausbildung zu bestimmen, ist in der neueren fachdidaktischen Diskussion zu erkennen. Hiernach werden Lerninhalte ganz wesentlich vom Qualifikationswandel beeinflusst. Mit der Einführung der neuen Technologie, die mit der Vernetzung von Planungs-, Steuerungs-, Fertigungs- und Kontrollsystem zu einer hohen Komplexität technischer Funktionen führen, verändern sich die Qualifikationsanforderungen an die Arbeiter, vor allem unter Aspekt des abstrakten Denkens, des Den-

---

[120] Vgl. Pieper, Jürgen; Schark, Wolfgang: Weg zur beruflichen Mündigkeit. Weinheim 1994. S. 14.
[121] Vgl. Ott, Bernd: Ganzheitliche Berufsbildung. Stuttgart. 1995, S. 158.
[122] Vgl. Arnold, R./Lipsmeier, A./Ott, B.: Berufspädagogik kompakt. Berlin 1998, S. 26.

kens in Systemen und des selbstgesteuerten Lernens. Mit dem raschen technologischen Strukturwandel wird die alte Trennung zwischen Lernen und Arbeiten fragwürdig. Fachliche Flexibilität und lebenslange Lernbereitschaft zum Weiter-, Um- und Neulernen sind gefragt. Die erste Ausbildung gilt nicht mehr als „Qualifikationsvorrat- Ausbildung" für ein ganzes Arbeitsleben. Die curriculare Entwicklung soll aus diesen Entwicklungen Konsequenzen mit neuen didaktischen Mustern ziehen[123].

Nach den Analysen von Lipsmeier[124] über die internationalen Trends in der Curriculumentwicklung für die Berufsausbildung gehen diese Trends in die folgende Richtung:
- Erhöhung der curricularen Freiheitsgrade: Flexibilisierung der beruflichen Curricula mit gröberen Lernzielvorgaben, Generalisierung der beruflichen Curricula, Modularisierung der Curricula mit Schaffung der Möglichkeit, die einzelne Module wählbar zumachen, Vermittlung von Schlüsselqualifikationen;
- Erhöhung der didaktisch-methodischen Freiheitsgrade Verbunden mit erheblichen Problemen in der Qualifizierung und im Rollenverständnis der Lehrer und Ausbilder;
- Erhöhung der individuellen Freiheitsgrade in der Gestaltung des Bildungsgangs und im Lernprozess der Lernenden;
- Verbindung von allgemeiner und beruflicher Bildung;
- Verbindung von beruflicher Erstausbildung und Weiterbildung im Kontext von lebenslangem Lernen;
- Curriculumkonstruktion basierend auf Ergebnissen der Qualifikationsanalyse (Tätigkeitsanalyse) mit unterschiedlichen Methoden wie z.B. DACUM, CBT-Ansatz (Competency-Based Trainig) sowie arbeitsprozessorientierte Curriculumentwicklung.

Die Formen der Curricula werden in drei mögliche berufspädagogische Ansätze unterschieden[125]:
- das fachsystematische Curriculum,
- das lerntheoretische Curriculum,
- das berufs- und berufsfeldbezogene Curriculum.

---

[123] Vgl. Ott, Bernd: ebenda. 1995, S. 15.
[124] Vgl. Lipsmeier, A.: Internationale Trends in der Curriculumentwicklung für die Berufsausbildung und in der Lehrerausbildung für diesen Bereich. In: Martin Fischer, Gerald Heidegger, Willi Petersen, Georg Spöttl (Hrsg.): Gestalten statt Anpassen in Arbeit, Technik und Beruf. Bielefeld 2001, S. 313-320.
[125] Vgl. Rauner, F: Der berufswissenschaftliche Beitrag zur Qualifikationsforschung und zur Curriculumentwicklung. In J.P. Pahl/ F. Rauner/G. Spöttl: Berufliches Arbeitsprozesswissen. Baden-Baden 2000, S. 329-331.

Das schulische Curriculum der Berufsausbildung in gewerblich- technischen Berufen wurde seit ca. 1900 bis in die neuere Zeit als die Entwicklung der „Gewerbekunde" mit dem Fächer: Technologie, Technische Mathematik, Technisches Zeichnen betrieben[126].

In der Frühphase der schulischen Berufsausbildung (in Deutschland etwa ab 1900, von Vorläufern abgesehen) hatte man die Berufe in Gruppen verwandter Berufe zusammengefasst, um sowohl organisatorisch (Bildung von fachlich einigermaßen homogenen Klassen) als auch didaktisch-methodisch sinnvolle und machbare Konzeptionen entwickeln zu können. Die Kategorie „Verwandtschaft von Berufen" ist, zumindest in der deutschen Tradition, eine alte berufsordnungspolitische Kategorie, die schon in der Reichsgewerbeordnung von 1869/71 anzutreffen ist[127]. Durch das Berufsbildungsgesetz von 1969 und die Berufsgrundbildungsjahr-Anrechnungsverordnung von 1972 sind die Kategorien „breit angelegte berufliche Grundbildung" und „Berufsfeld" bindend für die Konzeptionierung und Durchführung von Berufsausbildung. Wenn ein Berufsfeld als Ganzheit eine Einheit bilden soll, die Teile enthält, sich dadurch abhebt sowohl von dem „Einfachen", das keine Teile enthält (Monoberuf), als auch vom Konglomerat, das lediglich eine Addition von Einzelnen darstellt, dann müssen die Kategorien bzw. Prinzipien benennbar sein, die diese Ganzheit stiften.

In die Definition von *Berufsfeldern* sind bislang diese Kategorien bzw. Prinzipien nicht – jedenfalls nicht bewusst – eingegangen. In einer frühen Untersuchung zur Strukturierung der Berufsfelder wird dieser Zustand kritisiert: „Dieses Agglomerat unterschiedlicher geradezu willkürlich anmutender Abgrenzungsmerkmale lässt sich schwerlich in einen Begründungszusammenhang bringen und macht das Verlangen nach Revision verständlich"[128]. Zur Herauspräparierung der die Ganzheit stiftenden Kategorien bzw. Prinzipien ist der Rückgriff auf die Wortbestandteile „Beruf" und „Feld" nicht hilfreich.

Nach der Berufsgrundbildungsjahr-Anrechnungs-Verordnung vom 4. 7. 1972 waren zunächst elf, später dreizehn Berufsfelder Unterschieden worden. Analysen haben ergeben, dass in diesen Berufsfeldern sieben Prinzipien in unterschiedlicher Häufig-

---

[126] Vgl. Grimm, Helmut: Lernfelder, Fächertrennung und Kundenorientierung im Berufsfeld Metalltechnik. In: Bader, Reinhard; Bonz, Bernhard (Hrsg.): Fachdidaktik Metalltechnik. Baltmannsweiler 2001.

[127] Lipsmeier, Antonius: Berufsverwandtschaften und Berufsgeschichte von Metallberufen seit 1877, Dargestellt am Beispiel des Maschinenschlosserberufes. In: Harney, K.; Pätzold, G. (Hrsg.): Arbeit und Ausbildung, Wissenschaft und Politik. Frankfurt 1990, S. 111-134.

[128] Lemke, Ilse u.a.: Probleme und Aspekte der Berufsfeldeinteilung. Hannover 1975, S. 12.

keit vorfindlich sind, wie z.B. der Materialbezug (Berufsfeld Metalltechnik) oder ein Theoriebezug (Berufsfeld Elektrotechnik)[129].

Nicht nur die unterschiedliche Dichte, mit der die Gliederungsprinzipien in den verschiedenen Berufsfeldern auftreten, sondern vor allem das Fehlen durchgängiger Kategorien innerhalb der Gliederungsprinzipien bestätigt die Annahme eines mangelnden Begründungszusammenhangs für die Berufsfelder. Dieser Befund provoziert zwei Fragen:

- „Werden mit den herangezogenen Merkmalen die typischen, konstitutiven Tätigkeitskomponenten der betreffenden Berufe wirklich realitätsadäquat abgebildet, und handelt es sich bei diesen in der Tat um derart dominierende Faktoren, dass sie eine Verwandtschaft zwischen verschiedenen Berufen begründen?
- Inwieweit sind die Berufe im Sinne real vorfindbarer typischer Tätigkeitsbündelungen überhaupt als Anknüpfungspunkt geeignet für Überlegungen und Maßnahmen, die – wie im Falle der Berufsfeldeinteilung – primär pädagogisch-didaktisch motiviert und an den Aspekt der Qualifikation im Hinblick auf zu definierende Anforderungen orientiert sind?"[130]

Die Antwort auf die Frage nach der Realitätsadäquatheit soll, da sie nicht mit der hier interessierenden Frage nach den die Ganzheit eines Berufsfeldes stiftenden Kategorien bzw. Prinzipien in Einklang zu bringen ist, abgetan werden mit dem Hinweis darauf, dass die vorfindlichen Berufsbenennungen keine Quelle mehr sind, „aus der noch aussagefähige Informationen über Tätigkeitsstrukturen, Tätigkeitsinhalte, Anforderungen an und Qualifikationen mit der jeweiligen Tätigkeit beschäftigten Menschen gewonnen werden können"[131].

Wichtiger für das Lösen der in diesem Kapitel zu verhandelnden Problematik einer Neubegründung der Didaktik ist die zweite Frage nach den didaktischen und qualifikatorischen Aspekten der Berufsfelder. Leider hat die Qualifikationsforschung bislang mehr die Grenzen der wissenschaftlichen Forschungsinstrumente, was ihre Kapazität zur Beschreibung gegenwärtiger und vergangener Qualifikationsstrukturen angeht, aufgezeigt als Ergebnisse erbracht, die in die Curriculumkonstruktion hätten einbezogen werden können.

So bleibt nur der Rückgriff auf die didaktischen Aspekte der Berufsfelder. Die Frage lautet jetzt: Können mit Hilfe didaktischer Kategorien Berufsfelder gebildet

---

[129] Vgl. Lipsmeier, Antonius: Didaktik der Berufsausbildung. München 1978, S. 15.
[130] Lemke, a.a.O., S. 15.
[131] Mertens, Dieter: Schlüsselqualifikationen – Thesen zur Schulung für eine moderne Gesellschaft. Nürnberg 1974, S. 38.

werden? Die Antwort fällt, wenn auch auf einem hohen Abstraktionsniveau, positiv aus und lautet: Die zentrale didaktische Kategorie ist das beruflich Grundlegende, denn innerhalb eines Berufsfeldes soll ja die berufliche Grundbildung vermittelt werden.

Diese Antwort befriedigt zwar nicht, jedenfalls nicht in dieser Form, aber immerhin ist damit jetzt die zentrale curriculare Aufgabe benennbar: Bestimmung der fundamentalen Lernziele und Lerninhalte eines Berufsfeldes. Um nicht durch Addition vorfindlicher oder neu formulierter Ziele und Inhalte der Gefahr des didaktischen Materialismus zu unterliegen, bietet es sich an, ein probates pädagogisches Prinzip anzuwenden: das Exemplarische und das Elementare[132]. Hiermit würde im Übrigen eine Brücke zum Lernfeldkonzept, dem allgemein in der Didaktik der Berufsausbildung seit 1996 akzeptierten curricularen Prinzip, gebaut.

Wenn es gelänge, das beruflich Grundlegende zu benennen und mit Hilfe des exemplarischen Prinzips einzuengen, wäre damit sowohl eine Theorie der Berufsfelder begründbar wie auch eine Basis für eine Theorie der Lernorte und damit für die Didaktik der Berufsausbildung geschaffen. Dass das gegenwärtig noch nicht gelungen ist, soll nicht dazu führen, diesen Ansatz nicht weiter zu verfolgen.

Die Frage lautet also: Ist die Berufsgrundbildung dadurch konstituierbar, dass gleiche Qualifikationselemente unterschiedlicher Ausbildungsberufe zusammengefasst werden? Wenn ja, dann können diese Elemente nur allgemeiner (zugleich theoretischer, abstrakter) sein als die in den Einzelberufen übrig bleibenden, speziellen Elemente. Wird dann aber nicht der alte didaktische Grundsatz auf den Kopf gestellt: vom Besonderen zum Allgemeinen, vom Konkreten zum Abstrakten? Diesem Problem kann hier nicht weiter nachgegangen werden.

Die Ausbildung in einem Berufsfeld gilt als Vorbereitung auf eine sich daran anschließende berufliche Fachbildung in einem anerkannten Ausbildungsberuf. In ihren Beschluss von 19.Mai 1978 definierte die KMK auf der Basis der schlüssigen Ordnungskriterien, wie z.B. primär verwendete Werkstoffe, Ingenieur- oder Naturwissenschaften, 13 Berufsfelder, in denen seitdem der berufsbildende Unterricht im berufsfeldbezogen - fachtheoretischen und fachpraktischen Lernbereich durchgeführt wird.

Für das Berufsfeld Metalltechnik und Maschinentechnik lassen sich unter besonderer Berücksichtigung der industriellen Metallberufe die drei folgende Anwendungsfelder (Berufsfeldbereiche) unterscheiden:
- Produktions- bzw. Fertigungstechnik;
- Versorgungstechnik;
- Kraftfahrzeugtechnik.

---

[132] Vgl. Lemke, a.a.O, S. 37.

In den Diskussionen für eine Begründung einer Berufsfeldwissenschaft betont Pahl, dass für das Berufsfeld „Metalltechnik" im ingenieurwissenschaftlichen Teilbereich eine Vielzahl von Wissenschaften gibt, wie Feinwerktechnik, Fertigungstechnik, Gießereichtechnik, Hüttentechnik, Kraftfahrzeugtechnik, Allgemeiner Maschinenbau, Schiffbau, Werkstofftechnik usw., die als Bezugswissenschaft herangezogen werden können[133]. Die Bezugwissenschaften für Berufe der Beruflichen Fachrichtung Metall- und Maschinentechnik müssen die Tätigkeit der Facharbeiter mit dem erforderlichen Erfahrungswissen als auch die Technik des entsprechenden Metallberufes sowie Aussagen relevanter Wissenschaften unter dem Bildungsgesichtspunkt verbinden. Das Konzept von Berufsfeldwissenschaften und Berufsfelddidaktik werden zur Zeit in Deutschland noch erforscht und entwickelt.

Nach den neuen Anforderungen der Arbeitskultur und der neuen Zielsetzung der Berufsausbildung verlangt die Berufsbildung ein neues Konzept „ganzheitlicher Bildung" mit mehr handlungsorientierten Momenten von Lernen beim Lösen komplexer Aufgabenstellungen, die mehrdimensional sind (beruflich, gesellschaftlich, individuell). Das Lernfeldkonzept scheint für den Aufbau des beruflichen Curriculums ein geeignetes Konstrukt zusein. Lernfelder sind komplexer Handlungsfelder (Aufgabenkomplexe) mit beruflichen sowie Lebens- und gesellschaftsbedeutsamen Handlungssituationen.

Das Lernfeld-Konzept, nach dem die KMK-Rahmenlehrpläne für die Berufsschule seit einigen Jahren strukturiert werden, strukturiert das berufliche Curriculum von Fachsystematik in Handlungssystematik mit Lernsituationen um.

5.4. Die Theorieansätze für die Fachdidaktik Metall- und Maschinentechnik

5.4.1. Technikdidaktische Aspekte

Als Bindeglied zwischen Fachwissenschaften und Erziehungswissenschaften gilt Fachdidaktik für Lehrer als Berufswissenschaft, die eine zentrale Stellung in der Lehrerbildung einnimmt. Inhaltlich ist Fachdidaktik als fachspezifische Didaktik zu verstehen. Unter diesem Aspekt gehört sie selbstverständlich für alle Berufspädagogen zur Berufswissenschaft – unabhängig davon, an welchen Lernorten beruflicher Bildung sie tätig sind. Fachdidaktik der Technik (Technikdidaktik), also als Fachdidaktik einer beruflichen Fachrichtung, ist besonderes Lehrfach für die Ausbildung von Gewerbe-/Techniklehrern.

---

[133] Vgl. Jörg Peter Pahl: Berufsfeld und Berufe der Metalltechnik – Ausgangsbasis für Konzepte beruflichen Lernens. In: Reinhard Baden/Bernhard Bonz (Hrsg.): Fachdidaktik Metalltechnik. Baltmannsweiler 2001. S. 63-73.

Technikdidaktik ist immer eng mit der Entwicklung der Technik und dem Technikverständnis sowie die Arbeitsstruktur verbunden. Die Entwicklung der Technikdidaktik erfolgte in Deutschland zunächst nur in Betrieben. Die Ergänzung der betrieblichen Ausbildung durch berufliche Schulen begann im 19. Jahrhundert. Seither ergänzen berufliche Schule die Berufsausbildung in Betrieben. Das traditionelle Modell beruflichen Lernens entwickelten sich im ersten Drittel des vergangenen Jahrhunderts die *„Berufliche-systematischen Lernkonzepte"* nach lehrgangsmäßigen Konzepten[134]. Diesem systematischen Erlernen und praxisorientierten Training von berufsmotorischen Fertigkeiten im Zusammenhang mit praxisrelevanter, anwendungsbezogener Theorie im Berieb entsprach im theoretischen Unterricht der Berufsschule, die die betriebliche Ausbildung ergänzt, eine systematische Vorgehensweise, die wir heute als linear-zielgerichtete Gesamtkonzeption kennzeichnen.[135] Zu dieser Zeit entwickelte Kerschensteiner mit der Arbeitsschule ein offenes Gesamtkonzept, damit die Lernenden im Prinzip selbständig die Lösung von Problemen vornehmen. Die rasche Entwicklung der Technik mit dem entsprechenden Technikverständnis und der Veränderung der Arbeitsprozesse verlangen die Umstellung der Ausbildung von einer *Systematikorientierung* zur *Situations- und Handlungsorientierung*. Die technische Komplexität und damit notwendigerweise auch technikdidaktische Komplexität können nicht nur durch Reduktions- und Konzentrationsstrategien, sondern auch durch Ordnungs- und Entmischungsstrategien unterrichtlich bzw. ausbildungsmäßig handhabbar gemacht werden, und zwar durch folgende Strategien[136]:

- Fächerung/Ganzheitlichkeit: Komplexitäten und Ganzheitlichkeiten werden in (fachsystematisch aufgebaute) Fächer oder Lehrgänge, die in der Regel nebeneinander oder nacheinander unterrichtet werden, aber mit zunehmend ganzheitlich angelegtem Lernen zerlegt.
- Theorie/Praxis: Komplexitäten oder Ganzheitlichkeiten werden nach theoretischem bzw. praktischem Gehalt voneinander getrennt. Diese Entmischung erfordert allerdings eine Verbindung zwischen Theorie und Praxis in einer Lernortkooperation und auch eine Innovation in den Vermittlungsverfahren (Methoden) und Inhalten des Technikunterrichts.
- Lernen/Arbeiten werden inhaltlich als auch organisatorisch und personell integriert, und zwar an beiden Lernorten (Betrieb und Berufsschule).

---

[134] Vgl. den entsprechenden Exkurs in Ka. 5.2.
[135] Vgl. Bernhard Bonz: Zur Entwicklung der Technikdidaktik. In: Bader, Reinhard; Bonz, Bernhard, Fachdidaktik Metalltechnik. Baltmannsweiler 2001, S. 6-12.
[136] Lipsmeier, A: Didaktik gewerblich- technischer Berufsbildung (Technikdidaktik). In: Arnold, R./Lipsmeier, A. (Hrsg.): Handbuch der Berufsbildung. Köln/Opladen 1995, S. 236-237.

In der älteren Berufsbildungsliteratur zur Zeit der Annäherung der beiden Lernorte, also in der Phase der Umwandlung der Fortbildungsschule zur Berufsschule (zwischen 1890 und 1920), spielte das Thema der Kooperation eine untergeordnete Rolle; ein entsprechendes Problembewusstsein war offensichtlich noch nicht entwickelt. In der Diskussion um die von Kerschensteiner nach badischem Vorbild vorgeschlagenen Schul- oder Lehrwerkstätten, die nicht nur der Ergänzung der betrieblichen Ausbildung, sondern auch der staatsbürgerlichen Erziehung dienen sollten, wird allerdings das Thema aufgegriffen. Schilling kommt 1909 nach Diskussion des Frankfurter und des Dresdner Ansatzes, in denen für die „Verknüpfung von Schule und Werkstatt (ein) Mittelweg eingeschlagen" worden war, nämlich die Anfertigung von zwei bis drei Gegenständen pro Jahr in der Werkstatt des Betriebes nach in der Schule erstellten Zeichnungen, koordiniert „durch einen aus Meistern und Fachlehrern zusammengesetzten Fachausschuß"[137], zu der Erkenntnis, dass dieser Ansatz nicht generell realisierbar sein und dass deswegen die komplette Berufsausbildung entweder im Betrieb oder in der Fortbildungsschule mit Lehrwerkstatt durchgeführt werden solle (Monosysteme). Es ist bemerkenswert, wenn auch erklärlich, dass das Problem der Zusammenarbeit – wenn überhaupt – nur im Kontext der gewerblich-technischen Berufsausbildung aufgegriffen wurde; in der kaufmännischen Berufsausbildung und in anderen Bereichen stellte sich dieses Problem zu dieser Zeit offensichtlich überhaupt noch nicht. In den die Umwandlung der Fortbildungsschule in die Berufsschule prägenden preußischen Lehrplanbestimmungen vom 1.7.1911 wurde dann das didaktisch-methodische Prinzip der „Zusammenarbeit zwischen Werkstatt und Schule" über Zeichnungserstellung in der Schule und Anfertigung des Werkstücks im Betrieb formalisiert, ohne dass man sagen kann, dass dies schon eine frühe oder gar generelle Lösung des Kooperationsproblems gewesen wäre.

Ohne hier einen vollständigen historischen Aufriss des Kooperationsproblems geben zu können, muss allerdings darauf hingewiesen werden, dass es in der ersten Hälfte des vergangenen Jahrhunderts, nachdem die Lernortkooperation sozusagen angedacht und sowohl curricular als auch didaktisch-methodisch in Frankfurt und Dresden modellhaft erprobt worden war, zwei Einflüsse gegeben hat, die dieser mehr zufälligen und „weichen" Kooperation eine neue Qualität gaben. Da ist zunächst die Frankfurter Methodik (des berufskundlichen Unterrichts) zu nennen. Geißler, einer ihrer Begründer, hat als erster die curriculare Grundbedingung für die Lernortkooperation formuliert: An beiden Lernorten müssen Curricula existieren, was für die betriebliche Berufsausbildung bis dahin praktisch nicht der Fall war, von Ausnahmen abgesehen. Und als zweiter Einfluss für die Formalisierung der Lernortkooperation

---

[137] Schilling, F.: Das deutsche Fortbildungsschulwesen. Leipzig 1909.

sind die Reichslehrpläne zu nennen. Im Lehrplanerlass des „Reichs- und Preußischen Ministers für Wissenschaft"; hier wurde 1937 gefordert, „die praktische Ausbildung und die Berufsschule ... so aufeinander abzustimmen, daß sie zur höchstmöglichen Wirkungseinheit werden"; „Ausbildung im Betriebe und Ausbildung in der Schule sind eine Einheit"[138].

Eine unter Kooperationsaspekten der beiden Hauptlernorte völlig neue Situation ergab sich dadurch, dass das BBiG von 1969 dem Betrieb die Vermittlung von Fertigkeiten und Kenntnissen zuwies (§ 1), womit – wenn man am Lernort „Berufsschule" festhalten wollte – das „abgestimmte Curriculum"[139] notwendig wurde, abgesichert durch das seit 1972 installierte Abstimmungsverfahren[140]. Nach 1969 wurde die Abstimmung zum curricularen Hauptproblem. Während das die Abstimmung der Ausbildungsordnungen mit den Rahmenlehrplänen regelnde „Gemeinsame Ergebnisprotokoll" vom 30.5.1972[141] im Wesentlichen Verfahrensaspekte enthält, ist die Interpretation durch die jahrelang beteiligt gewesenen Akteure Benner und Püttmann sehr viel aussagekräftiger. Sie weisen auf die eigentliche Problemlage hin, die darin läge, dass „Abstimmung ... das Erstellen eines stimmigen Konzeptes (sei), eines beruflichen Gesamtcurriculums aus zwei getrennt erarbeiteten Plänen für den jeweiligen staatlich anerkannten Ausbildungsberuf, dessen Ausbildungsziel als gemeinsamer Bildungsauftrag der eigenständigen Lernorte Betrieb und Berufsschule zu verstehen sei. „Unter idealen Bedingungen wäre jedoch ein solches berufliches Gesamtcurriculum ... nach einheitlichen Gesichtspunkten ab ovo als Ganzes zu erarbeiten. Die Abstimmung von Ausbildungsordnung und Rahmenlehrplan hat also den nicht realisierten gemeinsamen Entwicklungsprozeß nachzuholen"[142].

Diese Curriculumstruktur mit der inhärenten Aufgabenaufteilung und einer curricularen Mischzone ist aus zwei Gründen ein in der Praxis schwer zu handhabendes Konstrukt: Zum einen ist der allgemeine Lernbereich der Berufsschule aus dem Abstimmungsgebot ausgeklammert. Zum anderen ist das Optimierungs- und Zuordnungsproblem weder curricular durchdekliniert noch organisatorisch auf der Durchführungsebene handhabbar: einerseits durch die vor allem lernpsychologisch, aber auch arbeitsorganisatorisch und betriebswirtschaftlich gestützte Forderung einer Verbindung von Arbeiten und Lernen und andererseits durch die vor allem von den In-

---

[138] In Anlehnung an: Lipsmeier, Antonius: Lernortkooperation – eine Schimäre mit berufsbildungspolitischer Suggestivkraft. In: Euler, Dieter (Hrsg.): Handbuch der Lernortkooperation. Bd. 1: Theoretische Grundlagen. Bielefeld 2004, S. 60-76.
[139] Lipsmeier, Antonius: Berufsschule 2000. In Präsident der TH Darmstadt (Hrsg.), Neue Technologien in der Berufsausbildung. Modellversuche in beruflichen Schulen. Darmstadt 1988, S. 77-101.
[140] Vgl. Benner, Hermann/Püttmann, Friedhelm: 20 Jahre Gemeinsames Ergebnisprotokoll. Bonn 1992.
[141] Ebenda, S. 44 f.
[142] ebenda, S. 14.

formations- und Kommunikationstechnologien verursachte Vernetzung von Theorie und Praxis. Eigentlich wäre deswegen ein integriertes Curriculum, optimal an einem einzigen Lernort realisierbar, die Lösung des Problems. Unter diesem Aspekt stellt sich die Lösung des Theorie-/Praxis-Problems für Vietnam relativ günstig dar, da die Berufsausbildung im wesentlichen an schulischen Lernorten erfolgt; die betriebliche Berufsausbildung spielt (noch) eine völlig untergeordnete Rolle.

Von besonderer Bedeutung ist also die curricular-didaktische Kooperation, die sich aber weniger kontinuierlich als vielmehr phasen- oder blockweise realisieren lässt, etwa durch gemeinsame Projekte oder auch gemeinsame Weiterbildungveranstaltungen zwischen den Kooperationspartnern.

Mit den oben angeführten Reduktions- und Entmischungsstrategien und unter technologischen, ökonomischen und sozialen Perspektiven[143], die diese Entmischungen sozusagen aufheben, wird die Technikdidaktik heute in mehreren didaktischen Ebenen entwickelt, und zwar in technikdidaktischen Theorien (didaktische Theorieansätze), auf der technikdidaktischen Curriculumebene und auch der didaktischen Unterrichtsgestaltungsebene. Die aktuellen Ansätze zu einer didaktischen Theorie des Technikunterrichts in der beruflichen Bildung lassen sich nach Lipsmeier[144] und Anlehnung daran auch bei Ott und Bonz in folgende „**Technikdidaktische Grundkonzeptionen**" zu unterscheiden:

- Versuchsorientierte Technikdidaktik, basierend auf Experimentellem Unterricht. Das Experiment hat im technologischen Unterricht und im naturwissenschaftlichen Unterricht noch viel länger – seine didaktische Funktion und auch Tradition. Erstmals hat wohl Stein das technologische Experiment in den Mittelpunkt seiner Didaktik (1958/1965). Neuerdings erklärt Rauner das Experimentelle Lernen zu einer Grundform gewerblich-technischer Berufsbildung (1992). Auch in anderen fachdidaktischen Abhandlungen wird die Bedeutung dieses technikdidaktischen Ansatzes herausgestellt (Vgl. Nashan/Ott, S. 89ff).
- Problemlösungsorientierte Technikdidaktik orientiert sich am technischen Problem. Problemlösungsstrategien spielen in der Lernpsychologie eine große Rolle. Diese Strategien sind auch verschiedentlich in der Technikdidaktik aufgegriffen worden. Am konsequentesten wohl von Schad, der Technische Probleme und Methoden zu seiner Lösung in den Mittelpunkt seiner Fachdidaktik stellt. Dieser Ansatz ist auch besonders von Nashan/Ott aufgegriffen worden; hier werden analytisch-synthetische und genetische Vorgehensweisen unterschieden. Ebenfalls gehört dazu der konstruktive Unterricht bei Bonz.

---

[143] Vgl Ott,B.: Grundlagen des beruflichen Lernens und Lehrens. Berlin 1997, S. 112.
[144] Vgl. Lipsmeier, A: Didaktik gewerblich- technischer Berufsbildung (Technikdidaktik). In: Arnold, R./Lipsmeier, A. (Hg.): Handbuch der Berufsbildung. Köln/Opladen 1995, S. 238-241.

- Integrativ – ganzheitliche Technikdidaktik versucht den Zusammenhang von mehreren Dimensionen der Technik darzustellen: Die in der Technik vergegenständlichten Naturgesetze (naturwissenschaftlich-technische Dimension), die durch Technik gestalten Verhältnisse in Betrieb, Gesellschaft und Familie (individuelle und historische Dimension) und die ökonomischen Entwicklungen (politisch-ökonomische Dimension). Integrative Technikdidaktik will nicht die fachliche Qualifizierung der Jugendlichen um eine 'kompensatorische', zu kritischer Reflexion befähigende Allgemeinbildung erweitern, sondern sie will den Auszubildenden eine Handlungskompetenz vermitteln, bei der die fachliche und allgemeine (politische) sowie die praktische und theoretische Dimension gleichermaßen integriert sind. Ein jüngerer Vorschlag von Schilling[145] wird im didaktischen Gesamtstrukturgitter von den integrativen Elementen (Sachkompetenz, Humane Kompetenz und Gesellschaftlich-politische Kompetenz) und von den Strukturierungskategorien für den Schwerpunkt Maschinenbautechnik dargestellt.
- Strukturtheoretische Technikdidaktik orientiert sich einerseits an einer didaktischen Strukturierung der Aneignungsgegenstände im stofflichen Inhaltsbereich (Bührdel/Reibetanz/Tölle, 1988, 239ff) und anderseits an der kognitiven Strukturierung (auf der Basis der Kognitionspsychologie), worauf im DDR-Exkurs noch näher eingegangen wird.
- Gestaltungsorientierte Technikdidaktik korrespondiert mit der sozialverträglichen Technikdidaktik. Ziel ist die „Befähigung zur (Mit-) Gestaltung von Arbeit und Technik als Leitidee der beruflichen Bildung"[146], auch unter politischen und soziologischen Aspekten[147].
- Systemtheoretische Technikdidaktik stellt ein Konzept auf der Basis der Systemtheorie von Ropohl dar. Die Dimensionen und die Erkenntnisperspektiven der Technik sind die naturale, die humane und die soziale Dimension. Auch für die Vertiefung des reflexiven Technikverständnisses unter berufspädagogischen Aspekten stellte diese Theorie ein Denkmodell bereit, welches das Durchhalten einer komplexen Sichtweise bei der Befassung mit Lösungsmöglichkeiten für konkrete Aufgabenstellung stützt[148].

---

[145] Ernst-Günter Schilling: Integrative Technikdidaktik- Akzentuierung situationsbezogener integrierter Entwicklung fachlicher und allgemeiner Komponenten im (beruflichen) Technikunterricht. In: Bernhard Bonz/Bernd Ott (Hrsg.): Allgemeine Technikdidaktik – Theorieansätze und Praxisbezüge. Baltmannsweiler 2003, S. 36-53.
[146] Vgl. Rauner, Felix: Gestaltung von Arbeit und Technik. In: Arnold, R./Lipsmeier, A. (Hrsg.): Handbuch der Berufsbildung. Opladen 1995, S. 50-64.
[147] Vgl. Schäfers, Bernhard: Techniksoziologie. In: Karte, H./Schäfer, B. (Hrsg.): Einführung in spezielle Soziologien. Opladen 1993, S. 167-190.
[148] Vgl. Lipsmeier, A. 1995, a.a.O. S. 241.

5.4.2. Theorie technischer Systeme – ein Ansatz für die Strukturierung von Lerninhalte

Die Anwendung von Systemtheorien auf gesellschaftliche Probleme und technische Probleme ist schon lange bekannt. Es gab unterschiedliche Systembegriffe aus unterschiedlichen Konzepten. Ropohl weist darauf hin, dass die Systemkonzepte sich in funktionale, strukturale und die hierarchischen Konzepte einteilen lassen.[149]. Ein System beschreibt die Wirklichkeit, die kann stofflich und/oder energetisch und/oder informationell und/oder geistig-seelisch sowohl natürlich als auch künstlich sein. Ein System besteht aus Komponenten, die in einem engen Zusammenhang stehen. Die erste Etappe der Systemtheorien ist von der sog. allgemeinen Systemtheorie in Form von Kybernetik/ Informationstheorie gekennzeichnet. Seit den 70er Jahren entwickelt sich Ropohl die Systemtheorie der Technik. Ropohl unterscheidet in seinem vielseitigen Konzept das technische Sachsystem, das Handlungssystem und beide verknüpfend – das soziotechnische System. Es stellt technologisch-fachübergreifenden Denkstrukturen zur Verfügung, die die Verflechtung von gesellschaftlichen, sozialen und technischen Sachverhalten aufzeigen. Nach dem Input-Ouput-Modell bezieht sich das Sachsystem mit Eingangs- und Ausgangsgrößen auf die Kategorien Stoff, Energie und Information, die im unhintergehbaren Kontext von Raum und Zeit verarbeitet werden. Wandlung, Transport und Speichern sind die Transformation von Stoff, Energie und Information in den Systemen. Ohne Frage ist die von Ropohl vorgelegte Systemtheorie ein universeller Ansatz zur Kategorisierung und Analyse technischer Systeme. Damit bietet sich die Chance für den Technikunterricht in den allgemeinbildenden und auch an beruflichen Schulen ein systematisches Ordnungsraster zu entwerfen, das die Parzellierung der Ingenieurwissenschaften und auch der schulischen Unterrichtsfächer im gewerblich-technischen Bereich überwindet und den zu vermittelnden Stoff systematisch ordnet. Unter Anwendung der Systemtheorie konstruiert man den Lehrplan, die Schulfächer mit den einzelnen Inhalten und die Themenbereiche. Besonders bei den Berufsschullehrplänen werden angesichts ihres Berufsbezuges die *Systematik der Kenntnisse für die Berufshandlung* benötigt, wie von Manfred Eckert begründet[150].

---

[149] Vgl. Ropohl, Günter: Eine Systemtheorie der Technik. München/Wien 1979. S 54ff.
[150] Vgl. Eckert, Manfred: Theorie technischer Systeme – Ein Ansatz zur Didaktik technisch-beruflicher Fachrichtungen. In: Bader, Reinhard; Jenewein, Klaus (Hrsg.): Didaktik der Technik zwischen Generalisierung und Spezialisierung. Frankfurt am Main 2000.

5.4.3. Die ganzheitliche Technikdidaktik und Berufsbildung

Die ganzheitliche Technikdidaktik wurde von Bernd Ott mit Begründungen wie geändertes Technikverständnis, gestiegene Qualifikationsanforderungen und neue Lernkultur entwickelt. Diese Veränderungen und die berufspädagogischen Theorieansätze (wie z.B. emanzipatorischer, antizipatorischer und subjektorientierter Ansatz) verlangen in der Berufsbildung nicht mehr nur die Vermittlung von rein fachlichen Kompetenzen, sondern in zunehmendem Maße auch das Erwerben von personalen und methodischen Kompetenzen. Die Ganzheit wird als Symbiose aus beruflicher Handlungskompetenz und Persönlichkeitsentwicklung mit gemeinsamer Schnittmenge aus Fach-, Methoden-, Sozial- und Individualkompetenz verstanden[151].

Die Theorieansätze haben unterschiedlichen Schwerpunkt und sind in ihrer Definition konträr zur Kategorie „Ganzheitlichkeit". Nach dem emanzipatorischen Ansatz (seit den 60er Jahre) ist die Berufsbildung als Beitrag zur gesellschaftlichen Demokratisierung zu verstehen. Die Leitmaxime des antizipatorischen Ansatzes (seit den 80er Jahre)) sind technologische Akzeptanz, Mobilität und Flexibilität, die als Voraussetzung für das „Bestehen im Technologischen Wandel" gesehen werden. Im diesem Ansatz ist die Berufsbildung als Qualifikationsvermittlung für künftige Handlungssituation und Bewältigung des technologischen Wandels verstanden. Die persönlichkeitsbildende Bedeutung des Berufes kann Quelle der Selbstbetätigung und des Selbstwertgefühls werden und damit Identität verleihen. Der subjektorientierte Ansatz (seit den 70er Jahre) fördert die Berufsbildung mit diesen Entwicklungsmöglichkeiten. Mit dem Ansatz der arbeitsorientierten Exemplarik sollen Möglichkeiten zur Neubegründung des Lehrens und Lernens eröffnet und die Bildung ganzheitlich erfasst werden.

Das geänderte Technikverständnis versteht sich nicht nur als ein Handeln, durch das Menschen naturgegebene Stoffe und Energien umformen, um dem Bedarf und Gebrauch zu dienen, sondern es verlangt nach einer ganzheitlichen Betrachtung. Nach Ropohl[152] hat das Beziehungsgeflecht zwischen Entstehungs-, Sach- und Verwendungszusammenhängen der Technik drei Dimensionen, eine naturale, eine humane und eine soziale Dimension. Innerhalb einer umfassenden „Systemtheorie der Technik", ist demnach ein technisches Sachsystem und ein menschliches Handlungssystem zu unterscheiden[153]. In den Entwicklungslinien der industriellen Arbeitsorganisa-

---

[151] Vgl. Ott, Bernd: Grundlagen des beruflichen Lernens und Lehren – Ganzheitliches Lernen in der beruflichen Bildung. Berlin 1997, S. 30ff.
[152] Vgl. Ropohl, Günter: Eine Systemtheorie der Technik. München/Wien 1979, S. 43.
[153] Vgl. Ott, Bernd: Grundlagen des beruflichen Lernens und Lehren – Ganzheitliches Lernen in der beruflichen Bildung. Berlin 1997, S. 106.

tion kann man nun seit Mitte der 80er Jahre des vergangenen Jahrhunderts einen Wandel von einem primär „technikzentierten Produktionskonzept" hin zu einem stärker „menschenzentrierten Produktionskonzept" feststellen. Mit Blick auf diesen Wandlungsprozess ist auf die Frage nach der künftigen Entwicklung der Qualifikationsstrukturen und Qualifikationsprofile der Facharbeit, zumindest in der Tendenz eine schlüssige Antwort auszumachen (vgl. Ott, 1997, S. 109): Die Vernetzungen von Planungs-, Steuerungs-, Fertigungs-, Kontrollsystemen führen zu immer höherer Komplexität technischer Funktionen und Anlagen und fordern

- technische Problemlösungsfähigkeit mit arbeitsprozessbezogenem Wissen und Erfahrung der Arbeitsmittel, Arbeitsstoffe und Arbeitsverfahren,
- berufliche Problemlösungsfähigkeit in einem dynamischen Bedingungsgefüge von Planung, Ausführung und Kontrolle und
- soziale Problemlösungsfähigkeit in vielfältigen Gruppenstrukturen durch Kooperation, Organisation und Konfliktregelung.

Vor dem Hintergrund des allgemeinen gesellschaftlichen Wertewandels in Richtung postmaterialistischer Wertorientierungen wie Selbstständigkeit und Demokratisierung liegt es nahe, im Zusammenhang des erweiterten Technikverständnisses und der veränderten Qualifikationsanforderungen auch eine neue Lernkultur für die berufsbildenden Schulen zu fordern und gegebenenfalls zu fördern.

Bevor nun im Weiteren die Umrisse einer neuen Lernkultur skizziert werden, gilt es allerdings einem übertriebenen pädagogischen Optimismus vorzubeugen. Denn wie u.a. Schütte[154] zu bedenken gibt, verbanden sich mit dem Ende des tayloristischen Produktionsmodells große Hoffnungen auf neue Formen der Arbeitsorganisation im Bereich der Facharbeit, die eine Ausweitung der Partizipationschancen und der Gestaltungs- bzw. Verantwortungsspielräume erforderlich machen. Unter Hinweis auf die aktuelle Krise des dualen Systems der Berufsausbildung und der Folgen der Internationalisierung bzw. Globalisierung von Produktion und Handel erteilt Schütte diesen teilweise überzogenen Erwartungen jedoch einen deutlichen Dämpfer. Neuere industriesoziologische Befunde belegen, dass es, erstens, teilweise zu einer „Reetablierung konventioneller Technik- und Organisationsgestaltung" (ebd., S. 114) kommt, dass, zweitens, tatsächlich nur eine kleine Zahl der industriellen Erwerbstätigen mit neuen Produktionskonzepten (z.B. mit Formen der Gruppenarbeit) konfrontiert ist, dass, drittens, mit dem Konzept des Organisationslernens die Interessenskonflikte zwischen Arbeitnehmern und dem Management ausgeblendet werden und dass,

---

[154] Vgl. Schütte, Friedhelm (2001): Industrielle Facharbeit zwischen innovativer Arbeitspolitik und tradiertem Berufsprinzip. Chance oder Ende des deutschen Systems? In: Eicker, Friedhelm; Petersen, Willi (Hrsg.): „Mensch-Maschine-Interaktion" – Arbeiten und Lernen in rechnergestützten Arbeitssystemen in Industrie, Handwerk und Dienstleistung. Baden-Baden, S. 111-127.

viertens, die große Mehrzahl der industriellen Facharbeiter im Laufe ihrer Berufstätigkeit zu einem mehrmaligen Arbeitsplatzwechsel gezwungen wird. Aber dennoch ist auch Schütte davon überzeugt, dass die deutsche Berufskultur und die darauf bezogene Berufsbildung sich als grundsätzlich reform- und innovationsfähig erweisen, so dass bei aller Skepsis aber auch kein Anlass besteht, das Ende der industriellen Facharbeit zu proklamieren. Um eine realistische Einschätzung von den Auswirkungen der aktuellen Anpassungsprozesse auf die industrielle Arbeitskultur zu gewinnen, hält Schütte es für erforderlich, zwei Perspektiven zu differenzieren: Den technologischen Wandel bzw. die moderne Produktionstechnologie und ihre Konsequenzen für die Arbeitsorganisation auf der einen Seite und die normative Legitimation ungleicher Partizipations- und Selbstregulationschancen für die Arbeitnehmer auf der anderen Seite. Es wird damit deutlich, dass die Rede von ganzheitlicher Berufsbildung oder ganzheitlicher Technikdidaktik Gefahr läuft, die in der ersten Perspektive aufscheinenden Chancen über zu betonen. Verliert sie dagegen die in der zweiten Perspektive sich abzeichnenden Konfliktpotenziale nicht aus dem Blick, erscheint es durchaus sinnvoll, sich mit der Frage nach den konzeptionellen Grundlagen einer neuen, ganzheitlichen Lernkultur auseinander zu setzen

Eine solche neue Lernkultur hätte im Anschluss an Ott (1997) die folgenden Komponenten *konstruktive Fehlerkultur, positive Konfliktkultur, Partizipationskultur und Verantwortungskultur* **zu berücksichtigen.** Solche Veränderungen in der Lernkultur verlangen eine neue didaktisch methodische Gestaltung in den Unterrichtsprozessen mit einer zielgerichteten Selbstbestimmung und Mitgestaltung. Zu Erreichung dieser technikdidaktischen Zielformel sind vier Lernarten konstitutiv[155]: Inhaltlich-fachliches Lernen, methodisch-problemlösendes Lernen, sozial-kommunikatives Lernen und affektive-ethisches Lernen. Die ganzheitliche Berufsbildung ist nach Ott als Verzahnung zwischen beruflicher Handlungskompetenz und Persönlichkeitsentwicklung mit inhaltlich- fachlichem, methodisch- operativem und affektiv- ethischem Lernen, wie die folgende Grafik zeigt[156].

---

[155] Vgl. Ott, Bernd: Entwicklungslinien und Perspektiven einer ganzheitlichen Technikdidaktik. In Bader, Reinhard; Bonz, Bernhard: Fachdidaktik Metalltechnik. Baltmannsweiler 2001. S. 25–26.
[156] Vgl. Ott, Bernd: Ganzheitliche Berufsbildung: Theorie und Praxis handlungsorientierter Techniklehre in Schule und Betrieb. Stuttgart 1995, S. 25.

Abbildung 25: Kompetenzen in der ganzheitlichen Berufsbildung (nach Ott)

Didaktischer Ausgangspunkt im ganzheitlichen Technikunterricht sind **technische Probleme im Gestaltungsprozess sozio-technischer Systeme,** zu deren Lösung funktionale (Fachkompetenz) und extrafunktionale Qualifikationen (Schlüsselqualifikationen) notwendig sind. Beim Lösen technischer (Handlungs-)Probleme sind verschiedene Ebenen des technischen Gestaltungsprozesses zu bewältigen. Die unterschiedlichen Schwerpunktsetzungen im technischen Gestaltungsprozess sind wie folgt zu klassifizieren[157]:

- Funktionstechnische Probleme beziehen sich auf Teilfunktionen, Funktionsabläufe bzw. auf die Funktionsstruktur oder Gesamtfunktion eines technischen Systems.
- Konzeptionstechnische Probleme beziehen sich auf Funktions- bzw. Bauprinzipien oder die mathematisch- physikalischen Gesetzmäßigkeiten eines technischen Systems.
- Gestaltungstechnische Probleme beziehen sich auf die Anordnung der Funktionselemente, ihre Form und Abmessungen sowie die verwendeten Materialien eines technischen Systems.

---

[157] Vgl. ebenda, S. 124.

- Fertigungstechnische Probleme beziehen sich auf die Auswahl geeigneter Fertigungsverfahren, die einzusetzende Fertigungsmittel oder auf den Fertigungsablauf eines technischen Systems.
- Wartungstechnische Probleme beziehen auf notwendige Maßnahmen zur Erhaltung der Funktionsfähigkeit eines technischen Systems.
- Reparaturtechnische Probleme beziehen sich auf die Vorgehensweise beim eingetretenen Schadensfall eines technischen Systems.
- Hinzu kommen Probleme von Systembeseitigung, Recycling, Umweltbelastung, gesellschaftlichen Verantwortungen u.a.

Relevant ist es, dass diese Teilprobleme nicht nur unter dem Aspekt des technischen Möglichen gelöst werden, wie es traditionellem ingenieurwissenschaftlichen Denken entspricht, sondern dass auf allen Ebenen des technischen Gestaltungsprozesses auch das natur- und sozialverträglich Wünschbare geprüft wird. Das Ergebnis des Gestaltungsprozesses ist ein sozio-technisches System mit der Erfüllung der technischen, ökonomischen und politisch- sozialen Anforderungen. Mit diesen Beziehungen sollen die technischen Ganzheitsthemen strukturiert werden[158].

Zur ganzheitlichen Unterrichtsgestaltung entwickelten Nashan und Ott für den Maschinen- und Metallunterricht die Handlungsmethoden wie den versuchsorientierten Unterricht, den problemorientierten Unterricht und den projekt- handlungsorientierten Unterricht[159]. Auch Albert Hurtz entwickelte ein Konzept zur Umsetzung für ein handlungsorientiertes Lernen in der Maschinentechnik[160].

5.5. Exkurs: Didaktik der Berufsausbildung und die Fachdidaktik „Maschinenwesen" in der DDR

In der fachdidaktischen Literatur wird heutzutage in vielfältiger Weise Bezug genommen auf die Entwicklung der Berufsausbildung in der DDR. Die DDR-Fachdidaktik hatte große Wirkungen auf die Ausbildung von Berufschullehrern und damit auch auf den Unterrichtsprozess der Berufsausbildung. Die Didaktik der Berufsausbildung in der DDR wurde aus der Sicht der Theorie und Methodologie der „politischen Pädagogik" bearbeitet. Die Aufgabe der politischen Pädagogik bestand in erster Linie darin, die Ziele, die Prinzipien und die Funktionen u.a. der beruflichen

---

[158] Vgl. Ott, Bernd: Entwicklungslinien und Perspektiven einer ganzheitlichen Technikdidaktik. In: Bader, Reinhard; Bonz, Bernhard (Hrsg.): Fachdidaktik Metalltechnik. Baltmannsweiler 2001, S. 28.
[159] Vgl. Nashan, Ott: Unterrichtspraxis Metall- und Maschinentechnik. Bonn 1995.
[160] Vgl. Hurtz, Albert: Handlungsorientiertes Lernen in der Maschinentechnik. Bochum 1996.

Bildung auf der Grundlage der Vorgaben der staatlichen Organe und unter Anwendung der wissenschaftlichen Maxime des historischen Materialismus zu deduzieren und in systemkonformer Weise weiter zu entwickeln. Entsprechend wurde der **Zielbestimmung der beruflichen Bildung** § 21 des Jugendgesetzes der DDR zugrunde gelegt: „Die Ausbildung der Lehrlinge ist so zu gestalten, dass sie mit Beendigung ihrer Lehre die Facharbeiterleistung erreichen." Um dies sicherzustellen, gilt es als notwendig, dass die Berufsausbildung die Allgemeinbildung der Lehrlinge fortführt, allgemeine und spezielle berufliche Grundlagen sowie berufliche Spezialbildung sichert sowie sich an der „allseitigen Persönlichkeitsentwicklung" der künftigen Facharbeiter beteiligt. Von diesen Grundsätzen ausgehend wurden die Erwartungen, denen die jungen Facharbeiter zu genügen hatten, nach vier Zielebnen differenziert vorgegeben.

- Die **erste Zielebene** betraf die staatlichen Vorgaben in Form von Weisungen der Staatsorgane, wie sie etwa dem „Gesetz über die Teilnahme der Jugend an der Gestaltung der entwickelten sozialistischen Gesellschaft" vom 28. Januar 1974 zu entnehmen waren. Darin wurde festgestellt, dass der Facharbeiter einen festen Klassenstandpunkt besitzen müsse, politisch gebildet zu sein habe und über solide berufliche Kenntnisse, Fähigkeiten und Fertigkeiten, als Grundlage für eine erfolgreiche und verantwortungsbewusste Berufsarbeit verfügen müsse.
- Die **zweite Zielebene** betraf stärker berufsbezogene Vorgaben, die in Rahmenlehrplänen und Lehrplänen für Grundberufe oder sonstige Berufe verbindlich niedergelegt waren und mit „Grundbildung", „allgemeine und spezielle berufliche Ausbildung" sowie „Spezialisierung" umschrieben wurden. So sollten die Lehrlinge im Bereich der beruflichen Grundlagenbildung allgemeines Berufswissen, moderne Arbeitstechniken sowie allgemeine Kenntnisse der Berufspraxis von Facharbeitern erwerben; im Bereich der speziellen beruflichen Ausbildung standen die Weiterführung des Grundlagenwissens und der allgemeinen Kenntnisse in der beruflichen Spezialisierung und beruflichen Weiterbildung im Vordergrund; und im Bereich der beruflichen Spezialisierungsrichtung ging es um die Beherrschung spezieller Arbeitsaufgaben (z.B. Drehen, Fräsen, Hobeln etc.).
- Die **dritte Zielebene** betraf die einzelnen (Unterrichts-)Fächer und Lehrgänge, die gemäß staatlicher Vorgaben im Ausbildungsprozess zu absolvieren waren und folglich von den Ausbildungsstätten (Berufsschulen und Betrieben) sichergestellt werden mussten. Insbesondere ging es dabei um den Abgleich

der Ziele der theoretischen Ausbildungsinhalte in der Berufsschule mit denen der praktischen Lehrgangsunterweisung.
- Die **vierte Zielebene** betraf schließlich die einzelnen Unterrichtsstunden und die einzelnen berufspraktischen Ausbildungseinheiten. Diese Ziele wurden auf der Grundlage der drei zuvor dargestellten Zielebenen von den einzelnen Lehrern bzw. Ausbildern erarbeitet.

Die vier Zielebenen entsprachen damit einer vertikalen Gliederung der allgemeinen Ziele, denen eine Berufsausbildung in der DDR zu genügen hatte und verkörperten damit die elementare normative Basis, von der ausgehend sich auch die bildungspolitischen, die didaktischen und die methodischen Prinzipien der beruflichen Bildung bestimmten (vgl. hierzu im Einzelnen Rudolph 1987, S. 19-24 und S. 128-130; sowie Heinze 1981, 1984 S.22-25). Zum Verständnis der didaktisch-methodischen Prinzipien ist in einem ersten Schritt die Auseinadersetzung mit den bildungspolitischen Prinzipien erforderlich

Die bildungspolitischen Prinzipien der beruflichen Bildung – wie auch die des allgemein bildenden Schulwesens – sind neben den Beschlüssen und Gesetzen der staatlichen Organe der DDR insbesondere den Parteidokumenten der SED zu entnehmen. Auf diese Weise wurde vor allem auch der pädagogischen Forschung und den pädagogischen Publikationen ein bildungspolitischer Bezugsrahmen vorgegeben. Im Wesentlichen lassen sich diesen Dokumenten fünf bildungspolitische Prinzipien entnehmen.

- Das erste bildungspolitische Prinzip ist das der **Weltlichkeit und Staatlichkeit des Schulwesens**. Es betont die politische Ausrichtung von Erziehung und Bildung in allen Bildungsinstitutionen, die von den entsprechenden Gremien der Einheitspartei und des Staatsapparates vorgenommen und in verbindlichen Lehrplänen niedergelegt wurde. Eine zentrale Rolle spielte hierbei das Fach Staatsbürgerkunde. Im Vordergrund stand die Entwicklung des allseitig gebildeten Staatsbürgers, der über die entsprechende politische Schulung dazu befähigt werden sollte, an der Gestaltung der „entwickelten sozialistischen Gesellschaft" teilzuhaben. Die Bildungshoheit lag uneingeschränkt beim Staat, der Regierung und der Partei.
- Das zweite bildungspolitische Prinzip ist das der **weltanschaulich-politischen Bildung**. Es war orientiert auf die Vermittlung und Aneignung des Marxismus-Leninismus in all seinen Facetten sowie die Auseinandersetzung mit der Geschichte der Arbeiterbewegung und des politischen Kampfes der SED. In allen Bildungsgängen mussten entsprechende Lehrveranstaltungen besucht werden und die dabei erworbenen Kenntnisse in Prüfungen unter Beweis ge-

stellt werden. An Universitäten und Parteihochschulen wurden speziell Lehrer für Marxismus-Leninismus ausgebildet.
- Das dritte bildungspolitische Prinzip ist das der **Einheit von Bildung und Erziehung**. Mit ihm wurde der dialektischen Verknüpfung von Theorie (Bildungsstoff) und Praxis (Erziehungsabsicht) folgend die Hervorbringung sozialistisch denkender und handelnder, allseitig und harmonisch gebildeter Persönlichkeiten bezweckt.
- Das vierte bildungspolitische Prinzip ist das der **Individualität und Kollektivität**. Dahinter verbarg sich die dialektische Anthropologie des historischen Materialismus. Persönlichkeitsentwicklung wurde immer im Zusammenhang mit der Einbindung in das Kollektiv gedacht, wie auch immer zugleich die Kollektiventwicklung als Ausdruck einer freiwilligen und bewussten Verbindung von Menschen mit gemeinsamen Zielen und Interessen gedacht wurde.
- Das fünfte bildungspolitische Prinzip ist das der **Verbindung des Unterricht mit der produktiven Arbeit und mit dem gesellschaftlichen Leben (Polytechnisches Prinzip)**. Damit versuchte man der Marx'schen Auffassung Rechnung zu tragen, dass nur die Verbindung von Unterricht mit produktiver Arbeit in der Lage sei, allseitig entwickelte Persönlichkeiten heranzubilden. Die polytechnische Bildung war darauf ausgerichtet, Technik im Zusammenhang ihrer ökonomischen und sozialen Auswirkungen zu vermitteln, indem Erfahrungen in konkreten Arbeits- und Produktionsprozessen eingeplant wurden.

Mit den fünf bildungspolitischen Prinzipien war ein erster Schritt in Richtung Konkretisierung der Zielbestimmung von Erziehung und Unterricht gemacht, der das gesamte Schulwesen und damit auch die berufliche Bildung betraf (vgl. hierzu im Einzelnen Pädagogische Enzyklopädie, Band 1, 1963, sowie Neuner 1989).

Die „politisch Pädagogik" der DDR versuchte nun aber auch weitergehend, den konkreten Unterricht anzuleiten. Dazu wurden durch Vertreter der verschiedenen „Didaktikschulen" **didaktische Prinzipien** von unterschiedlicher Abstraktionsstufe formuliert. Ein prominenter Vertreter der Unterrichtsprozesstheorie war Lothar Klingenberg. In unmittelbarer Entsprechung zu den bildungspolitischen Prinzipien entwarf er folgende neun untereinander in Systemzusammenhängen stehende Didaktische Prinzipien (vgl. Klingberg 1972, S. 253):

1. Das Prinzip der Einheit von wissenschaftlicher Bildung und allseitiger sozialistischer Erziehung.
2. Das Prinzip der Verbindung von Unterricht und produktiver Arbeit, von Theorie und Praxis.

3. Das Prinzip der Planmäßigkeit und Systematik des Unterrichts.
4. Das Prinzip der fächerübergreifenden Koordinierung der Unterrichtsarbeit.
5. Das Prinzip der führenden Rolle des Lehrers und der Selbständigkeit der Schüler.
6. Das Prinzip der Fasslichkeit des Lehrstoffes.
7. Das Prinzip des individuellen Eingehens auf die Persönlichkeit des Schülers auf der Grundlage der Arbeit mit dem Kollektiv.
8. Das Prinzip der Anschaulichkeit des Unterrichts.
9. Das Prinzip der ständigen Ergebnissicherung.

Die im engeren Sinne berufspädagogische Forschung der DDR war stark auf die Berufsschule und den konkreten theoretischen und berufspraktischen Unterricht als eine spezifische Form und einen Teil des berufspädagogischen Prozesses ausgerichtet. Dabei stand das Interesse im Vordergrund, das Unterrichtsgeschehen aus der Sicht der Führung des unterrichtlichen Aneignungsprozesses der Lehrlinge darzustellen und vor allem das Wesen des Unterrichtsprozesses und die Gesetzmäßigkeiten des eng miteinander verbundenen Lehrens und Lernens zu erforschen. Das dabei zugrunde gelegte Verständnis von Didaktik wurde folgendermaßen formuliert: „Die Didaktik der Berufsausbildung verallgemeinert vorliegende Unterrichtserfahrungen und bringt die gewonnenen Erkenntnisse in einen systematischen Zusammenhang. Damit schafft sie zuverlässige theoretische Grundlagen für die Planung, Vorbereitung, Durchführung und Auswertung des beruflichen Unterrichts und orientiert die Leiter und Lehrkräfte des theoretischen und praktischen Unterrichts auf eine hohe Qualität des Bildungs- und Erziehungsprozesses"[161]. Sie gründet sich auf wissenschaftliche Erkenntnisse, die im Verlauf der Geschichte der Didaktik aus Verallgemeinerungen der Unterrichtserfahrungen und aus spezifischen Untersuchungen gewonnen worden waren. Die Didaktik der Berufsausbildung hatte enge Beziehungen zur Lehrplantheorie und zu den einzelnen Unterrichtsmethodiken der Berufsausbildung.

Für die Vorbereitung, Durchführung und Auswertung des theoretischen und praktischen Unterrichts galten die Unterrichtsprinzipien (didaktische Prinzipien). Sie hatten regulativen Charakter und bildeten die Zusammenhänge zwischen Bedingungen, Handlungen und Resultaten ab. Sie wurden als Gesetzmäßigkeiten im Unterrichtsprozess und als Führungsprinzipien der Lehrkräfte betrachtet. Je besser die Lehrkräfte die in den Prinzipien verankerten Erfahrungen und die ihnen zugrunde liegende Gesetzmäßigkeiten beachteten und die Prinzipien im Zusammenhang anwandten, um so

---

[161] Vgl. Rudolph W/Feierabend G u.a.: Berufspädagogik. Volkseigener Verlag Berlin 1987, S. 184.

größer wurde die Erfolgssicherheit ihrer Tätigkeit eingeschätzt.[162] Es hat im Laufe der Jahre jedoch viele verschiedene Zusammenstellungen didaktischer Prinzipien in den unterschiedlichen theoretischen Kontexten gegeben. „Die didaktischen Prinzipien bilden kein starres System; sie sind beweglich und werden je nach gesellschaftlichen Erfordernissen und Erkenntnisstand weiterentwickelt bzw. neu interpretiert"[163], jedoch immer mit Verbindlichkeit und Gültigkeit ausgestaltet. Es wurden die folgenden **didaktischen Prinzipien im beruflichen Unterricht** angewendet, wie Heinze K/ Geuther E./Siemon G./Tushke[164] und Rudolph W/Feierabend G u.a.[165] dargestellt haben:

- *Das Prinzip der Erziehungswirksamkeit des Unterrichts* bemüht sich um die Entwicklung der Persönlichkeit des Auszubildenden in bestimmter Weise. Die Aspekte des Prinzips sind z.B. Beziehung der Lehrlinge zum Leben, zum Arbeiten, zum Lernen mit Verantwortung, Ordnung, Fleiß, Kritikfähigkeit..., die Gewohnheiten zum selbständigen Lernen und Arbeiten zu entwickeln und Einstellungen, Überzeugungen und Verhaltensweisen ständig zu vervollkommnen. „Jede Lehrkraft muss stets das Ziel im Auge haben, Facharbeiter auszubilden, die sich in ihrem Denken und Handeln von der Weltanschauung und Moral der Arbeiterklasse leiten lassen." (Heinze u.a. 1981, S. 93)
- *Das Prinzip der Wissenschaftlichkeit des Unterrichts* bedeutet, den Lehrlingen im theoretischen und berufspraktischen Unterricht wissenschaftliche Kenntnisse (aber damit auch stets zugleich das Weltbild des Marxismus-Leninismus) zu vermitteln und den Aneignungsprozess der Lehrlinge nach neuesten pädagogischen Erkenntnissen zu führen. Zur Verwirklichung sollen beispielsweise folgende Regeln benutzt werden: Führe den Unterrichtsprozess nach wissenschaftlichen Erkenntnissen und Methoden; mache die Lehrlinge mit wissenschaftlichen Methoden des Lernens und Arbeitens und mit moderner Technik vertraut; lehre objektiv Wahres und begründe Erkenntnisse wissenschaftlich; lasse Einzelerkenntnisse in das System wissenschaftlicher Erkenntnisse des Fachgebietes einordnen;
- *Das Prinzip der engen Verbindung von Theorie und Praxis* betont die Notwendigkeit, die Lehrlinge zunehmend konkreter mit der Praxis – von der engen Berufspraxis bis hin zur gesellschaftlichen Praxis – vertraut zu machen.

---

[162] Vgl. Ebenda, S.194 ff.
[163] Vgl. Heinze K/Geuther E./Siemon G./Tushke S.: Der Unterrichtsprozeß in der Berufsausbildung, 2. Auflage. Volkseigener Verlag Berlin 1984, S. 92.
[164] Vgl. Ebenda, S. 93-102.
[165] Vgl. Rudolph W/Feierabend G u.a.: Berufspädagogik. Volkseigener Verlag Berlin 1987, S. 195-197.

„Praxis ist vergegenständlichte Tätigkeit, das ganze Tun und Treiben der gesellschaftlich vereinten Menschen zur Veränderung ihrer natürlichen und sozialen Umwelt."[166] (Klaus/Buhr 1974, S. 964)

- *Das Prinzip der Kollektivität und Individualität* bezieht sich auf die Entwicklung der Persönlichkeitseigenschaften von Lehrlingen im kollektiven Leben, Lernen, Arbeiten und auf die Wechselbeziehungen zwischen Kollektiven und Einzelnen. Zu den didaktischen Regeln gehören z.b.: Fördere die Kooperationsbereitschaft der Lehrlinge durch ihre Befähigung zum Führen von Diskussionen bzw. Streitgesprächen sowie durch Anregung zu gegenseitiger Hilfe und Unterstützung; Fördere durch Organisation der Lern- und Arbeitstätigkeit im Unterricht die Gemeinschaftsarbeit und die Festigung von Kollektiven sowie die individuellen Stärken einzelner Lehrlinge.

- *Das Prinzip der Aktivität und Selbständigkeit bei Lernen und Arbeiten* steht unter der Erkenntnis, dass der Mensch sich in der und durch die Tätigkeit entwickelt. Dabei sind die Lehrlinge nicht nur Objekt von Umwelteinwirkungen, sondern auch die Umwelt wird als gestaltbar angesehen. Aktivität und Selbständigkeit sind im Unterricht zu fordern und zu fördern. Zur Verwirklichung dieses Prinzips sollten die Lehrkräfte z.B. die folgenden didaktische Regeln beachten: Unterrichte ziel- und problemorientiert; vermittle geeignete Methoden zur selbständigen Lösung von Lern- und Arbeitsaufgaben; rege die Lehrlinge zur schöpferischen Tätigkeit an; decke ständig die Widersprüche zwischen dem erreichten Entwicklungsstand der Lehrlinge und den Anforderungen an das Lernen und Arbeiten auf; befähige die Lehrlinge zur Selbstkontrolle und Selbsteinschätzung ihrer Leistungen. Es wurde davon ausgegangen, dass künftige Facharbeiter nicht nur „Dienst nach Vorschrift" verrichten, sondern Beiträge zur Effektivitäts- und Qualitätssteigerung der Arbeit zu erbringen haben.

- *Das Prinzip der Planmäßigkeit und Systematik* gilt im Wesentlichen für die Arbeit bei der Unterrichtsplanung. Die Planmäßigkeit bedeutet hier die zielgerichtete Tätigkeit auf Grundlage von Lehrplänen und anderen Vorgaben, die für bestimmte Zeiträume verbindlich sind. Die Systematik bringt den Zusammenhang von einzelnen Unterrichtselementen mit einer Gesamtheit zum Ausdruck. Sie erstreckt sich auf die Anordnung und Abfolge der Ausbildungsinhalte und auf die logische Folge der Lehr- und Lernhandlungen unter Berücksichtigung der jeweiligen Bedingungen im theoretischen und berufspraktischen Unterricht. Zur Verwirklichung dieses Prinzips sollten die Lehrkräfte

---

[166] Klaus, G; Buhr, M: Philosophisches Wörterbuch, Bd. 2. Leipzig 1974, S. 964.

z.B. die folgende didaktische Regeln beachten: Berücksichtige bei der Auswahl und Festlegung der Reihenfolge der zu lösenden Lern- und Arbeitsaufgaben logische Zusammenhänge und den ansteigenden Schwierigkeitsgrad; gehe im Unterricht folgerichtig und übersichtlich vor; befähige die Lehrlinge durch Übungen zum Systematisieren und zum systematischen Denken.

- *Das Prinzip der Anschaulichkeit* fordert von den Lehrkräften im Unterricht eine anschauliche Vermittlung, damit die Lehrlinge leicht die objektive Realität (die Inhalte) abbilden können. Theoretische Grundlage war die erkenntnistheoretische Überzeugung, dass praktisches Handeln durch das Voranschreiten von der konkreten Anschauung zum abstrakten Denken und dessen Anwendung zustande kommt. Zur Verwirklichung dieses Prinzips sollten die Lehrkräfte z.B. die folgenden didaktischen Regeln beachten: Gib den Lehrlingen genügende Gelegenheit zur lebendigen Anschauung der Dinge und Erscheinungen durch unmittelbares Vorzeigen, Vorführen von Originalgegenständen und -prozessen; verstärke den Einsatz von Unterrichtsmitteln; gewährleiste im Unterricht stets die Einheit von Konkretem und Abstraktem.

- *Das Prinzip der Fasslichkeit* bedeutet für die Gestaltung des Unterrichts, den jeweils erreichten Entwicklungsstand der Lehrlinge zu beachten und Bedingungen für die zunehmende Steigerung der Anforderungen an die Lern- und Arbeitsleistungen der Lehrlinge zu schaffen. Beim Formulieren der Lernziele, der Aufbereitung des Unterrichtsstoffes sowie bei der Organisation und methodischen Gestaltung des Unterrichts ist zu beachten, dass keine Unter- oder Überforderung bei den Lernenden auftritt und die Möglichkeiten der didaktischen Vereinfachung zur Erreichung hoher Ausbildungsziele genutzt werden. Der Lehrer war demgemäß aufgefordert, die Altersbesonderheiten der Berufsschüler zu berücksichtigen und das differenzierte Leistungsvermögen der Einzelnen durch Anwendung psychologischer Methoden zu ermitteln.

- *Das Prinzip der Dauerhaftigkeit und Anwendbarkeit* geht davon aus, dass Wissen, Fertigkeiten und Fähigkeiten dann dauerhaft angeeignet werden, wenn die Lehrlinge sie verstanden, gefestigt und in realen Handlungssituationen angewandt haben. Die Berufsschullehrer waren verpflichtet, die Lehrpläne zielgerichtet und allseitig zu erfüllen und den Lernerfolg nicht in erster Linie an der Reproduzierbarkeit, sondern darüber hinausgehend, an der Anwendbarkeit des Wissens und Könnens zu messen.

- *Das Prinzip des koordinierten Vorgehens* macht darauf aufmerksam, dass Ausbildungserfolge insbesondere auf hohem Niveau nur dann erreichbar sind, wenn die Lehrkräfte die Ausbildung als einen Prozess begreifen und gestalten, der nur arbeitsteilig zu bewältigen ist. Entsprechend sollten zwischen den Lehrkräften des theoretischen Ausbildungsbereichs und den Ausbildern im berufspraktischen Ausbildungsbereich eine kooperative Zusammenarbeit praktiziert werden.

Eine weitere wichtige Erkenntnis für die erfolgreiche Unterrichtsgestaltung ist die Beachtung der **didaktischen Funktionen der Unterricht**. „Die didaktischen Funktionen sind Ausdruck der gesetzmäßigen Abfolge des Aneignungsprozesses und spiegeln die innere Logik des Unterrichtsprozesses wider. Sie sind vor allem auf die Zielorientierung und Motivierung der Lerntätigkeit, auf Erwerb neuen Wissens und Könnens, auf die Arbeit mit erworbenem Wissen und Können sowie auf die Kontrolle und Bewertung der Lern- und Arbeitsergebnisse gerichtet."[167] Diese didaktischen Funktionen stehen untereinander in engem Zusammenhang und üben vielfältige Wechselwirkungen aufeinander aus, auch wenn in einzelnen Abschnitten des Unterrichtsprozesses einzelne Funktionen dominieren, also die didaktische Struktur dieses Abschnittes als Strukturglieder bestimmen. Sie werden von anderen didaktischen Funktionen begleitet, die sich als Strukturlinien durch den Unterrichtsabschnitt hindurchziehen. Grundsätzlich ist zu beachten, dass die didaktischen Funktionen nicht als entscheidende oder gar einzige Strukturkategorie des Unterrichtsprozesses angesehen werden dürfen.

Die didaktische Funktion <**Vorbereitung auf die Arbeit am neuen Stoff**> charakterisiert jenen Abschnitt des Unterrichts, in dem die Lehrkraft erste Maßnahmen einleitet, damit sich die Lehrlinge auf den neuen Stoff bzw. den Lern- oder Arbeitsauftrag um- bzw. einstellen können. Bei der Vorbereitung der Lehrlinge auf die Arbeit am neuen Stoff geht es vor allem um folgende Aspekte:

- Erstens: Wiederholung des früheren vermittelten Wissens und Könnens;
- Zweitens: Einordnen des neuen Stoffes und seiner vielseitigen Verknüpfung mit dem bereits erworbenen Wissen und Können;
- Drittens: Die Lehrlinge sind auf bestimmte Aspekte, Zusammenhänge, Erscheinungen und Probleme im Ausbildungsbetrieb zu orientieren;
- Viertens: Den Lehrlingen sind bestimmte, von ihnen bereits erworbene Erfahrungen bewusst zu machen;
- Fünftens: Das Interesse der Lernenden am neuen Stoff bzw. Lern- oder Arbeitsauftrag und ihre Aufmerksamkeit sind zu wecken.

Die didaktische Funktion <**Zielorientierung**> ist eine wichtige Funktion, um den Lernenden das Arbeiten am neuen Stoff bewusst zu machen. Das Bewusstmachen der

---

[167] Vgl. Rudolph W/Feierabend G u.a.: Berufspädagogik. Volkseigener Verlag Berlin 1987, S. 197.

Ziele und Bedingungen zu ihrem Erreichen werden zur Triebkraft des bewussten Handelns der Lernenden und so für eine aktive Lerntätigkeit wirksam.

Die didaktische Funktion <**Arbeit am neuen Stoff**> ist dadurch gekennzeichnet, dass sich die Lernenden unter Führung der Lehrenden aktiv und zunehmend selbständig mit dem Unterrichtsstoff geistig und praktisch auseinandersetzen. Sie erwerben erste Vorstellungen über den Unterrichtsstoff, lernen Erscheinungen und Prozesse zu verstehen, Lern- Arbeitshandlungen durchzuführen, Zusammenhänge zu begreifen. Die Aneignung ist gerichtet auf:
- Wissen über Dinge, Erscheinungen und Zusammenhänge der Wirklichkeit, über Methoden und Verfahren;
- Tätigkeitsmuster, Handlungsfolgen und Techniken der geistigen und beruflich- praktischen Tätigkeiten:
- Verhaltensweisen

Die didaktische Funktion <**Arbeiten mit behandeltem Stoff und erworbenen Erfahrungen**> ist unerlässlich für die dauerhafte Aneignung des Wissens und Könnens durch die Lernenden, das sie zur schöpferischen Arbeit im Beruf befähigt. Durch Wiederholen, Systematisieren und Anwenden wird diese Funktion realisiert, dadurch sollen das Wissen und Können der Lernenden eingeprägt und gefestigt werden.

Die didaktische Funktion <**Kontrolle und Bewerten**> ist sowohl eine spezielle didaktische Funktion als auch immanenter Bestandteil des Unterrichts, also Bestandteil aller anderen didaktischen Funktionen. Kontrolle und Bewertung treten vielfach zusammen auf. Die Kontrolle in Einheit mit Bewertung hat dementsprechend folgende Aufgaben wie z.B. Die Leistungsfortschritte der Lernenden sichtbar zu machen; die Leistung der Lernenden selbst zu überprüfen und zu regulieren. Besonders sollen auf diese Weise auch die Lehrenden ihre Lehrtätigkeiten im Unterrichtsprozess überprüfen und regulieren.

Eine weitere Komponente der Fachdidaktik in der DDR war die **Unterrichtsmethodik**. Sie ist auch eine Teildisziplin der pädagogischen Wissenschaft. „Gegenstand der Unterrichtsmethodik für die Berufsbildung sind der berufstheoretische und -praktische Unterricht (Objektbereich) bezüglich der Verhältnisse von Führung der Aneignungstätigkeit und den für den Objektbereich spezifischen Gegenstand der Aneignungstätigkeit"[168]. Das Curriculum der Berufsausbildung war nach dem Fachsystem konstruiert. Dementsprechend gab es mehrere Unterrichtsmethodiken für die Berufsbildung. Die Unterrichtsmethodik „Maschinenwesen" vermittelt Forschungsergebnisse und Gesetzmäßigkeiten des Vermittlungs- und Aneignungsprozesses im berufstheoretischen Unterricht der Lernenden in Metallberufen. Sie verallgemeinert

---
[168] Vgl. Bührdel/Reibetanz/Tölle. in: Unterrichtsmethodik Maschinenwesen. VEB Verlag Technik Berlin 1988, S. 9.

Erfahrungen und Erkenntnisse in bezug auf die Anforderungen, Ziele, Inhalte, Methoden und Mittel sowie hinsichtlich der Organisation des berufstheoretischen Unterrichts und leitet umsetzbare Empfehlungen für die unterrichtsmethodische Praxis ab. Die Hauptfunktion der Unterrichtsmethodik „Maschinenwesen" besteht im Unterstützen der Lehrenden des berufstheoretischen Unterrichts in Metallberufen in folgenden Tätigkeiten:
- Realisierung der Bildungs- und Erziehungsinhalte
- Bestimmen der Unterrichtsstoffe
- Auswählen und Anwenden der Unterrichtsmethode und -mittel
- Durchsetzen zweckmäßiger inhaltlicher, erzieherischer und methodischer Linienführungen
- Verwirklichen der Praxisverbundenheit, Wissenschaftlichkeit, Anschaulichkeit und Fasslichkeit im Bildungs- und Erziehungsprozess
- Realisieren der selbständigen schöpferischen Tätigkeit der Lernenden.

Inhalte	Naturwissenschaften	Technikwissenschaften
Gegenstandsbereich	natürliche System	Von Menschen geschaffene technische Systeme
Zielstellung und Funktion	Gewinnen von Erkenntnissen über Objekte der Natur mit vorrangiger Explanationsfunktion (Erklärung)	zur Konstruktion und Bewertung von technischen Systemen mit vorrangig strategischer Funktion
Aussagensysteme	*in Form von Gesetzaussagen, Begriffen und Theorien, sie dienen*	
	zum Beschreiben von Erscheinungen und Objekten der Natur	den aus den Gesetzaussagen hergeleiteten Strategien in Form von Vorschriften, Programmen u. a. zum Regulieren von Tätigkeiten
	Bewerten der	
	Aussagen nach dem Kriterium der Wahrheit	Strategien nach dem Kriterium der Richtigkeit (Realisierbarkeit des Ziels) und Zweckmäßigkeit des Wegs zum Ziel
Erkenntnismethoden	eigenständig, abbildungsorientiert, Ursache-Wirkung-Relation	integrierend, anwendungsorientiert, Zweck-Mittel-Relation

Tabelle 20: Spezifik der technischen Wissenschaften im Vergleich zu den Naturwissenschaften[169]

---

[169] Vgl. Bührdel/Reibetanz/Tölle: Uterrichtsmethodik Maschinenwesen. VEB Verlag Technik Berlin, 1988, S. 16, und Vgl. Bernard F./Ebert D./Schröder B.: Unterricht Metalltechnik. Hamburg 1995, S. 19.

Die Unterrichtsmethodik „Maschinenwesen" in der DDR richtete sich auf theoretische Unterrichtsfächer in der Berufsausbildung von Metallberufen wie z.B. Fertigungstechnik, Fertigungsmittel, Technische Stoffe, Technische Darstellung[170]. Der Bezugspunkt der Fachdidaktik waren die Fachwissenschaften. Wesentliche Bestandteile unterrichtsmethodischer Arbeit stehen in enger Beziehung zum fachwissenschaftlichen Gegenstand, der einem Unterrichtsfach bzw. einer Lehrplaneinheit zugrunde liegt. Die auf der Basis der Lehrplanvorgaben von Lernenden vorgenommene Präzisierung der Unterrichtsziele, die Bestimmung der Unterrichtsstoffe und die Auswahl der Unterrichtsmethoden sind auch in starkem Maße von Spezifizierung des fachwissenschaftlichen Gegenstands abhängig. Diese spezifische Merkmale des fachwissenschaftlichen Gegenstands (siehe Tabelle 20) werden durch methodologische Analysen, deren Ergebnisse als Grundlage und Orientierung für die methodische Arbeit des Lehrenden, aufgedeckt.

Diese methodologische Analyse für ein einzelnes Fach konzentriert sich:
- auf den Gegenstand und Inhalte der Fachwissenschaft sowie die Funktion der Theorie
- auf die Aussagensysteme und
- auf die Erkenntnismethoden und wissenschaftlichen Arbeitsverfahren, die sich in der Fachwissenschaft bewährt haben, sowie von Denk-, Verhaltensweisen, die sich in der fachwissenschaftlichen Arbeit herausbilden

Zur Erfüllung der Handlungsorientierenden Funktion der Fachdidaktiken waren für den Lehrer Handlungsanleitungen zu entwickeln. Eine davon sind die **methodischen Prinzipien**, die sich von den methodologischen Erkenntnissen der Technikwissenschaften ableiten und sich nur auf technische Unterrichtsfächer bezogen. Diese methodischen Prinzipien sind nach Bührdel/Reibetanz/Tölle 1988 folgende:

- *Das Prinzip der Einheit von technisch Machbarem, gesellschaftlich Vertretbarem und sozial Wünschbarem* soll für die Lehrenden eine Orientierung sein, die bei der Erarbeitung aller Themen im technischen Unterricht zu beachten ist und zwar in dem Sinne, dass die Technik immer an Zweck und Wert der Gesellschaft gebunden ist. Insbesondere kommt es beim Herleiten von technischen Vorschriftensystemen aus Gesetzaussagen darauf an, dass die in den Vorschriften enthaltenen Anforderungen nicht nur dem Kriterium der Erfüllbarkeit und Wahrheit, sondern auch der Richtigkeit in bezug auf die Realisierbarkeit des Ziels und der Zweckmäßigkeit hinsichtlich eines ökonomisch optimalen sowie sozial angemessenen Wegs der Zielerreichung genügen. Die ständige Bewertung der Aneig-

---

[170] Vgl. Bührdel/Reibetanz/Tölle. in: Unterrichtsmethodik Maschinenwesen. VEB Verlag Technik Berlin, 1988, S. 14, Tafel 1.2.

nungstätigkeiten im Unterricht nach diesem Prinzip unterstützt das Herausbilden von Wertkenntnissen und festigt die Überzeugung, dass das Ziel einer technischen Aufgabenstellung nicht in der technischen Perfektion einer Lösung besteht, sondern dass diese Lösung unter den konkreten gesellschaftlichen Bedingungen und aktuellen ökonomischen Anforderungen wirtschaftlich und sozial angemessen realisiert werden kann.

- *Das Prinzip der zweckorientierten Vermittlung und Aneignung technischen Inhalte* ist bezogen auf die Aneignung der Kenntnisse über technische Mittel, Prozesse und Verfahren vorrangig nach dem Kategorienpaar „Zweck-Mittel". Die Orientierung nach diesem Prinzip besteht darin, dass im Unterricht zu technischen Themen folgendes zu beachten ist:

  + Aufdecken von Strukturen technischer Mittel, Prozesse und Verfahren nach dem Kategorienpaar „Ursache – Wirkung", zweckmäßigerweise zu verbinden mit Analysen mittels der Kategorienpaare" „Struktur – Verhalten", „Zweck – Mittel" und „Aufwand – Nutzung",

  + Herausarbeiten wesentlicher Elemente und Strukturen eines technischen Prozesses oder eines Systems mittels Darstellungen in Form heuristischer System (Siehe Bild 1.3 in Bührdel/Reibetanz/Tölle 1988).

- *Das Prinzip der anwendungsorientierten Vermittlung und Aneignung technischer Inhalte* stellt einen Anwendungsgesichtspunkt in den Vordergrund bei der Vermittlung und der Aneignung von Technik, welche die praktische Tätigkeit des Menschen zum Beherrschen der Technik erfolgreich lenken. Die auf unmittelbares Anwenden orientierte Theorie der Technikwissenschaften ist im Interesse einer vorhandenen Handhabung einfach, anschaulich und so konkret wie möglich aufzubereiten. Zur Erreichen dieser Zielstellung sind folgende Maßnahmen wie erforderlich:

  + Unterrichtsstoffe stets unter dem Gesichtspunkt des rationellen Erfassens bestimmen und gestalten, so dass ein rasches, übersichtliches den wechselnden gesellschaftlichen Erfordernissen entsprechendes Lösen technischer Probleme erleichtert wird,

  + Operationen zum Beherrschen technischer Mittel und Prozesse sowie die dazu gehörigen Informationsverarbeitungsprozesses bewusst verdeutlichen,

  + aus Gesetzesaussagen hergeleitete Vorschriften und Verfahren dem Gesamtinformationsverarbeitungsprozess anpassen...

- *Das Prinzip der Abhängigkeit der Art und Weise der Aneignungstätigkeit von der strategischen Funktion und von der Struktur technischer Aneignungsgegenstände.* Dieses Prinzip erfordert, dass der Aneignungsprozess bezüglich des

Bestimmens von Begriffen und des Gewinnens von Gesetzesaussagen das Herleiten von technischen Vorschriften und Verfahren aus Gesetzesaussagen zum Regulieren von beruflichen Tätigkeiten einschließt. Derartige Aneignungsprozesse sind methodisch bewusst zu führen, um die erzieherischen Potenzen der Unterrichtsmethoden optimal auszuschöpfen. Zur Erreichen diese Zielstellung sollen die Aneignungsgegenstände
+ aus Gesetzesaussagen herleitbaren Vorschriften und Verfahren enthalten sowie
+ die strategische Funktion von Gesetzesaussagen in Verbindung mit abgeleiteten Vorschriften und Verfahren sowie typischen beruflichen Tätigkeiten bewusst herausgearbeitet und erzieherisch genutzt werden.

Die Unterrichtsinhalte wurden im staatlichen Lehrplan nach fachsystematischer Ordnung definiert. In den Lehrplänen für die Berufsbildung war der Unterrichtsstoff konzentriert ausgewiesen. Für die weitere methodische Aufbereitung wurde von den Lehrenden ein gründliches Analysieren des Unterrichtsstoffes gefordert. Die Unterrichtsmethodik „Maschinenwesen" unterstützte den Lehrenden in den Kenntnissen über die Zusammenhänge von Unterrichtsstoff und -ziel, das Bestimmen und Anordnen des Unterrichtsstoffes sowie die Beziehungen zwischen dem Inhalt der technischen Wissenschaften und dem des Unterrichtsstoffes. Besonders wichtig waren die Analysen des Unterrichtsstoffes nach den sachlogischen Zusammenhängen der fachwissenschaftlichen Objekte (Sachbezogenheit der Fakten) wie z.B. der inneren und äußeren Strukturen eines Fertigungsverfahrens in der Fertigungstechnik und die Struktur der Aneignungsgegenstände bei der Werkstofftechnik [171] sowie die Inhaltsstruktur bei dem Fach Technische Darstellungen[172].

Die Unterrichtsmethoden in der DDR, besonders für den theoretischen Unterricht in der Berufsausbildung, wurden besonders nach dem erkenntnistheoretisch-logischen Gesichtspunkt entwickelt. Die Ergebnisse methodologischer Untersuchungen technischer Wissenschaften, besonders hinsichtlich spezifischer Erkenntnismethoden dominiert als Ordnungsgrundlage die Einteilung von Unterrichtsmethoden für technische Aneignungsgegenstände bei Metallfacharbeitern. Die **erkenntnistheoretisch-logi-**

---

[171] Vgl. Bührdel/Reibetanz/Tölle: Unterrichtsmethodik Maschinenwesen. VEB Verlag Technik Berlin, 1988, S. 70-72: Betrachtung die Verbindung von Werkstück und Werkzeug als ein System Fertigungsverfahren. von dieser Zusammenhang entstand die Beziehungen wie z.B. energische, geometrisch, und stoffliche Beziehung (innere Struktur). Die andere Beziehungen wie z.B. Wirkprinzip – Verfahren, Fertigungsverfahren – technologisches System nennt man als Äußere Strukturen. S. 239-251: Die Strukturierung des Unterrichtsstoffs von verschiedenen Aneignungsgegenständen wie z.B. Beziehungen von Eigenschaften – Gitteraufbau.
[172] Vgl. Köhler, Rudolf: Unterrichtsmethodik Maschinenwesen – Technische Darstellungen. VEB Verlag Technik Berlin 1981, S. 20-26.

schen **Unterrichtsmethoden**, die ihrer Bedeutung für den berufstheoretischen Unterricht bei der Ausbildung von Metallfacharbeitern entsprachen, waren die folgenden:
- analytisch-synthetische Unterrichtsmethoden
- induktive Unterrichtsmethoden; deduktive Unterrichtsmethoden
- genetische Unterrichtsmethoden; logisch-historische Unterrichtsmethoden
- Fallmethoden
- experimentelle Unterrichtsmethoden
- Analogie- und Modellmethoden[173]

Die Unterrichtsmittel der theoretischen Fächer wurden in der Fachdidaktik nach verschiedenen Kategorien wie z.b. typische Erkenntnistätigkeiten, Unterrichtsmethoden, Funktionen der Unterrichtsmittel oder Unterrichtsstoffe und Funktionen der Unterrichtsmittel vorgeschlagen[174].

Eine wesentliche Hilfe für die methodische Arbeit der Lehrenden war die Kenntnis der typischen (häufig im Unterricht wiederkehrenden gleichartigen) Unterrichtsabläufe. Diese Unterrichtsabläufe wurden als eine Teilkomponente der Unterrichtsmethodik „Maschinenwesen" in der DDR angesehen. Sie waren als Anleitung für die Unterrichtsvorbereitung und für das schöpferische Gestalten des Unterrichtsprozesses auch unter Berücksichtigung der variablen Bedingungen zu verstehen. Das Wesen typischer Unterrichtsabläufe besteht in der prinzipiell gleichartigen ziel- und stoffabhängigen Führungstätigkeit des Lehrenden zum Auslösen, Fördern und Lenken notwendiger Aneignungstätigkeiten durch die Lernenden. Der größte Teil des Inhalts der Metallfachausbildung bestand aus typischen Aneignungsgegenständen. Jeder typische Unterrichtsablauf hatte zu informieren über:
- die Bezeichnung
- die Anwendungsmöglichkeiten
- die Zielbeiträge zur Persönlichkeitsentwicklung der Lernenden
- den Unterrichtsablauf
- die Variationsmöglichkeit

Der typische Unterrichtsablauf wurde nach Fachrichtung und Aneignungsgegenstand entwickelt. Dazu gehörten in dem Fach „Fertigungstechnik" (vgl. Bührdel/Reibetanz/Tölle 1988, S.139 ff.) z.B.:
- Behandlung eines technologischen Wirkprinzips
- Behandlung des kinematischen Verfahrensprinzips
- Behandlung der Spannungskräfte

---

[173] Vgl. Bührdel/Reibetanz/Tölle: Unterrichtsmethodik Maschinenwesen, VEB Verlag Technik Berlin, 1988, S. 28-40.
[174] Vgl. Ebenda, S. 43-46.

- Behandlung des Werkzeugverschleißes

In dem Fach „Fertigungsmittel" (vgl Bührdel/Reibetanz/Tölle 1988, S. 208 ff.) war das beispielsweise:
- Aufbau und Wirkungsweisen technischer Systeme
- Klassifizierung von Aneignungsgegenständen der Fertigungsmittel
- Berechnen von Biegemomenten und Lagerkräften bei Wellen...

In dem Fach „Technische Stoffe".(vgl Bührdel/Reibetanz/Tölle 1988, S.283 ff) z.B.:
- Aufbau und Eigenschaften technischer Stoffe
- Aufbau und Eigenschaftsänderung technischer Stoffe
- Auswahl technischer Stoffe für bestimmte Verwendungszwecke
- Wirkprinzip und stofftechnologische Verfahren
- Lesen und Auswerten von Stoffbezeichnungen...

Nach den Fachsystem-Lehrpläne der Berufsbildung kümmerte sich die Unterrichtsmethodik „Maschinenwesen" in der DDR um die Analysen der Fachlernziele unter Betrachtung von Bildungs- und Erziehungszielen, der Unterrichtsinhalte und der Erkenntnismethoden. Die inhaltliche Vermittlung der Unterrichtsmethodik „Maschinenwesen" wurde in der Universität für die Berufsschullehrerausbildung unter folgenden Aspekten behandelt:

(1) Unterrichtsmethodische Grundlagen für theoretische metallische Fächer
- Anforderung an die Facharbeiter metallischer Berufe
- methodologische Erkenntnisse der Technikwissenschaft
- Lernziele
- Unterrichtsstoffe, Aneignungsgegenstände
- Unterrichtsgestaltung (Erkenntnismethoden, typischer Unterrichtsablauf, Unterrichtsmittel

(2) Konkretisierung und Anwendung von Grundlagen für die einzelne Unterrichtsfächer wie z.B.: Fertigungstechnik, Fertigungsmittel, Werkstofftechnik, technische Darstellung.

5.6. Fachmethodische Diskussionen

Die Methoden bilden die didaktische Komponente und sind das pädagogische Mittel, den Lehr-Lernprozess zu optimieren und die Lernziele zu erreichen. Seit der Institutionalisierung technischer Lehranstalten im frühen 19. Jahrhundert wurden schrittweise spezifische Unterrichtsmethoden für technische Fächer zunächst für mittlere und höhere technische Schulen, später zu Beginn des 20. Jahrhundert auch die berufliche Erstausbildung und die Weiterbildung entwickelt. In seinem Rückblick auf die methodische Entwicklung in der BRD stellt Schütte[175] dar, dass die systematischen Arbeiten zur Didaktik für technische Lehranstalten mehr oder wenig von einer Theorie des Unterrichts in der Tradition von Herbart und Dörpfeld geprägt waren. Die Unterscheidung zwischen allgemeiner und besonderer Unterrichtslehre von Carl G. Weizel (1908) beherrschte nach Schütte in der Zwischenkriegszeit und weit darüber hinaus die didaktische und methodische Theoriebildung im Bereich der technischen Bildung. Die allgemeine Unterrichtslehre konzentrierte auf Fragen von allgemeiner Gültigkeit; sie reflektierte über Lehrformen des Unterrichts, während die besondere Unterrichtslehre konstruktive Vorschläge zur Behandlung einzelner Fächer auszuarbeiten hatte. An den technischen Schulen (Fach-, Handwerker- und Kunstgewerbe-, Fortbildungsschulen) wurden unterschiedliche Vorgehensweisen (Lehrmethoden) wie der analytische (erläuternder Ansatz; deduktive Methode), der synthetische (erweiternder Ansatz; induktive Methode) und der heuristische (fragend-entwickender) Ansatz praktiziert[176].

Die Frankfurter Methodik wurde Ende der 20er und Anfang der 30er von Richard Botsch, Ludwig Geißler und Jürgen A. Wissing als eine der ersten Didaktikformen in der Berufsschule entwickelt[177]. Diese Methodik basiert in Anlehnung an die klassische Herbartsche Formalstufentheorie auf einem Dreiphasenmodell. Ausgehend von der Überzeugung, dass vor der Bewältigung komplexer beruflicher Probleme zunächst in allen beteiligten Gebieten ein bestimmtes Wissen erworben werden muss, konzentrierte sich die Unterstufe auf die einzelheitliche Betrachtung von den in der Arbeit unabhängig vom Beruf auftretenden 'Naturgesetzen'. Unterteilt in die Fächer Fachkunde, Fachrechnen und Fachzeichnen, wurden im 1. und 2. Jahr Kenntnisse der Physik und Chemie, (z.B. Leiter/Nichtleiter, Stromkreise, Wechselstrom, Arbeit und Leistung etc.) als Werkkunde gelehrt. Erst in der Oberstufe des 3. Ausbildungsjahres erfolgte die integrative Vermittlung (quasi Vorwegnahme der integrativen Technikdidaktik der 70er Jahre) von berufsspezifischen Inhalten, wie z. B. Gleichstrom-/Drehstrommaschinen, Messgeräte/Messverfahren, Beleuchtungsanlagen, Schutzmaßnahmen, Leitungsverlegung, etc[178]. Neben der bewussten Trennung von Fächern im Un-

---

[175] Vgl. Schütte, Friedhelm: Technikdidaktik zwischen Lehrmethode und Fachmethodik – Methodische Organisation von Lehren und Lernen in den Berufsfeldern Metall- und Elektrotechnik. In: Bernhard Bonz/Bernd Ott (Hrsg.): Allgemeine Technikdidaktik – Theorieansätze und Praxisbezüge. Baltmannsweiler 2003. S. 19-35.
[176] Ebenda, S. 21.
[177] Vgl. Pukas, Dietrich: Die Frankfurter Methodik – Ein Meilenstein der Berufsschulgeschichte und Berufsschuldidaktik. In: Zeitschrift für Berufs- und Wirtschaftspädagogik, 85. Jg. (1989),H.3, S. 230-243.
[178] Petersen, W. (1996): Die Gestaltung einer arbeitsorientierten Fachbildung im Berufsfeld Elektrotechnik aus curricularer Sicht. In: Lipsmeier, A. u. Rauner, F. (Hrsg.): Beiträge zur Fachdidaktik

terbau und der anschließenden Integration im Oberbau sieht die Frankfurter Methodik auch die Abwicklung des Unterrichtes in bestimmten Phasen oder Stufen vor. Auf die Anschauungsphase, in der ein Lerninhalt durch konkrete Anschauung eine Klärung erfährt, folgt die Vergeistigungsphase, in der mittels Arbeitsblatt ein geistiges Verarbeiten der Vorstellungen vorgenommen wird. Zum Abschluss erfolgt die Anwendung des Erarbeiteten durch Bearbeiten eines Aufgabenblattes durch die Schüler. Durch die Unterrichtsabfolge 1. Versuch, 2. Erklärung und 3. Berechnung wurde das Prinzip Anschauen, Denken und Anwenden umgesetzt (ebd. S. 119). Für die Auswahl des zu vermittelnden Stoffes galt dabei das Grundprinzip des exemplarischen Lernens, das im Lernfeld-Ansatz der KMK von 1997 eine gewisse Renaissance erfährt[179]. Die unterschiedlichen praktischen und technischen Perspektiven, die mit der werkkundlichen, rechnerischen und zeichnerischen Thematisierung im Unterricht initiiert wurden, förderten die Integration von Anschauung und Denken sowie die Verbindung von Theorie und Praxis (Schütte ebd. S. 22). Ziel der Frankfurter Methodik war es, das Verstehen von Zusammenhängen und damit anwendungsbereite Kenntnisse und Fertigkeiten zu fördern. Die Schüler sollten aktiv am Geschehen teilnehmen und so zur Selbständigkeit beim Lernen erzogen werden. In dieser Hinsicht handelt es sich also bei der Frankfurter Methodik um ein sehr modernes didaktisch-methodischer Konzept.

In den 1960 Jahren geriet dieses Paradigma im Zusammenhang mit der Verwissenschaftlichung des Unterrichts im technischen Schulsystem und der Favorisierung ingenieurwissenschaftlicher Bezugsdisziplinen in eine Legitimationskrise. Der Paradigmenwechsel der Fachdidaktik hatte allerdings eine Annährung an den theoretischen Diskurs in der Allgemeinen Didaktik zur Voraussetzung. Die bildungstheoretische Didaktik wurde zunehmend in die traditionelle Reflexion über Unterricht integriert. Die Kontroverse zwischen lehr- und bildungstheoretischer Didaktik um das Primat der Didaktik veränderte die Didaktik Beruflicher Bildung grundlegend und nachhaltig[180]. Die beruflichen Fachdidaktiken entdeckten einerseits die Fach- resp. Technikwissenschaften, andererseits verabschiedeten sie die tradierte Fachschul- und Berufsschuldidaktik (Schütte ebd. S. 23), also auch die jahrzehntelang bis in die 70er Jahre hinein verbreitete Frankfurter Methodik.

In Anlehnung an Schütte ist die Entdeckung der Fachwissenschaften sei den 60er Jahren eng mit der Debatte um die Didaktische Reduktion verwoben. Grüner vertritt die Ansicht, dass eine Beibehaltung des Gültigkeitsumfanges bei der didaktischen

---

Elektrotechnik. Beiträge zur Pädagogik für Schule und Betrieb, Bd. 16. Stuttgart, Holland und Josenhans, S. 120 ff.
[179] Vgl. Gerds, Peter/Zöller, Arnulf: Der Lernfeldansatz der Kultusministerkonferenz. Bielefeld 2001.
[180] Vgl. Blankertz, Herwig: Theorien und Modelle der Didaktik. München 1969 (1. Aufl.).

Reduktion nicht in jedem Fall gewährleistet werden kann. Es sollten zwei Reduktionsrichtungen nämlich Horizontale didaktische Reduktion und Vertikal didaktische Reduktion unterschieden werden[181]. Deren Aufstieg und Anerkennung durch Berufspädagogen und Didaktiker erweiterte die lehrerzentrierte und auf einzelne Unterrichtstechniken reduzierte Didaktik Beruflicher Bildung um neue Aspekte. Der Mittelpunkt der Überlegungen lag darin, dass einerseits der objektiv vorhandenen Stofffülle durch eine geeignete Methode, etwa die didaktische Reduktion nach Hering[182], begegnet werden sollte und dass zur anderen Legitimität und wissenschaftliche Akzeptanz durch eine ausgewiesene Systematik erlangt werden sollte. Hering brachte als erster die Problematik der Umsetzung von Aussagen (im natur- und ingenieurwissenschaftlichen Bereich) in die Diskussion ein. Im Zuge besonders einschneidendender technologischer Entwicklungen in dieser Zeit musste die Problematik der Umsetzung von Aussagen und Inhalten neu diskutiert werden. Herings Arbeitsschrift befasst sich mit dem Ausgangsproblem, in Lehrveranstaltungen mit gleicher Thematik in unterschiedlichen Schultypen (wie etwa Technische Hochschulen, Fachschulen, Betriebsschulen, Berufsschulen) unterrichten zu müssen.

---

[181] Vgl. Grüner, Gustav: Die didaktische Reduktion als Kernstück der Didaktik. In: Die Deutsche Schule, 59. Jg. (1957), H. 7/8, S. 414-430.
[182] Vgl. Hering, Dietrich: Zur Fasslichkeit naturwissenschaftlicher und technischer Aussagen. Berlin (Ost) 1959.

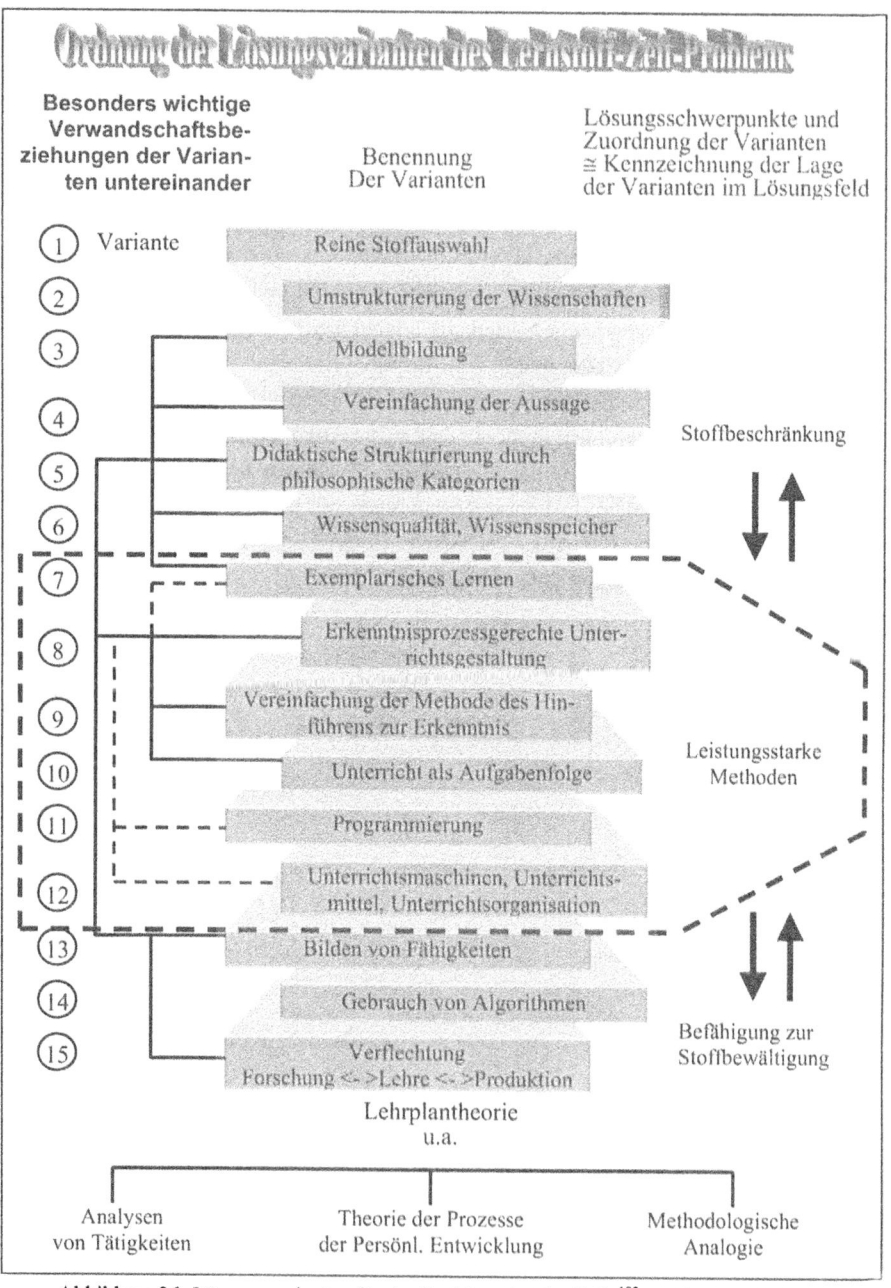

Abbildung 26: Lösungsvarianten für das Problem der Stofffülle[183] (nach Hering u.a.)

---

[183] Lipsmeier, A.: Vorlesungsskript Technikdidaktik, 2004.

Die didaktische Reduktion als „DDR-Erfindung" wurde in die westdeutsche Curriculumtheorie einbezogen; die auf der didaktischen Makroebene angesiedelte Inhaltsfrage mit der Theorie unterrichtspraktischen Handelns wurde auf der Basis einer „komplexen didaktischen Reduktion"[184] aufzufangen versucht. Die Suche nach leistungsstarken Methoden für eine Rationalisierung des Unterrichts (dazu zählen Exemplarisches Lernen, Erkenntnisprozessgerechte Unterrichtsgestaltung, Vereinfachung der Methode des Hinführens zur Erkenntnis, Unterricht als Aufgabenfolge, Programmierung, Unterrichtsmaschinen – Unterrichtsmittel – Unterrichtsorganisation) rückte in den Vordergrund (siehe Abbildung 26).

Gestützt auf Aussagen resp. Erkenntnisse der Informationstheorie hatten die angewandten Methoden der Übermittlung des vorgegebenen Stoffes die lehr- und lerntheoretische Funktion der Ordnung. Systematik im Unterricht bedeutet vorrangig eine systematische Einordnung des exemplarisch Ausgewählten und Aufbau des Systemansatzes. Diese leistungsfähigen Unterrichts- bzw. Lehrmethoden stärkten die Position der Lehrenden und vernachlässigten die Lernerperspektive. Im Zentrum der Lehrtheorie stand das „Denken in Vereinfachungsreihen". Es beschränkte sich auf eine reine, primär naturwissenschaftlich- technische Wissensvermittlung und kam über das traditionelle Verständnis von Didaktik nicht hinaus. Erst mit der Intensivierung des fach- resp. technikdidaktischen Diskurses wurde die Emanzipation von der Unterrichtsmethodik vollzogen und der Aspekt der Methode theoretisch neu akzentuiert. Das theoretische Selbstverständnis der Fach- resp. Technikdidaktik wurde durch das Paradigma der Handlungsorientierung neu akzentuiert (Schütte, ebenda, S. 26).

Die klassische Unterrichtslehre bzw. Lehrmethode wurde in eine beruf- schulspezifische Methodik transformiert. Der berufsbildenden Methodik ist ein lernortspezifischer Charakter eigen. Die Methoden unterscheiden sich für den schulischen und den betrieblichen (praktischen) Bereich. Die Fachmethodische Überlegungen zur Umsetzung einzelner Unterrichtsfächer aus der Frankfurt Methodik haben sich in jüngster Zeit zu Wort gemeldet und die Besonderheiten dieses wissenschaftlichen Objektsbereichs betont. Diese theoretische Verortung ist nach der Auffassung der Integration von Berufs- und Fachdidaktik im theoretisch-konzeptionellen Rahmen der Berufsfelddidaktik[185] weiterentwickelt (Schütte ebd. S. 27). Im Paradigma der Handlungsorientierung wird die traditionelle Unterrichtsmethodik mit dem ganzheitlichen Lehr-Lern-Ansatz konfrontiert. Die traditionelle Unterrichtsmethodik (siehe auch im Kapi-

---

[184] Vgl. Hauptmeier, Gerd / Kell, Adolf / Lipsmeier, Antonius: Zur Auswahlproblematik von Lerninhalten und zur didaktischen Reduktion wissenschaftlicher Aussagen. In: Die Deutsche Berufs- und Fachschule, 71.Jg. (1975), H.12, S. 899-922.
[185] Vgl. Pahl, Jörg-Peter: Berufsfelddidaktiken – Neue Anstöße durch das Lernfeldkonzept. In: Zeitschrift für Berufs- und Wirtschaftspädagogik, 100.Jg.(2004). H.2, S. 215-229.

tel 5.5) entsteht aus den Erkenntnissen einzelner technischer Wissenschaften und deren Methodologie im Hinblick auf Erkenntnismethoden. Integriert in ein Gesamtkonzept beruflicher Bildung, wo theoretischer und praktischer Unterricht als Einheit betrachtet wird, wird ein Programm entfaltet, das auf der Basis technisch-ingenieurwissenschaftlicher, mithin fachsystematischer Erkenntnisse, die berufliche Handlung im Arbeitsprozess integriert. Die Rezeption führt zu methodologischen Prinzipien und einer Unterrichtsmethode, die sich vom Primat der Systematik leiten lässt. Ziele des berufspädagogischen Handelns und des fachspezifisch- berufstheoretischen Unterrichts ist die Vermittlung und Erarbeitung neuer technischer und berufsfachlicher Kenntnisse. Die Explikation technischer Regeln und Prinzipien durch die Lehrer und die Aneignung methodischer Konzepte dienen sowohl zur Konstruktion eines Handlungsentwurfs als auch der Förderung von Handlungskompetenz[186]. Der unterrichtsmethodische Paradigma-Ansatz belegt in spezifischer Weise die Transformation der traditionellen Didaktik beruflicher Bildung, und gleichzeitig erweist er sich in der modifizierten Variante als anschlussfähig mit dem neuen Paradigma der Handlungsorientierung (Schütte. Ebenda, S. 28). Schütte und Bonz[187] charakterisieren die gegenwärtigen zwei Strömungen der Unterrichts- bzw. Fachmethodik: „ Die von Franz Bernard und Jörg-Peter Pahl in den technik- und fachdidaktischen Diskurs eingeführte Unterrichts- bzw. Fachmethodik akzentuiert Handlungsorientierung und in deren Folge „Methoden" in unterschiedlicher Weise. Während Bernards methodische Überlegungen primär im wissenschaftstheoretischen Kontext einer bestimmten Fach- resp. Ingenieurwissenschaft verortet sind und einzelne Aspekte der Handlungsorientierung erst in einem zweiten Schritt thematisieren, orientiert sich der Pahlsche Ansatz in erster Linie an lerntheoretischen Prämissen und erwartet von der (Fach-)methodischen Theoriebildung eine Umsetzung der berufspädagogischen Leitidee Handlungsorientierung. Im Zentrum beider Ansätze steht der Unterricht in der Schule und im Unternehmen. Auf der einem Seite wird er unterrichts- auf der anderen fachmethodisch reflektiert."[188]

Die Methoden (Unterrichtsverfahren) der fachspezifischen Methodologie orientieren an den Grundlagen der Sachlogik und der inhaltspezifischen Erkenntnisse über das fachwissenschaftliche Untersuchungsobjekt. Zur fachspezifischen Methodologie gehören Termini, wie z.B. Denkweisen, Verfahrenweisen, Arbeits- und Darstel-

---

[186] Bernard, Franz: Entfaltung von Methoden in der Technikdidaktik. In: Z. Berufs- u. Wirtschaftspädagogik, 95.Jg.(1999), H.1, S. 63-83 (Zitat S. 65).
[187] Bonz, Bernhard: Methoden des metalltechnischen Unterrichts. In: Bader, Reinhard/Bonz, Bernhard (Hrsg.): Fachdidaktik Metalltechnik. Baltmannsweiler 2001, S. 163-175.
[188] Schütte verortet die Einbringung des Prinzips der Handlungsorientierung in die Technikdidaktik wohl nicht ganz richtig.

lungsweisen, Prinzipien u.a., so auch der Gesamtzusammenhang von Erkenntnissen weltanschaulicher, erkenntnistheoretischer wissenschaftstheoretischer, wissenschaftslogischer, logischer, mathematischer oder anderer Art, das im Zusammenwirken mit fachspezifisch-theoretischen Erkenntnisse die Vorgehensweisen für weitere Erkenntnisgewinnung, für die Darstellung der Erkenntnisse sowie ihre Überlegung in die Praxis begründet[189]. Für den technischen Unterricht wird der Einsatz der folgenden Unterrichtsmethoden nach erkenntnislogischen Vorgehensweisen und unter dem Aspekt des Problemlösungsprozesses (vgl. Bührdel/Reibetanz/Tölle 1988, S. 28) vorgeschlagen:

	Merkmale	Anwendungsbereich
analytisch-synthetische Unterrichtsmethode	- Erkennen des Wesens der aus dem Ganzen herausgelösten Teile, - Synthetisieren der erkannten Teile zur Gesamterscheinung.	Analyse der Gesamterscheinung des Lernobjektes nach einem Ordnungsprinzip (Energie-, Stoff-, Informationsfluss)
induktive Unterrichtsmethode	von Besonderheit (Einzelfällen) zu Allgemein, 1. Synthetisieren der typischen Merkmale, 2. Verallgemeinern der typischen Merkmale, 3. Verifizieren der Gesetzesaussage.	Kann beim Herleiten von Grundgesetzen aus Ergebnissen von Versuchsreihen, beim Entwickeln von Diagrammen angewandt werden
Deduktive Unterrichtsmethode	1. Vom Allgemeinen zum Besonderen bzw. Einzelnen. 2. Von wahren Prämissen zu folgerichtigen wahren Aussagen. 3. Schlusskette ergibt als letzte Aussage des Erkenntnisziel.	Herleiten von gesetzmäßigen Zusammenhängen aus bekannten Gesetzesaussagen
genetische Unterrichtsmethode	- Analysieren des Problems bzw. der Ausgangssituation, - Ermitteln des zweckmäßigen Lösungsprinzips, - Schrittweises Lösen von Teilaufgaben und Aufdecken von Mängeln, Lücken und Schwachstellen, die zu neuen Teilaufgaben führen, - Formulieren von Teil- und Gesamtergebnissen	Die Entwicklung von Lernobjekten durch schrittweises Stellen und Lösen von Problemen bzw. Teilaufgaben auf der Basis eines Leitgedankens
historisierend genetische Methode	1. Historische Entwicklung in verschiedenen Zeitepochen bzw. gesellschaftlichen Verhältnissen chronologisch analysieren und strukturieren.	Durch unterschiedliche Zeitepochen (gesellschaftliche Verhältnisse) Ursachen aufdecken, die zu diesem Entwick-

---

[189] Bernard, Franz: Der fachwissenschaft-methodologische Ansatz der Technikdidaktik. In Bernhard Bonz/ Bernd Ott (Hrsg.): Allgemeine Technikdidaktik – Theorieansätze und Praxisbezüge. Baltmannsweiler 2003. S. 75. f.

	2. Kritisches Vergleichen der Analysenergebnisse mit der Weiterentwicklung in jeder Zielepoche (Einflüsse).	lungsstand, zur Weiterführung oder zum Rückgang führten.
Fallmethode	1. Konfrontation mit dem Fall, 2. Festlegung von Lösungsmöglichkeiten/ -wegen und Varianten und Beschaffen erforderliche Informationen 3. Findung der Entscheidung für optimale Lösung 4. Verteidigen des Lösungsvorschlags	- Befähigen der Lernenden zur Problembearbeitung, wenn ein repräsentativer und möglichst betrieblicher aktueller Fall den Lernenden bekannt ist
u.a.		

Tabelle 21: Unterrichtsmethoden nach erkenntnistheoretischem Ansatz[190]

Die Fachmethoden nach den integrativen und ganzheitlichen Ansätzen fordern eine Überwindung der tradierten Abtrennung von Theorie (= Technik) und Praxis (= Arbeit) hin zur Handlungsorientierung. „Dabei werden aus Gründen der Lerneffektivität und der Forderung nach Handlungsorientierung auch fachpraktische Elemente in den Unterricht übernommen"[191]. Die berufliche Bildung transzendiert damit die praktische Arbeit: theoretische Inhalte werden nicht mehr als Selbstzweck vermittelt, sondern zur Vertiefung von praktischen Erfahrungen[192]. Über eine bloße Arbeitserziehung oder ein schlichtes Fertigkeitstraining soll dabei hinausgegangen werden: die Thematisierung von Berufsarbeit und Arbeitswelt in wirtschaftlicher, sozialer und ökologischer Verantwortung soll zur Mitgestaltung der Arbeitswelt befähigen und den Bildungsauftrag der Berufsschule erweitern: Erfahrungen sollen nicht nur erklärt, sondern auch mögliche Alternativen aufgezeigt werden. Berufliches Handeln als Hauptthema soll wieder eine Einheit von instrumentellem, sozialem und kommunikativem Handeln werden (ebd. Petersen 1996, S. 293). Unter theoretischen Aspekten (Fachtheorie) hat Pahl Aspekte eines zu entwickelnden fach- bzw. arbeits- und technikmethodischen Ansatzes (ebd. Pahl S. 57) an berufliche Handlungssystematik formuliert. Hier werden die fach- bzw. technikspezifischen Ausbildungs- und Unterrichtsmethoden in verschiedenen Lernbereichen der Technik geordnet wie: mit vorwiegend fachlich-inhaltlicher Zielsetzung, mit primär fachlich-prozessualer Zielset-

---

[190] Dazu sind noch die Publikationen von Bernard, Schröder; Bührdel, Reibetanz, Tölle u.a. heranzuziehen.

[191] Jörg-Peter Pahl: Bausteine beruflichen Lernens im Bereich Technik- Teil 2: Methodische Konzeptionen für den Lernbereich Technik. Alsbach/Bergstraße 1998, S. 75

[192] Petersen, W.: Die Gestaltung einer arbeitsorientierten Fachbildung im Berufsfeld Elektrotechnik aus curricularer Sicht. In: Lipsmeier, A. u. Rauner, F. (Hrsg.): Beiträge zur Fachdidaktik Elektrotechnik. Beiträge zur Pädagogik für Schule und Betrieb, Bd. 16. Stuttgart, Holland und Josenhans 1996, S. 268.

zung und mit vorwiegend allgemeiner Zielsetzung. Die Methoden nach fachlich-inhaltlicher Zielsetzung sind fragend-entwickelndes, darbietendes, forschend-entwickelndes Ausbildungs-/Unterrichtsverfahren. Im Bereich Technik mit primär fachlich-prozessualer Zielsetzung sind Ausbildungs-/Unterrichtsverfahren anzuwenden wie: Funktionsanalyse, Technisches Experiment, Technisches Projekt, historisch-genetische Methoden, Konstruktionsaufgaben und Konstruktionsanalyse, Fertigungsaufgaben und Fertigungsanalyse, Instandhaltungsaufgaben und Instandhaltungsanalyse, Recyclingaufgaben und Recyclinganalyse (ebd. Pahl S.92. ff., S. 148. ff.). Besonders im Bereich der Hochtechnologie ist die Systemanalyse-Methode gefordert[193].

Auch in der Ausrichtung der Handlungsorientierung im Gestaltungsprozess soziotechnischer Systeme unterliegen die Unterrichtsverfahren einer anderen Betrachtung, die dem Ganzheitlichen Ansatz folgen; spezifische Teilprobleme wie Systemfunktion, Systemkonzept, Systemkonstruktion, Systemfertigung, Systemwartung zielen nicht nur auf Wissen und Fähigkeiten, sondern sie gehen von Problemen aus und ermöglichen Problemlösungen. Als Unterrichtsverfahren nach diesem methodischen Ausgangspunkt werden nach Nashan/Ott Versuchsorientierter, Problemorientierter und Projektorientierter Unterricht vorgeschlagen[194].

Methoden oder Unterrichtsverfahren sind vielseitig zu betrachten. Sie stehen in dialektischen Beziehungen zu Lernzielen. Für methodische Auswahl zur Planung von Lehr-Lernprozessen erscheint im Anlehnung von Bonz eine hierarchische Entscheidungsabfolge nach Ebenen – beginnend mit der Gesamtkonzeption günstig (siehe Abbildung 27). Methoden des metalltechnischen Unterrichts werden zunächst den Gesamtkonzeptionen zugeordnet. Die Charakterisierung der Methoden auf den verschiedenen Entscheidungsebenen erleichtert rationale und zielorientierte Entscheidungen bei methodischer Planung von Lehr-Lern-Prozessen[195].

---

[193] Vgl. Pahl, Jörg-Peter Pahl; Schütte, Friedhelm: Berufliches Lernen im Bereich der Hochtechnologie durch Verbundausbildung. In: Pahl, Jörg-Peter; Schütte, Friedhelm; Vermehr, Bernd (Hrsg.): Verbundausbildung – Lernorganisation im Bereich der Hochtechnologie. Bertelsmann 2003, S. 40. ff.
[194] Vgl. Nashan, Ralf / Ott, Bernd: Unterrichtspraxis Metalltechnik / Maschinentechnik. 2. Aufl., Bonn 1995, S. 61 ff.
[195] Vgl. Bonz, Bernhard: Methoden des metalltechnischen Unterrichts. In: Bader, Reinhard; Bonz, Bernhard (Hrsg.): Fachdidaktik Metalltechnik. Baltmannsweiler 2001, S. 173.

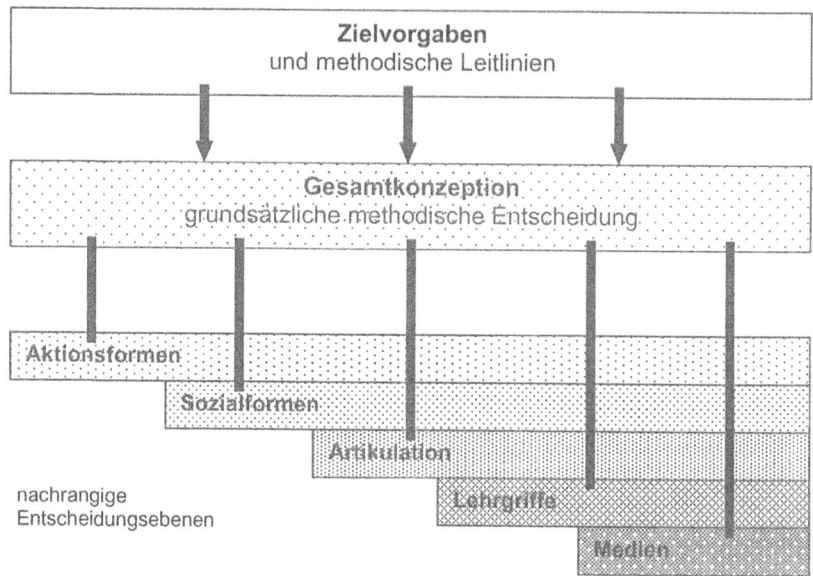

Abbildung 27: Methodische Entscheidungsebenen[196]

Nach Auffassung von Bonz können die Methoden in zwei Gesamtkonzeptionen eingeteilt werde, nämlich linear-zielgerichtete und offene. Die paarweise Anordnung von Methoden: Konstruktionsaufgaben und Konstruktionsanalyse, Fertigungsaufgaben und Fertigungsanalyse, Instandhaltungsaufgaben und Instandhaltungsanalyse, Recyclingaufgaben und Recyclinganalyse verweist darauf, dass sich hier zwei Gesamtkonzeptionen in verschiedenen Technikbereichen wie: „Synthetisierend" – „analysierend" und auch „konstruktiv" – „erklärend" gegenüber stehen[197].

Eine andere Auffassung zur leichten Auswahl der didaktisch-methodischen Gestaltungselemente beruflichen Unterrichts für die Planung von Lehr- Lernprozessen ist in Anlehnung Hortsch der Vorschlag, die Methodenebenen nach „äußerer" und „innerer" Seite zu ordnen[198]. Damit können die unterschiedlichen Legitimationen der Methoden des gewerblich-technischen Unterrichts mit Haupt-Charakteristika von „wissenschaftlicher Fachsystematik" und „beruflicher Handlungssystematik" zusammengefasst werden:

---

[196] Nach Bonz, Bernhard: Methoden der Berufsbildung. Ein Lehrbuch. Stuttgart 1999, S. 30.
[197] Vgl. Bonz, Bernhard: Methoden des metalltechnischen Unterrichts. In: Bader, Reinhard; Bonz, Bernhard (Hrsg.): Fachdidaktik Metalltechnik. Baltmannsweiler 2001. S. 169.
[198] Hortsch, Hanno; Kersten, Steffen (2003): Vorlesungsskript und auch in: http://rcswww.urz.tu-dresden.de/~kersten/Page4.html

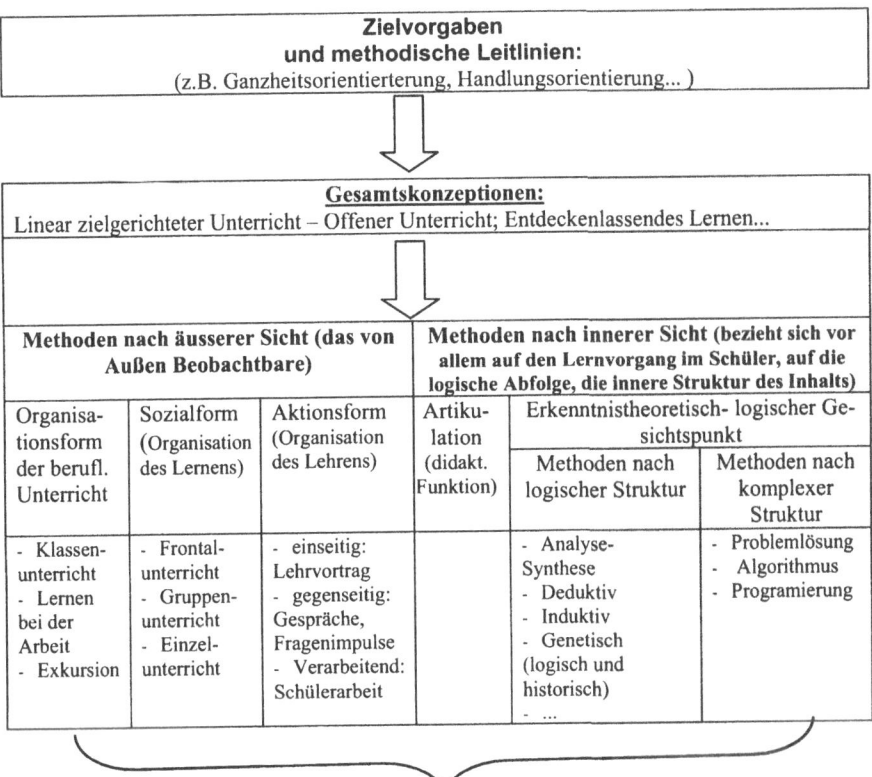

Abbildung 28: Methodischen Gestaltungselemente (nach Hortsch)

5.7. Die Fachdidaktik Metall und Maschinentechnik in der Lehrausbildung

Die deutsche Fachdidaktik der Berufbildung hat sich – wie oben dargestellt – in einer langen Geschichte entwickelt. Sie steht damit von Anfang an im Spannungsfeld zwischen fachwissenschaftlichen Erkenntnissen, beruflichen Anforderungen und schulischer bzw. betrieblicher Realität. Spätestens seit der Veröffentlichung des Strukturplans für das deutsche Bildungswesen des Deutschen Bildungsrates (1970) werden Fachdidaktiken als wissenschaftliche Subdisziplinen begriffen, die sich um die Herausarbeitung der Zusammenhänge und Differenzen der fachwissenschaftlichen und erziehungswissenschaftlichen Bezugsdisziplinen bemühen, indem sie deren unterschiedliche Befunde unter dem Aspekt der beruflichen Bildung in Schule und Betrieb zu vermitteln suchen. Die große Bedeutung der Fachdidaktiken für die Qualität der Lernprozesse in der beruflichen Bildung und damit ihr Stellenwert in der Lehrerbildung werden heute von niemandem ernsthaft in Frage gestellt. Entsprechend ist die Ausbildung zum Lehramt an beruflichen Schulen nach der Grundstruktur des KMK-Lehrerbildungsmodells aus dem Jahr 1995 bundesweit konstruiert und mit obligatorischen fachdidaktischen Studienanteilen ausgestattet[199]. Dennoch ist mit Pätzold (2003) festzustellen, dass die Aufgaben und Ziele der beruflichen Fachdidaktiken aus zwei Gründen noch immer „unterbestimmt" sind. Zum einen variiert die konkrete Ausgestaltung technikdidaktischer Studien im Rahmen der Lehrerbildung für die technisch-beruflichen Fachrichtungen ganz erheblich, je nach den Rahmenbedingungen in den einzelnen Bundesländern und in den einzelnen Hochschulen oder auch Instituten.[200] In dieser Hinsicht ist nicht nur daran zu erinnern, dass Fachdidaktiken in unterschiedlichen Ausbildungsberufen, sondern auch in unterschiedlichen Schularten – von der gymnasialen Oberstufe bis zum Berufsvorbereitungsjahr und der beruflichen Weiterbildung – zum Einsatz kommen. Und zum anderen ist es auch nicht in allen Bundesländern gelungen, die beruflichen Fachdidaktiken „als eigenständige Wissenschaftsbereiche mit präzisen Aufgaben, Methoden und profilbildenden Standards in der Forschung zu etablieren". (Pätzold, ebd., S. 63)

Unter personellen Aspekten ist festzustellen, dass es an einigen Universitäten Professorenstellen gibt, häufiger wird die Fachdidaktik allerdings von abgeordneten Lehrkräften aus dem beruflichen Schulwesen oder von Lehrbeauftragten wahrgenommen, was auf Kosten der Forschungsintensität in diesem Bereich geht. In organisatorischer Hinsicht ressortiert die Fachdidaktik/Technikdidaktik zumeist bei den berufspädagogischen Instituten; in wenigen Ausnahmen (z.B. Dresden, Magdeburg) gibt es selbständige Lehr- und Forschungseinrichtungen. Praktisch nicht anzutreffen ist die Zuordnung der Technikdidaktik zu den Ingenieurwissenschaften, trotz des Grundsatzes im „Strukturplan für das Bildungswesen" des Deutschen Bildungsrates von 1970: „Fachdidaktik ist im Fach verwurzelt. Sie verbindet das Fach mit der Schulpraxis" (S. 225). Dieses Prinzip ist beispielsweise an der Universität Karlsruhe etwa ein Jahrzehnt lang realisiert worden, dann aber aus Kostengründen aufgegeben worden. Die Struktur der Ausbildung in der ersten Ausbildungsphase ist nach der

---

[199] Vgl. Tade Tramm: Lehrerbildung für den berufsbildenden Bereich in Deutschland zwischen Wissenschafts- und Praxisbezug. In: Achtenhagen, F./John, E. G. (Hrsg.): Meilensteine der beruflichen Bildung. Band 1: Lehren und Lernen in der beruflichen Bildung. Bielefeld (Bertelsmann) 2002 und auch im: www.ibw.uni-hamburg.de/personen/ mitarbeiter/**tramm**/Goe-**lehrerbildung**-pub.pdf

[200] Vgl. hierzu insbesondere die Beiträge von Bonz in: Bonz, Bernhard/Ott, Bernd: Fachdidaktik des beruflichen Lernens, Stuttgart 1998, S. 31-59 und S. 268-291.

Rahmenvereinbarung der Kultusministerkonferenz aufgebaut: Berufliche Fachrichtung als Erstfach im Umfang von etwa 80 Semesterwochenstunden, Unterrichtsfach als Zweitfach im Umfang vom 50 Semesterwochenstunden und die Erziehungswissenschaften (Schwerpunkt Berufspädagogik) im Umfang von 30 Semesterwochenstunden. Die Fachdidaktiken der beruflichen Fachrichtungen sind in das Studium dieser Fachrichtungen integriert, sie umfassen zwischen sechs und zehn Semesterwochenstunden. Die häufigen Themen fachdidaktischer Veranstaltungen sind im allgemeinen: Theorien der Fachdidaktik, Entwicklung von Technik und Arbeitsorganisation, Systemtheorie der Technik, Unterrichtsplanung, Unterrichtsmethodik, didaktische Reduktion, Medieneinsatz, Richtlinien und Lehrpläne und sie werden in methodischen Formen wie Vorträge von Lehrenden, Referate von Studierenden, Gruppenarbeit, Praxiserkundungen durchgeführt[201]. Die konkreten Inhalte und Formen der Durchführung sind zwischen den Universitäten unterschiedlich. Anhand der Analyse von den Skripten der Lehrveranstaltung von Technikdidaktik/Fachdidaktik Metall-Maschinentechnik der Technischen Universitäten wie TU-München, TU-Hannover und TU-Karlsruhe komme ich zu folgender Zusammenfassung der Themen der Fachdidaktik Metall-Maschinentechnik:

1	Begriff, Gegenstand der Didaktik und Fachdidaktik; Auseinandersetzung mit technikdidaktischen Grundkonzeptionen und deren Bewertung im Hinblick auf ihre Bedeutung für die Planung, Durchführung und Evaluierung von Technikunterricht: *Didaktische Modelle:* - *Bildungstheoretische Didaktik* - *Lehr-/Lerntheoretische Didaktik* - *Kybernetisch-informationstechnische Didaktik* *Technikdidaktische Ansätze:* - *Integrative Technikdidaktik* - *Systemtheoretische Technikdidaktik* - *Ganzheitliche Technikdidaktik* - *Gestaltungsorientierte Technikdidaktik* - *Offene – Geschlossene Methodenkonzepte*
2	Geschichtliche Entwicklung und die Ordnung der Metallberufe
3	Curricula in der Berufsausbildung und Lernfeldkonzept
4	Unterrichtsanalyse und Unterrichtsplanung: - Lernzieltheorien, Lernziele in Metalltechnik *(Allgemeine Zielsetzungen der metallgewerblichen Berufsausbildung nach Ausbildungsordnung und Rahmen-*

---

[201] Vgl. Bader, Reinhard: Technikdidaktik im Studium. In: Reinhard Bader, Bernhard Bonz (Hrsg): Fachdidaktik Metalltechnik. Baltmannsweiler 2001.

		lehrplan; Kriterien für die Identifikation und Auswahl von Lernzielen und Lerninhalten für den metallgewerblichen Technikunterricht; Auswahl geeigneter Lernziele und Lerninhalte mit Hilfe der entwickelten Kriterien) - Didaktische Prinzipien *(Prinzip der Zielordnung, Prinzip der Motivierung, Prinzip der Strukturierung, Prinzip der Aktivierung, Prinzip der Angemessenheit, Prinzip der Erfolgssicherung u.a.)* - Sachstruktur in Metalltechnik *(Didaktische Strukturierung)* - Reduktionstheorie und Beispiele - Unterrichtsverlauf, Artikulation
5		Aktionsformen: *Darstellende Unterrichtsform, Erarbeitende Unterrichtsform, Entdecken-lassende Unterrichtsform, Projektmethode* Sozialformen: *Gruppen-, Einzelunterricht; Selbstlernen; e-Learning* Methodische Grundformen (Erkenntnistheoretisch Methoden): *analytisch-synthetisch; induktiv; deduktiv; genetisch (logisch und historisch); forschend (Problemstellung und problemlösend)*
6		Handlungsorientierung Unterricht Metalltechnik
7		Medien und Medieneinsatz im Metalltechnik; Lehrbuchanalyse/-Kritik
8		Lernergebnissicherung und Lernergebnisbemessung;

Tabelle 22: Themen der Fachdidaktik Metall-Maschinentechnik

Trotz aller Bemühungen, die Lehrerbildung für das berufliche Schulwesen im Hinblick auf die fachdidaktischen Studien zu vereinheitlichen und zu verbessern, ist gerade auch was die Berücksichtigung neuerer didaktischer Leitideen wie Handlungsorientierung, Ganzheitlichkeit oder Lernfeldkonzeption festzustellen, dass sich die Universitäten noch immer sehr schwer damit tun, zu berücksichtigen, dass die angehenden Lehrer an berufsbildenden Schulen anders strukturierte Formen wissenschaftlichen Wissens benötigen als zukünftige Diplomingenieure. Deshalb bleibt es meist den Studierenden selbst überlassen, die unterschiedlichen Teilbereiche ihres Studiums zu integrieren und zur Grundlage ihrer beruflichen Handlungskompetenz zu machen.

Vor dem Hintergrund der bisherigen Ausführungen ist leicht nachvollziehbar, dass die aktuelle Diskussion um die Weiterentwicklung der fachdidaktischen Studienanteile im Rahmen der Lehrerbildung sehr grundsätzliche Fragen berührt. So hebt beispielsweise Pätzold (2003) darauf ab, dass die Lehrbildung bislang keiner systematischen, an wissenschaftlichen Standards orientierten Wirkungsanalyse unterzogen wurde. Er schlägt daher vor, sich bei einem solchen Unterfangen an dem von Oser[202] entwickelten und empirisch überprüften Konzept der Standards für die universitäre Phase der Lehrerbildung zu orientieren. Diese Standards sind dazu geeignet, auch den

---
[202] Vgl: Oser, Fritz: Standards in der Lehrerbildung. In: Beiträge zur Lehrerbildung. Zeitschrift zu Theorie und Praxis der Grundausbildung, Fort- und Weiterbildung von Lehrerinnen und Lehrern 16, 1/2, (1997), S. 26-37; 210-228.

spezifischen fachdidaktischen Forschungen im Bereich der Metall- und Maschinentechnik einen geeigneten systematischen Rahmen bereit zu stellen.

1. Lehrer-Schüler-Beziehungen
2. Schülerunterstützendes Handeln und Diagnose
3. Bewältigung von Disziplinproblemen und Schülerrisiken
4. Aufbau und Förderung von sozialem Verhalten
5. Lernstrategien vermitteln und Lernprozesse begleiten
6. Gestaltung und Methoden des Unterrichts
7. Leistungsmessung
8. Medien
9. Zusammenarbeit in der Schule
10 Schule und Öffentlichkeit
11. Selbstorganisationskompetenz der Lehrkraft
12. Allgemeindidaktische und fachdidaktische Kompetenzen

Abbildung 29: Standards professionell ausgebildeter Lehrpersonen (vgl. Oser 1997, S. 31)

Diese Bezeichnungen stehen für Gruppen von Standards, die die pädagogisch-didaktischen Ansprüche formulieren, denen ein gut ausgebildeter Lehrer genügen sollte. Entsprechend sollten sich auch eine erfolgreiche Lehrerbildung und damit auch die sie tangierende Forschung daran orientieren. Insbesondere die Standards in Gruppe 6 und 12 sind für fachdidaktische Fragestellungen von Interesse. Deshalb seinen für beide auch die entsprechenden Operationalisierungen kurz aufgelistet.

Ich habe in der Lehrerinnen- und Lehrerbildung gelernt, z.B.

- den Unterricht so zu gliedern, dass den Schülerinnen und Schülern vielfältiges Handeln (schreiben, lesen, sprechen usw.) möglich wird;
- die Phasen des Unterrichts, in denen Schülerinnen und Schüler aufnehmen, verarbeiten und kontrollieren, klar und eindeutig zu bestimmen und zu gestalten;
- die Möglichkeiten und Grenzen projektorientierten Unterrichts einzuschätzen;
- verschiedene Formen des individuellen und selbstständigen Lernens im Unterricht zu verwirklichen;
- Gruppeneinteilungen nach unterschiedlichen Kriterien und Prinzipien vorzunehmen;
- Gruppenresultate auf vielfältige Weise zu verarbeiten;
- jahrgangsübergreifend zu unterrichten;
- wie man eine Werkstatt vorbereitet und Werkstattunterricht sinnvoll organisiert;
- wie man Diskussionen von Schülerinnen und Schülern, die spontan entstehen, fruchtbar gestalten und auch effizient zu einem Ende bringen kann.

Abbildung 30: Gestaltung und Methoden des Unterrichts (vgl. Oser 1997, S. 34)

Die nachfolgenden Kompetenzen aus der Standardgruppe 12 sind stärker an klassischen didaktischen Themen orientiert.

Ich habe in der Fachdidaktik z. B. gelernt
- gesellschaftlich und fachlich bedeutsame Lerninhalte auszuwählen: - Lernziele im kognitiven, emotionalen und/oder psychomotorischen Bereich zu formulieren; - die ausgewählten Lerninhalte schul- und lernlogisch zu gliedern; - den Unterricht so aufzubauen, dass verschiedene Formen der sozialen Interaktion möglich sind; - mich bei der Unterrichtsdurchführung an meiner Planung zu orientieren und trotzdem bei Unvorhergesehenem flexibel zu reagieren; - unterschiedliche Methoden und Sozialformen inhaltsspezifisch angepasst einzusetzen; - Methoden zu variieren und die Methodenwahl zu begründen; - welches die wichtigsten Schritte des Problemlösens sind und wie man sie im Unterricht verwirklicht; - wie man Schülerinnen und Schülern reale Erfahrungen ermöglicht, diese reflektiert und mit vermitteltem Wissen koppelt; - wie man mit Schülerinnen und Schülern einen Begriff oder ein Konzept aufbaut und anwendet und sie dabei aktiv mitarbeiten lässt; - den Aufbau der Fachinhalte über mehrere Klassen mithilfe des Lehrplans und der Schulbücher klar zu strukturieren; - die Vor- und Nachteile unterschiedlicher Schulbücher zum Fach aufzuzeigen: - Fachlehrmittel zu bewerten, auszuwählen und dem Lehrplan entsprechend einzusetzen; - mit den Schülerinnen und Schülern übersichtliche und realistische Tages-, Wochen-, Halbjahres- und Jahrespläne zu erstellen; - zu einer Lektion oder Lektionsgruppe eine inhaltliche Strukturskizze zu erstellen; - exemplarische Inhalte auszuwählen; - die Inhalte des Fachlehrplanes sinnvoll in ein Unterrichtsprogramm zu verarbeiten; - selber Übungsmaterialien, ähnlich wie sie sich in einem Lehrbuch finden, herzustellen; - wie man sinnvolle Hausaufgaben erteilen und überprüfen kann; - den Schülerinnen und Schülern Möglichkeiten zur mehrfachen Verarbeitung (schriftlich, bildlich…) von neuen Lerninhalten zu geben; - alternative Lehr-Lern-Strukturen wie Projekte, handlungsorientierten Unterricht etc. erfolgreich durchzuführen.

Abbildung 31: Allgemeindidaktische und fachdidaktische Standards (Oser 1997, S. 35)

Auch ohne die weiteren Details des Konzepts von Oser hier diskutieren zu müssen, wird deutlich, dass die Erforschung und Entwicklung fachdidaktischer Modelle ein komplexes Unterfangen darstellt. Dafür ist der interdisziplinäre Diskurs zwischen den Fachwissenschaften, der Berufspädagogik/Erziehungswissenschaft und der Pädagogischen Psychologie grundlegend. Ob dabei der Weg, der eingeschlagen wird in Richtung Berufsfeldwissenschaften weist, wie dies einige vermuten, wird sich erst noch erweisen müssen. Ausschlaggebend hierfür ist angesichts der zuvor geschilderten knappen institutionellen und personellen Ressourcen an den deutschen Universitäten, dass es gelingt, wie erst jüngst wieder gefordert, entsprechende Lehr- und Forschungskapazitäten aufzubauen (vgl. Pätzold 2003, S. 70).

6. Konzeptionierung einer Fachdidaktik Metall- und Maschinentechnik für die Ausbildung von Berufsschullehrern in Vietnam

6.1. Grundlagen zur Konzeptionierung

Die Konzeptionierung einer Fachdidaktik Metall- und Maschinentechnik für die Ausbildung von Technik-/Berufsschullehrern in Vietnam unter Berücksichtigung der Bedingungen, die ich im vorigen Kapiteln analysiert habe, soll das Ergebnis dieser Arbeit bilden, wie im folgenden dargestellt wird. Hier werden die Grundidee und ihre Begründungen für die Konzeptionierung reflektiert. Die Inhalte der vorgeschlagenen fachdidaktischen Themen sollen im nächsten Kapitel dargestellt werden.

Auf der Basis der Fachdidaktik und der entsprechenden Diskussion in der BRD versuche ich die Fachdidaktik Metall-/Maschinentechnik für Vietnam zu transformieren. In Anlehnung an Schütte[203] hat eine moderne Fachdidaktik auf allen drei Ebenen didaktischer Theoriebildung zieltheoretische, prozesstheoretische und handlungstheoretische Argumente im Kontext der Sozial- und Erziehungswissenschaft zu berücksichtigen. Auf dieses Raster wie auch nach der Festlegung über die Aufgaben der Fachdidaktik gemäß Auffassung des Deutschen Bildungsrates (siehe Kapitel 5.1) und Anlehnung an Ott (1997, S. 91) soll das Konzept der Fachdidaktik ausgerichtet werden.

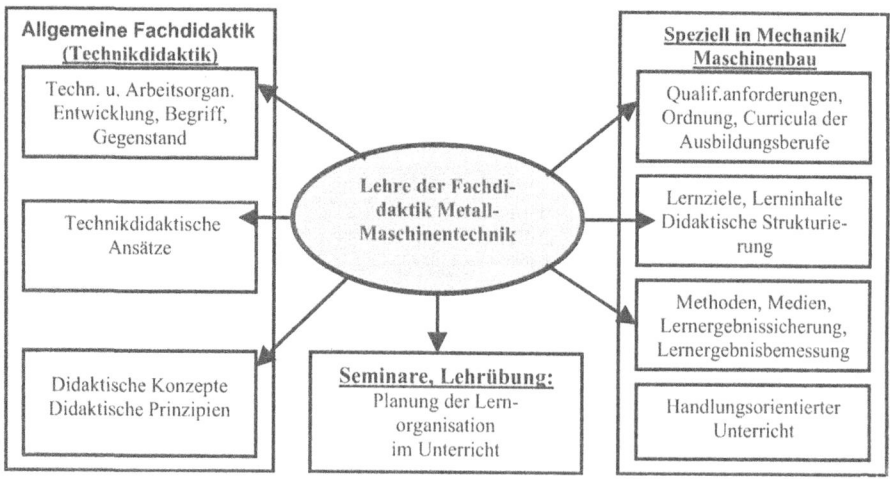

Abbildung 32: Fachdidaktische Themen in der Ausbildung von Technischen Lehrern

---

[203] Vgl. Schütte, Friedhelm (2000): Quo vadis – Berufliche Fachdidaktik? Überlegungen zu Weiterentwicklung der Fachdidaktiken beruflichen Lernens, S. 17.

Gegenstand der Lehre Fachdidaktik Metall- Maschinentechnik ist die arbeitsorientierte Vermittlung von Inhalten in der berufschulischen Ausbildung von Facharbeitern sowie die Inhaltsauswahl und die Strukturierung, die Methodik der Lehre, der Medieneinsatz und die erforderlichen Ausstattungen in diesen Berufsfachrichtungen. Die Fachdidaktik als Bindeglied zwischen wissenschaftlichen Einzeldisziplinen und beruflichen Praxisfeldern[204] wird in drei Hauptgebiete gemäß der o.a. Abbildung eingeteilt.

Die fachdidaktische Diskussion und die Realität der Ausbildung von Berufsschullehrern in Vietnam haben einige Parallelen, aber auch einige Unterschiede zur BRD. Das Verhältnis von Allgemeiner Didaktik und Fachdidaktik zu bestimmen, stellt deswegen eine Problem dar, weil sich diese beiden Gebiete in der Ausbildung von Technik-/Berufschullehrern nach traditioneller Organisation der pädagogischen Ausbildung von Lehrern in Vietnam nicht überlappen sollen. Die Didaktik wird im Fach „Erziehungstheorie" oder im Fach „Didaktik der Berufsbildung" in allen UTEs und TTTCs gelehrt. In der UTE Ho Chi Minh Stadt werden noch dazu das Fach „Unterrichtsmethoden" und „Technik-Fachdidaktik der Berufsfachrichtungen" unterrichtet. Weil die Fachdidaktik der Berufsbildung aus der Allgemeinen Didaktik entwickelt ist und weil wenig informative Forschungen in Fachdidaktik und Didaktik der Berufsbildung vorliegen, ist die Didaktik der Berufsbildung ähnlich wie die Allgemeine Didaktik bei der Ausbildung von allgemeinen Lehrern. Natürlich soll die Didaktik auch für die Gestaltung von beruflichem Unterricht gültig sein. Doch der Inhalt dieses Faches überlappt sich mit dem Inhalt des Faches „Allgemeine Didaktik". Das Problem besteht in Vietnam darin, dass bislang erst sehr wenige richtigen Vertreter oder Wissenschaftler in den Hochschulen im Bereich Didaktik und Fachdidaktik anzutreffen sind; andererseits wurden wegen der wirtschaftlichen sowie politischen Situation in den 80 – 90 Jahren die Didaktik und Fachdidaktik vernachlässigt; sie galten als eine zweite Klasse in den Wissenschaften. Viele Pädagogen beklagten sich darüber. Die verbliebenen Kenntnisse aus Osteuropaländern, besonders der DDR (dialektische Didaktik), wurden nicht weiter entwickelt oder allenfalls geringfügig transformiert. Die neue Entwicklung der Fachdidaktik als eigenständiger Wissenschaft soll die Allgemeine Didaktik in der Ausbildung von Technik-/Berufschullehrern in Vietnam ersetzen. Die Fachdidaktik gehört zum didaktischen Kontext. Sie soll sich mit den fachspezifischen Anteilen des Unterrichts und der Berufsfelder befassen. Fachdidaktik soll nicht als außenstehender Anteil der Didaktik gesehen werden, sondern sie soll gleichberechtigt mit der allgemeinen Didaktik im didaktischen Kontext stehen.

---

[204] Vgl. Jenewein, Klaus: Didaktik der Technik in der Lehrausbildung beruflicher Fachrichtung. In: Bader, Reinhard; Jenewein, Klaus (Hrsg.): Didaktik der Technik zwischen Generalisierung und Spezialisierung. Frankfurt am Main, 2000, S. 162 ff.

Grundsätzlich können Fachdidaktiken lediglich von allgemeindidaktischen Modellen wie etwa von der deutschen Didaktik transformiert werden. Als Modelle können didaktische Theorien nur Stücke eines komplexen fachdidaktischen Problemfeldes in den Blick nehmen. Neben der dialektischen Didaktik, die in Vietnam noch zur Zeit gelehrt wird, sollen die bildungstheoretische Didaktik Klafkis, die lerntheoretische Didaktik Heimanns, die informationstheoretische Didaktik v. Cubes, die lernzielorientierte Didaktik von Möller für die Analyse und Planung von Unterricht, die primär auf den praktischen Zweck der Lehrerausbildung zugeschnitten sind, einbezogen werden.

Wie im Kapitel 4.2. über die gegenwärtige und die neuste Entwicklungslinie des Curriculums (siehe 4.2) in der Berufsausbildung dargestellt worden ist, ist die Ausbildung der anspruchvollen Berufe, der höheren Berufe und die Fachausbildung in enger Anlehnung an die Fachsystematik konstruiert. Das heißt, das die Allgemeinen Fächer, die Technischen Grundlagenfächer und die Fachtheorien in Schulklassen entsprechend der fachlichen Systematik durchgeführt werden. Diese Form dominiert aus der Sicht der Lehrenden die Realität der vollberuflichen Ausbildung. Die Berufspraxis-Übungen werden in Lehrwerkstätten exemplarisch, aber lehrgangförmig behandelt (siehe Exkurs in Kap.5.1). Möglicherweise kann dieser Ausbildungsanteil in Modulen entsprechend den Handlungsfeldern aufgebaut werden. Diese Situation zeigt, dass beide Konzepte bei der Entwicklung von Curriculum und in der Durchführung von Berufsbildungsprozessen sowohl gemäß des Systematik- als auch des Situationsorientierungskonzeptes in Vietnam nebeneinander betrachtet werden. Ein großes Problem des vietnamesischen Berufsbildungssystems liegt darin, dass die berufliche Erstausbildung in mehreren Formen durchgeführt wird. Die Kurzzeitausbildung folgt dem Jobkonzept; hier werden meistens lediglich Praxis und praxisbezogene Theorie behandelt. Die Langzeitausbildung (anspruchsvolle Berufe, höhere Berufe) und die Fachberufsausbildung (siehe Kapitel 4.2) sind nach dem Berufskonzept für Absolventen der Sekundarschule II vorgesehen. Ein anderes Problem aus der Sicht der Fachdidaktik ist das Ordnungssystem der Berufe (siehe Kapitel 4.1). Der Versuch von MOLISA und MOET zu einem einheitlichen Curriculum der Berufsausbildung in Form von Fachsystem und Modulsystem ist noch in der Entwicklung, und so bleibt die Fachdidaktik in der Lehrausbildung gegenwärtig mehr eine Orientierung und Problemfindung in der Curriculumentwicklung als ein geschlossenes Konzept.

Das Wirtschaftssystem und der Arbeitsmarkt in Vietnam (siehe 1.2.1 und 4.4) sind seit einigen Jahren eindeutig in Richtung Industrialisierung in Bewegung. Mit dem Ziel, die Wettbewerbsfähigkeit im Globalisierungsprozess zu steigern, sollen neue Produktionsformen parallel mit neuer Technik entwickelt werden. Neue Produktionsformen bedeuten neue Arbeitsinhalte mit neuen Formen der Arbeitsorganisation, also mit selbständigem, eigenverantwortlichem Handeln. Das ist der Kernpunkt der Facharbeit von morgen. Flexibilität, Selbständigkeit, Reflexions- und Kritikfähigkeit, Kooperationsbereitschaft und Eigenverantwortlichkeit werden immer stärker von Unternehmen nachgefragt. Die Leitziele in dem Bildungsgesetz betonten fachspezifische und fachübergreifende Bestandteile in allgemeiner Form wie: „The objective of job education is to train working people with *knowledge* and *professional know-how* of different levels, *good ethics, professional conscience, the sense of discipline, an industrial style* and good health with a view to creating conditions for the working people to have the capacity to find a job and meeting the needs of socio-economic development and strengthening national defense and security" (Article 29.- Objective of job education). Um diese Ziele zu erreichen, fehlt die didaktische Weiterentwicklung oder Theoriebildung, besonders im Hinblick auf die übergreifenden Leitziele *„good ethics, professional conscience, the sense of discipline, an industrial style",* die in Richtung konkreter Anforderungen der heutigen Qualifikationen akzentuiert und konkretisiert werden müssen, wenn sie nicht nur präambelhaft und realitätsfern als staatliche Werbekampagne. Zur Orientierung der pädagogischen Handlungen der zukünftige Berufsschullehrer soll die Fachdidaktik in Lehre und Forschung eine neu zu begründende Ganzheitlichkeitsorientierung in den Mittelpunkt stellen.

Um die Qualität des Unterrichts zu verbessern, bemüht sich die Methodik in Vietnam um die Verbreitung der Vermittlungsmethoden im Allgemeinen. Zur Erreichung des Leitziels „Ganzheitlichkeitsorientierung", das nicht nur fachliche, sondern auch fachübergreifende Lernziele (etwa ökologische Aspekte) beinhaltet, fordert die neue Fachmethodik tendenziell die Erhöhung der Schüleraktiv im Kontext der Handlungsorientierung, wie die untere Abbildung 33 zeigen soll.

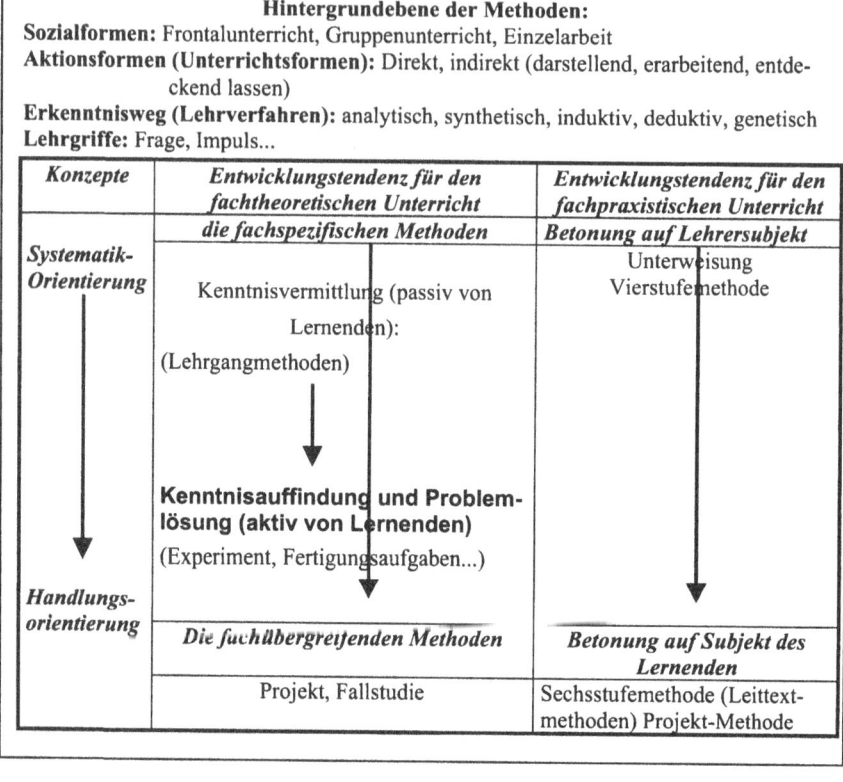

Abbildung 33: Methodenraster und Förderungstendenz der didaktischen Methoden in der Berufsausbildung

Die konkreten fachspezifischen Methoden im Berufsfeld „Metall-Maschinentechnik" im Vergleich zur deutschen Fachdidaktik, wie in den Vorschlägen von Pahl[205], sollen noch in Vietnam entwickelt werden. Mit den Aufgaben der Fachmethodik, die methodischen Handlungen der Lernenden anzuleiten, wird sich die Lehre der Fachmethodik von der Optimierung der Vermittlungsmethoden (lehrzentriert) zur Entwicklung von neuen Methoden (lernzentriert) in Richtung Handlungsorientierung weiterentwickeln müssen. Wie schwer und langwierig dieser Weg sein wird, dürfte im Kontext der Diskussion vietnamesischer Erziehungs- und Sozialisationspraktiken deutlich geworden sein (vgl. Kap. 4.5.1).

---

[205] Jörg-Peter Pahl: Bausteine beruflichen Lernens im Bereich Technik. Teil 2: Methodische Konzeptionen für den Lernbereich Technik. Alsbach/Bergstraße, 1998. S. 57.

Eine Besonderheit in der vietnamesischen Lehrausbildung ist zu beachten, dass die Ausbildung nur in einer Phase betrieben wird, im Unterschied zum deutschen zweiphasigen Modell (Universität + Referendariat). Das bedeutet, dass alle notwendigen Inhalte der Fachdidaktik im Lehrfach „Fachdidaktik der Beruflichen Fachrichtungen (Berufsfeld)" behandelt werden müssen, also als Integration von Theorie und unterrichtlicher Anwendung.

6.2. Grobstrukturierung des Konzepts, Grobgliederung mit kurzen Inhaltsskizzen im Lehrfaches „Technikdidaktik Metall-Maschinentechnik"

Themenbereich 1: Allgemeine Technik-Didaktik:

Zielformulierung: Auseinandersetzung mit allgemeinen Begriffen und Aufgaben der Fachdidaktik sowie mit technikdidaktischen Grundkonzeptionen und deren Bewertung im Hinblick auf ihre Bedeutung für die Planung, Durchführung und Evaluierung von Technikunterricht.

Inhalte	*Literatur:*
1. Begriffserklärung, Gegenstände und Aufgaben der Fachdidaktik „Metall-Maschinentechnik" 2. Technikbegriffe; Arbeit und Technik im Wandel; Qualifikationsanforderungen im Beschäftigungssystem, insbes. Im Maschinenbau und im Metallgewerbe; Entwicklung und Situation der Berufsausbildung im Maschinenbau/Metallgewerbe 3. Didaktische Theorien zur Anwendung in der Fachdidaktik: + *Dialektische Didaktik-Gestaltung von Unterrichtsprozessen; Klingsberg* + *Bildungs-theoretische Didaktik, Auswahl der Inhalte; Klafki* + *Lern- und Lehrtheoretische Didaktik, Unterrichtsanalyse/ Unterrichtsplanung; Heimann, Otto, Schulz* + *Kybernetisch-informationstechnische Didaktik, Steuerung von Lehr- und Lernprozessen; Cube, Frank* 4. Aktuelle Ansätze zu einer didaktischen Theorie des Technikunterrichts in der beruflichen Bildung:	*Vorlesungsskript (Van Tuan 1999)* *Bader R.; Jenewein K.: Didaktik der Technik zwischen Generalisierung und Spezialisierung. Frankfurt a.M.: G.A.F.B.-Verlag 2000* *Bader, R.: Didaktik der Technik – Zur Konstituierung einer sperrigen Fachdidaktik. In: Bader, R.; Jenewein, K. (Hrsg.): Didaktik der Technik zwischen Generalisierung und Spezialisierung. Frankfurt a.M.: G.A.F.B.-Verlag 2000, S. .* *Lipsmeier, A.: Didaktik gewerblich-technischer Berufsbildung (Technikdidaktik). In: Arnold, R.; Lipsmeier, A. (Hrsg.): Handbuch der Berufsbildung. Opladen: Leske und Budrich 1995, S. 230-244.* *Ropohl, G.: Allgemeine Technologie : eine Systemtheorie der Technik. München: Hanser 1999* *Rauner, F.: Didaktik beruflicher Bildung. In: Dehnbostel, P.; Walter-Lezius, H.-J. (Hrsg.) Didaktik moderner Berufsbildung. Bielefeld. W. Bertelsmann 1995, S. 331-357.* *Bonz B.: Didaktik der beruflichen Bildung. Baltmannsweiler: Schneider Verlag Hohengehren 2001*

o *Ganzheitlicher Aspekt*
    o *systemtheoretischer Aspekt*
    o *handlungsorientierter Aspekt*
5. Didaktische Prinzipien
    o *Wissenschaftsorientierung*
    o *Qualifikationsorientierung*
    o *Persönlichkeitsentwicklung*
	Ott, B.: *Ganzheitliche Berufsbildung als Leitziel beruflicher Fachdidaktik*. In: Bonz, B.; Ott, B. (Hrsg.): *Fachdidaktik des beruflichen Lernens*. Stuttgart: Franz Steiner 1998, S. 9-30.
	Rauner, F.: *Gestaltung von Arbeit und Technik*. Arnold, R.; Lipsmeier, A. (Hrsg.): *Handbuch der Berufsbildung*. Opladen: Leske und Budrich 1995, S. .50-64
	Bonz, B/Ott, B. (Hrsg): *Fachdidaktik beruflichen Lernens*, Stuttgart 1998

	Werner Kuhlmeier: Berufliche Fachdidaktiken zwischen Anspruch und Realität. Baltmannsweiler, 2003. S. 78 ff.

Themenbereich 2: Curriculare Planung und Lehrplan in Metall-Maschinentechnik	
Ziel: Kenntnis Internationaler Trends in der Curriculumentwicklung für die Berufsausbildung; Berufsordnung, Berufssystematik sowie Lehrpläne der Metallberufe	
Inhalte	*Literatur:*
- Curriculum und Curriculumentwicklung - Curriculare Planung – Lehrplan - Curriculare Entwicklung - Problem der Berufsordnung von Metallberufe - Lehrplan in Metalltechnik	*Lipsmeier: Internationale Trends in der Curriculumentwicklung für die Berufsausbildung und in der Lehrerausbildung für diesen Bereich. In Martin Fischer, Gerald Heidegger, Willi Petersen, Georg Spöttl: Gestalten statt Anpassen in Arbeit, Technik und Beruf,* Bielefeld, 2001, S. 313-320 *Gegenwärtige Verordnungen und Lehrpläne.*

Themenbereich 3: Lernziel, Lernzielplanung und didaktische Reduktion im metalltechnischen Unterricht	
Ziel: Bestimmung, Strukturierung und Begründung von Zielen.	
Inhalte	*Literatur:*
1. **Lernziele und Anspruchsniveau** - Definitionen und Merkmal des Lernziels - Lernzieldimensionen und Lernzieltaxonomie: *Kognitiv, affektiv, psychomotorisch* Lernzielplanung: *fachspezifische und fachübergreifende Lernziele; Lernzielmatrix* 2. **Didaktische Reduktion** - Definition, Merkmale - Arten didaktischer Reduktion	*Schelten, Andreas: Einführung in die Berufspädagogik. Stuttgart 1994.* *Nashan/Ott: Unterrichtspraxis Metalltechnik Maschinentechnik. 1990* *Hering, Dietrich: Zur Faßlichkeit naturwissenschaftlicher und technischer Aussagen. Berlin: Volk und Wissen Volkseigener Verlag 1959. Neuerscheinung unter der Herausgabe von Ahlborn, H. / Pahl, J.-P. (Hrsg.): Didaktische Vereinfachung. Eine kritische Reprise des Werkes von Dietrich Hering. Seelze-Velber: Kallmeyer-Verlag 1998.* *Gustav, Grüner: Die didaktische Reduktion als Kernstück der Didaktik. In: Die Deutsche Schule 1967* *Jörg-Peter Pahl, Alfred Ruppel: Bausteine beruflichen Lernens im Bereich Technik–Unterrichtsplanung und technikdidaktische Elemente. S. 116-126. Leuchtturm Verlag, 1993.*

Themenbereich 4: Unterrichtsinhalte	
Ziel: Bestimmung, Strukturierung und Begründung von Lerninhalten der Metall-Maschinentechnik in der Berufsausbildung.	
Inhalte	*Literatur:*
1. Aufgaben und Auswirkungen technischer Wissenschaften zur Bestimmung von Inhalten - *Spezifische Aufgaben und Problemkreise in Metalltechnik* - *Wissensbestandteile technischer Wissenschaften* - *Einfluss und Auswirkungen technischer Wissenschaften*	Anlehnung von Lehrmaterial der Technische Universität München. In: *http://fdmt.iwb.mw.tu-muenchen.de/fdmt/user/cdata.php?tid=1* Tabellenbücher, Hrsg. von A. Lipsmeier: - Metall- u. Maschinentechnik. Troisdorf 2003 - Elektrotechnik/Elektronik. Troisdorf 2003

2. Wesentliche Elemente und Strukturen der Metall-Maschinentechnik in Fach- und Berufsaubildung (ausgewählte Fächer) - *Werkstofftechnik* - *Technisches Zeichnen/Techn. Kommunikation* - *Fertigungstechnik* - *Fertigungsmittel* 3. Das technische Problem und seine didaktische Funktion bei der Bestimmung von Aufgaben technischer Gestaltungsprozess - *Funktionsebene* - *Konzeptebene* - *Gestaltungsebene* - *Fertigungsebene* - *Kostenebene*	- Informationstechnik. Troinsdorf 2005 Bührdel, Reibetanz, Tölle: *Unterrichtsmethodik Maschinenwesen – Berufstheoretischer Unterricht. VEB Verlag Berlin, 1988* Nashan/Ott: *Unterrichtspraxis Metalltechnik Maschinentechnik. Bonn 1990*

Themenbereich 5: Aspekte der Unterrichtsmethoden im Metall-Maschinentechnik

Ziel: Kenntnisse über allgemeine und spezifische Unterrichtsmethoden

Inhalte	*Literatur:*
1. Überblick über Unterrichtsmethoden - *Begrifflichkeit* - *Klassifikation und Entscheidungsebenen* - *Tendenzentwicklung unter Berücksichtigung der Ganzheitlichkeit und Handlungsorientierung* 2. Methoden unter äußeren Aspekten - *Aktionsformen* - *Sozialformen* 3. Methoden unter inneren Aspekten (nach innerer Struktur der Lerninhalte) - *Erkenntnistheoretisch- logische Methode: Analyse-Synthese; Deduktiv-Induktiv, Erwerb von Kenntnisverfahren* - *Problemlösungsmethoden: Genetische Methode; Fallmethode* 4. spezifische Methoden - *Produkt- Funktionsanalyse* - *Technisches Experiment* - *Leittextmethoden* - *Projektmethoden*	*Bonz,B: Methoden der Berufsbildung; ein Lehrbuch – Stuttgart: Hirzel, 1999* *Nashan/Ott: Unterrichtspraxis Metalltechnik Maschinentechnik. 1990* *Bührdel, Reibetanz, Tölle: Unterrichtsmethodik Maschinenwesen-Berufstheoretischer Unterricht. VEB Verlag Berlin, 1988* *Jörg-Peter Pahl: Bausteine beruflichen Lernens im Bereich Technik– Teil 2: Methodische Konzeptionen für den Lernbereich Technik. Leuchtturm Verlag, 1998.* *Winfried Schmayl, Fritz Wilkening: Technikunterricht, 2. Auflage. Klinkhardt Verlag, 1995.*

Themenbereich 6: **Planung von Unterrichten**	
Ziel: *Kenntnisse von Planungstheorien des Unterrichtens*	
Inhalte	*Literatur:*
- Notwendigkeiten - Planungsaspekte - Formen von Unterrichtsentwürfen	*Nashan/Ott: Unterrichtspraxis Metalltechnik Maschinentechnik. 1990* *Jörg-Peter Pahl, Alfred Ruppel: Bausteine beruflichen Lernens im Bereich Technik – Unterrichtsplanung und technikdidaktische Elemente. Leuchtturm Verlag, 1993.*

Themenbereich 7: **Seminare „Unterrichtsplanung und Lehrübung"**	
Ziel: Vertiefung der fachdidaktischen Kenntnisse und Anstrebung fachdidaktischer Fähigkeiten	
Inhalte	*Literatur:*

- Aufarbeitung (didaktisch-methodisch) von ausgewählten Vorlesungsthemen;
- Planung, Vorbereitung der Unterrichtsstunden
    o *Allgemeine Ziele des Unterrichts- bzw. Ausbildungsvorhabens*
    o *Darstellung des Themas*
    o *Analyse der Rahmenbedingungen*
    o *Planung des Vorhabens*
    o *Durchführung und Bewertung des Vorhabens*	

6.3. Perspektiven zur Umsetzung des Konzepts „Fachdidaktik Metall-Maschinentechnik"

Diese Arbeit bemüht sich um die Konzeptionierung einer Fachdidaktik, die auf den zu untersuchenden Rahmenbedingungen und den Bezugpunkten der Fachdidaktik in Vietnam beruht. Wie die Analyse in Kapitel 3. zeigt, gibt es einen erheblichen Reformbedarf; Maßnahmen der Erneuerung der Didaktik und Fachdidaktik bei der Aus- und Fortbildung von Berufschullehrern sind zwingend notwendig. Die Maßnahmen konzentrieren sich auf die Verbesserung von fachdidaktischen Kenntnissen und Kompetenzen in der Ausbildung und Fortbildung von berufschulischen Lehrern. Nach meiner Ansicht könnte das zu entwickelnde Konzept „Fachdidaktik Metall-

Maschinentechnik" allen fachdidaktischen Komponenten der Fortbildungsprogramme der GDVT und BBVP zugrunde gelegt werden. Es bleibt zu fragen, wie dieses Konzept bei der Ausbildung von berufsschulischen Lehrern umgesetzt werden soll. Zunächst ist vorgesehen, auf den Grundlagen des pädagogischen Lehrprogramms in der UTE Ho Chi Minh Stadt dieses Konzept installieren, weil der Verfasser dieser Arbeit an dieser Hochschule tätig ist, und zwar in diesem Lehr- und Forschungsgebiet. Auf dieser Basis sollen die Lehrinhalte und die Organisationsformen des gesamten Lehrplans in der Pädagogikausbildung verändert werden. Folgende Probleme müssen dabei noch gelöst werden:

- Die Grenzen und die spezifischen Gegenstände der drei Fächer: „Allgemeine Didaktik", „Unterrichtsmethoden", „Fachdidaktik", die noch in der Ausbildung von berufsschulischen Lehrern überlappt gelehrt (siehe untere Tabelle) werden, sollen bestimmt werden.
- Die rechtlichen Bedingungen für die Änderung und die Durchführung müssen geklärt werden.
- Wie kann ein Organisationsmodell für die Fachdidaktik entwickelt werden?
- Für die weitere Entwicklung der gesamten Berufsschullehrerausbildung ist zu klären, wie dieses Konzept der Fachdidaktik „Metall- und Maschinentechnik" auf die anderen Fachrichtungen übertragen werden kann.

Fächer	Bemerkungen	
Allgemeine Didaktik (1 Credit, angesiedelt in Erziehungstheorie) [Lý luận dạy học đại cương]	- Unterrichtsprozess - Unterrichtsprinzipien - Allgemeine in Bildungsinhalte - Allgemeine Unterrichtsmethoden	Vorlesungen
Unterrichtsmethoden (4 Credits) [Phương pháp giảng dạy]	- Unterrichtsplanung - Unterrichtsmedien - Unterrichtsmethoden - Lernleistungsbemessung	Vorlesungen
Technik-Fachdidaktik (3 Credits – Zur Zeit nur in Maschinenbau) [Phương pháp dạy kỹ thuật/phương pháp dạy học bộ môn kỹ thuật]	- Allgemeine Technikdidaktik - Fachdidaktik in spezifischen Fachrichtungen (Lernziele, Lerninhalte, Methoden, Unterrichtsplanung) - Seminare für fachdidaktische Kompetenzen	Vorlesungen und Seminaren

Tabelle 23: Die didaktischen Ausbildungsinhalte in UTE Ho Chi Minh Stadt

Die Konsequenz dafür ist Umänderung des Faches „Didaktik – Lý luận dạy học" in das Fach „Didaktik der Berufsbildung – Lý luận dạy và học nghề" und die Ausklammerung der Inhalte der oben genannten Fächer „Unterrichtsmethoden – Phương pháp giảng dạy" für alle Fachrichtungen aus dem Fach „Didaktik der Berufsbildung". Anschließend muss das Fach „Fachdidaktik – Giáo học pháp bộ môn" um die Didaktik erweitert werden.

Die Fachdidaktik der beruflichen Fachrichtungen in der UTE Ho Chi Minh Stadt (z.Zt. nur in Maschinenbau) ist noch im Anfangstadium. Die Frage wird noch nicht gestellt, ob die Fachdidaktik eine eigene Wissenschaft ist, weil es noch keine wissenschaftlichen Vertreter dieser Disziplin oder Berufungsregelungen für Fachdidaktiker wie in Deutschland gibt. Natürlich gibt es auch noch keine spezifische wissenschaftliche Literatur zur Fachdidaktik. Überwiegend versucht man noch, im Lehrfach „Fachdidaktik" die allgemeine Beziehung zur Erziehungswissenschaft herzustellen und sich mit den Fachwissenschaften für die Ausbildung der berufschulischen Lehrer auseinander zu setzen. Diese Fachdidaktik ist momentan nur im Sinne schulischer Unterrichtsfächer und ihrer Anbindung an die Fachwissenschaft definiert. Sie bezieht sich noch nicht auf die verschiedenen Wissenschaftsbereiche der Berufsbildungs- sowie der Berufs- und Arbeitspraxis im Berufsfeld. In dem neuen Konzept sollen die Aspekte jedoch mit einbezogen sein. Die Diskussion der Verortung der Fachdidaktik „Technik" (oder auch: Technikdidaktik) ist aber in jüngerer Zeit angeregt worden. Die zentrale Fragestellung, die gegenwärtig auch an der UTE relevant ist, lautet (Gutachten Lipsmeier, 2000):

- Anbindung der Fachdidaktik an die Erziehungswissenschaftliche Abteilung?
- Anbindung an die Fachwissenschaften (Fachliche Fakultäten)?
- Entwicklung eines Zentrums für fachdidaktische Lehrerbildung, Curriculumentwicklung und Berufsbildungsforschung?

Die gegenwärtige Praxis in der UTE und in den TTTCs zeigt, das die Integration der „jungen" Fachdidaktik als untere Abteilung in die zugeordnete Erziehungswissenschaft (Pädagogische Fakultät) anzutreffen ist. Die zuständigen fachdidaktischen Dozenten haben sowohl Fachwissenschaften als auch Erziehungswissenschaft absolviert. Wenn das Defizit in der Forschungsfunktion neben der Lehrfunktion behoben werden kann, könnte die Fachdidaktik in diesem Modell auf dieser Grundlage stabilisiert und weiterentwickelt werden.

Die Fachwissenschaften der UTE und TTTCs sind nicht alle bereit, diese Aufgabe einer „Fach zu Fach-Zuordnung" zu akzeptieren. Gründe dafür sind mangelhafte Professionalisierung beim wissenschaftlichen Personal und auch die unzureichenden fachdidaktischen Kompetenzen. Eine Besonderheit ist die Ausbildung der Berufschullehrer in der UTE nach dem Ingenieurmodell! Damit ist gemeint, dass die berufliche Fachrichtung in der sogenannten korrespondierenden Fach- bzw. Ingenieurwissenschaft studiert werden muss (siehe 4.3), und die Dozenten haben wenig Interesse an der Didaktik der beruflichen Fachrichtungen. Wenn sie bereit wären, die Aufgaben zu übernehmen, würden sie das nur tun, um mehr Arbeit zu bekommen; das Anliegen einer Verbesserung der Qualität der Ausbildung wäre für sie wohl zweitrangig. Dieses Modell bleibt bis jetzt weitgehend ein Diskussionsansatz.

Der Vorteil des dritten Organisationsmodells liegt darin, dass eine enge Beziehung zwischen didaktischer Forschung und Lehre in einem professionalisierten Institut hergestellt werden kann. Die Gründung des Instituts für Forschung und Entwicklung der Berufs- und Fachausbildung in der UTE Ho Chi Minh Stadt im Jahr 2003 geschah in der Absicht multimediale Forschung und Fortbildung mit Aufträgen der verschiedenen berufsausbildenden Organisationen zu verbinden. Die Fachdidaktik in Lehre und Forschung gehört nicht zu den Aufgaben dieses Instituts. Andererseits hat dieses Institut angesichts der Mangelhaftigkeit im wissenschaftlichen Personal und angesichts weniger Aufträge große Mühen, seine Aufgaben zu definieren. Es wäre möglich, dass dieses Institut für die fachdidaktische Lehrerbildung, die Curriculumentwicklung und die Berufsbildungsforschung weiterentwickelt würde. Das zentrale Problem liegt jedoch in der personellen Situation: Ein Personalentwicklungsprogramm wäre dringend erforderlich.

Das zweite und dritte Modell sind als Anregungen an die vietnamesischen Organisationen zu verstehen. Es scheint so zu sein, dass es momentan noch keinen Bedarf dafür gibt. Das erste Modell, in dem Lehre und Forschung in Fachdidaktik den Aufgaben der Pädagogikfakultät zugeordnet sind, war nicht nur in der UTE Ho Chi Minh Stadt umgesetzt worden, sondern auch in anderen Ausbildungseinrichtungen für Berufsschullehrer realisiert. Dieses Modell wäre zunächst auf jeden Fall weiter zu entwickeln, da hier pragmatische und einigermaßen tradierte Anknüpfungspunkte vorliegen.

Das Problem der Umsetzung des Konzepts der vorgeschlagenen Fachdidaktik, das gelöst werden muss, liegt in der Durchführung der Lehrveranstaltungen, besonders in der Seminararbeit der Studenten. Die Organisationsform der Lehrveranstaltung „Seminararbeit" stellt als neue Lernform von Studenten mit größeren Anforderungen an die Rahmenbedingungen, z.B. in der Literaturversorgung oder in der Raumkonzeptionierung: Neben den Vorlesungsräumen sind (kleinere) Seminarräume erforderlich. Aber auch Schul- und Universitätsverwaltung müssen lernen, diese neuen Studienformen zu akzeptieren und zu unterstützen; das dürfte noch ein großes Problem, zumindest jedoch eine längere Zeit in Anspruch nehmende Aufgabe sein.

Literaturverzeichnis

Beschlüsse, Verordnungen und Gesetze:

Beschluss Nr. 02/2001/NĐ-CP der Regierung: Konkretisierung der Arbeit und Berufsbildungsgesetz. Hanoi 09/01/2001
Beschluss Nr. 48/2002/QĐ-TTg der Regierung: Planung für das gesamte berufliche Schulwesen von 2002 bis 2010. Hanoi 11/04/2002.
GDVT: Statistik über Berufschullehrer. Hanoi 10/2003.
MOET: National- und Aktionsplanung in der Bildung von 2003 bis 2015. Hanoi 6/2003.
MOET: Jahresbildungsbericht 2002
MOLISA: Bericht über die Entwicklung des pädagogischen Lehrplans für die Ausbildung der Berufsschullehrer im Niveau Fachhochschule. Hanoi 2003
MOLISA: Beschäftigung und Arbeit im Jahr 2001. Hanoi 2002
MOLISA: Entwurf des pädagogischen Lehrplans für die Ausbildung der Berufsschullehrer im Bereich Fachhochschule. Hanoi 2003
Regierungsbeschluss Nr. 48/2002/QĐ-TTg: Planung für das gesamte berufliche Schulwesen von 2002 bis 2010. Hanoi 2002.
Regierungsbeschluss Nr.186/2002/QĐ-TTG: Entwicklungsstrategien der mechanischen Industrie Vietnams bis 2010 und Perspektive bis 2020. Hanoi 2002
Verordnung Nr. 115/1998-QĐ-TCTK: Systematische Kategorien in der Ausbildung und Bildung. Hanoi 9/1999
Verordnung Nr. 796/TH-DN – 19/02/1992
Vietnamesisches Bildungsgesetz, 12/1992

Bücher, Zeitschriften:

Arnold, Rolf; Lipsmeier, Antonius; Ott, Bernd. (1998): Berufspädagogik kompakt. Berlin
Bader, Reinhard (2001): Technikdidaktik im Studium. In: Bader, Reinhard; Bonz; Bernhard (Hrsg): Fachdidaktik Metalltechnik. Baltmannsweiler, S. 178-191
Bader, Reinhard; Sloane, Peter F. E. (2002): Bildungsmanagement im Lernfeldkonzept – curriculare und organisatorische Gestaltung. Paderborn
Benner, Hermann; Püttmann, Friedhelm (1992): 20 Jahre Gemeinsames Ergebnisprotokoll, herausgegeben vom BMBW in Zusammenarbeit mit der KMK. Bonn
Bernard, Franz; Ebert, Dieter; Schröder, Bärbel (Hrsg.) (1995): Unterricht Metalltechnik – fachdidaktische Handlungsanleitungen. Hamburg
Bernard, Franz (1999): Entfaltung von Methoden in der Technikdidaktik. In: Zeitschrift für Berufs- u. Wirtschaftspädagogik, 95. Jg., H.1, S. 63-83
Bernard, Franz (2003): Der fachwissenschaft-methodologische Ansatz der Technikdidaktik. In: Bonz, Bernhard; Ott, Bernd (Hrsg.): Allgemeine Technikdidaktik – Theorieansätze und Praxisbezüge. Baltmannsweiler, S.72-87
Blankertz, Herwig (1969): Theorien und Modelle der Didaktik. München
Blien, Uwe; Pham Thi Hong Van (2002): Beschäftigungsperspektiven Vietnams und ihr Zusammenhang mit dem Bildungswesen des Landes. In: Uschi Backes-Gellner, Corinna

Schmidtke (Hrsg.): Bildungssystem und betriebliche Beschäftigungsstrategien in internationaler Perspektive. Berlin, S. 81-106

Bonz, Bernhard (1998): Didaktik der Berufsbildung, Fachdidaktik und Berufsfelddidaktik – Stand und Entwicklungstendenzen. In: Bonz, Bernhard; Ott, Bernd (Hrsg.): Fachdidaktik des beruflichen Lernens. Stuttgart, S. 268-287

Bonz, Bernhard (1999): Methoden der Berufsbildung – Ein Lehrbuch. Stuttgart

Bonz, Bernhard (2001): Zur Entwicklung der Technikdidaktik. In: Bader, Reinhard; Bonz, Bernhard (Hrsg.): Fachdidaktik Metalltechnik. Baltmannsweiler, S. 6-12

Bonz, Bernhard (2001): Methoden des metalltechnischen Unterrichts. In: Bader, Reinhard; Bonz, Bernhard (Hrsg.): Fachdidaktik Metalltechnik. Baltmannsweiler, S. 163-175

Bonz, Bernhard (2002): Ausbildungsstand der Lehrenden an beruflichen Schulen und Lehrerbildung. In: Die berufsbildende Schule, 54 Jg. H. 4, S. 110-114

Brinninger, Georg; Hortsch, Hanno; Kohlheyer, Gunter (1993): Berufsbildungshilfe für Vietnam – Gutachten zur Projektprüfung. Lappermühle

Bührdel, Christian; Reibetanz, Horst; Tölle, Horst (1988): Unterrichtsmethodik Maschinenwesen. Berlin (Ost)

Cao Van Sam (2002): Entwicklung der Curricula im Berufsschullehrerstudiengang – eine Maßnahme für die Erreichung der Entwicklungsplanung von Berufschullehrern bis 2010. In: Beitragsammlung – Entwicklung der Curricula von Berufsschullehrerstudiengängen. Nghe An 6/9/2002, S. 3-8

Dang Thanh Hung (1994): Positionen und Tendenzen der internationalen Methodik. Hanoi – Institut für die Bildungsforschung

Debl, Helmut (1969): Grundbegriffe der Didaktik. Geretsried

Deutscher Bildungsrat (1970): Strukturplan für das Bildungswesen. Stuttgart

Do Minh Cuong (2003): Entwicklungsorientierung von den Berufsschullehrern bis 2010. Hanoi/GDVT 6/2003

Eckert, Manfred (2000): Theorie technischer Systeme – Ein Ansatz zur Didaktik technisch-beruflicher Fachrichtungen. In: Bader, Reinhard; Jenewein; Klaus (Hrsg.): Didaktik der Technik zwischen Generalisierung und Spezialisierung. Frankfurt am Main, S.125-139

Europäische Kommission (1995): Lehren und Lernen. Auf dem Weg zur kognitiven Gesellschaft. Luxemburg

Förner, Andreas (1976): Fachdidaktik, Fachmethodik der Unterrichtsfächer beruflicher Schulen. Berlin

Frankiewicz, Heinz u.a. (1963): Pädagogische Enzyklopädie. Band 1, Berlin

Gahl, H. (1972): Aufgaben der Fachdidaktik allgemein. In: Timmerman, Johannes in Verbindung mit Keeser, G., Matthiessen, K. und Schröder, K. (Hrsg.): Fachdidaktik in Forschung und Lehre, Reihe C, Bd. 3 u. 4 Hannover, S. 111-112

Gerds, Peter; Zöller, Arnulf (2001): Der Lernfeldansatz der Kultusministerkonferenz. Bielefeld

Greinert, Wolf-Dietrich (1997): Konzepte beruflichen Lernens unter systematischer, historischer und kritischer Perspektive. Stuttgart

Grimm, Helmut (2001): Lernfelder, Fächertrennung und Kundenorientierung im Berufsfeld Metalltechnik. In: Bader, Reinhard; Bonz, Bernhard (Hrsg.): Fachdidaktik Metalltechnik. Baltmannsweiler, S. 218-226

Grüner, Gustav (1957): Die didaktische Reduktion als Kernstück der Didaktik. In: Die Deutsche Schule, 59. Jg., H. 7/8, S. 414-430

Ha Anh: Bericht über die Bewerbungen an die nationale Hochschulaufnahmeprüfung. VietNamNet, 13/5/2004

Häfeli, Kurt; Gasche, Mark (2002): Beruf und Berufsfeld: konzeptionelle Überlegungen zu kontroversen Begriffen, Schweizerisches Institut für Berufspädagogik (SIBP) Forschung & Entwicklung

Hauptmeier, Gerd ; Kell, Adolf ; Lipsmeier, Antonius (1975): Zur Auswahlproblematik von Lerninhalten und zur didaktischen Reduktion wissenschaftlicher Aussagen. In: Die Deutsche Berufs- und Fachschule, 71. Jg. (1975), H.12, S. 899-922

Heidt, Erhard U. (1989): Westliche Bildungssysteme in nicht-westlichen Gesellschaften. In: Trommsdoff, Gisela (Hrsg.): Sozialisation im Kulturvergleich. Stuttgart, S. 240-271

Heinze, Kurt; Geuther, Edgar; Siemon, Günter; Tushke, Siegfried (1981 und 1984): Der Unterrichtsprozess in der Berufsausbildung. Berlin (Ost)

Hering, Dietrich (1959): Zur Fasslichkeit naturwissenschaftlicher und technischer Aussagen. Berlin (Ost)

Heyder, Monika (1997). In: KulturSchock Vietnam. Bielefeld/ Brackwede

Hofstede, Geert (1989): Sozialisation am Arbeitsplatz aus kulturvergleichender Sicht. In: Trommsdoff, Gisela (Hrsg.): Sozialisation im Kulturvergleich. Stuttgart, S. 156-173

Hortsch, Hanno; Kersten, Steffen (2003): Vorlesungsskript „Didaktik der Berufsausbildung", Dresden

Hurrelmann, Klaus (1998): Einführung in die Sozialisationstheorie. Über den Zusammenhang von Sozialstruktur und Persönlichkeit. Weinheim und Basel

Hurtz, Albert (1996): Handlungsorientiertes Lernen in der Maschinentechnik. Bochum

Idler, Horst J. (2004): Skript – Seminarvortrag – Fortbildung für die Technischen Lehrer und Berufschullehrer in Entwicklungsländern (Vietnam, Laos, Äthiopien). Hanoi 29-30/3/2004

Jenewein, Klaus (2000): Didaktik der Technik in der Lehrausbildung beruflicher Fachrichtung. In: Bader, Reinhard; Jenewein, Klaus (Hrsg.): Didaktik der Technik zwischen Generalisierung und Spezialisierung. Frankfurt am Main, S. 157-185

Klafki, Wolfgang (1976): Zum Verhältnis von Didaktik und Methodik. In: Zeitschrift für Pädagogik, H. 22, S. 77-94

Klaus, Günter; Buhr, Manfred (1974): Philosophisches Wörterbuch, Bd. 2. Leipzig

Klingenberg, Lothar (1972): Einführung in die allgemeine Didaktik. Berlin (Ost)

KMK (1996): Handreichungen für die Erarbeitung von Rahmenlehrplänen für den berufsbezogenen Unterricht in der Berufsschule (1. Fassung vom 9.5.1996)

Köhler, Rudolf (1981): Unterrichtsmethodik Maschinenwesen – Technische Darstellungen. Berlin (Ost)

Kultusministerium Nordrhein-Westfalen (1972): Neuordnung des beruflichen Schulwesens NRW. Rating

Kunzmann, Peter; Burkhard, Franz-Peter; Wiedmann, Franz (1995): dtv-Atlas zur Philosophie. Tafeln und Texte. 5. Aufl. München

Lemke, Ilse u.a.(1975): Probleme und Aspekte der Berufsfeldeinteilung. Hannover

Lempert, Wolfgang (1971): Leistungsprinzip und Emanzipation. Frankfurt am Main

Lipsmeier, Antonius (1978): Didaktik der Berufsausbildung. München

Lipsmeier, Antonius (1988): Berufsschule 2000. In: Präsident der TH Darmstadt (Hrsg.): Neue Technologien in der Berufsausbildung. Modellversuche in beruflichen Schulen. Darmstadt, S. 77-101

Lipsmeier, Antonius (1989): Ganzheitlichkeit als berufspädagogische Kategorie – pädagogische und betriebliche Illusionen und Realitäten. In: Zeitschrift für Berufs- und Wirtschaftspädagogik, 85. Jg., H. 2, S. 137-151

Lipsmeier, Antonius (1990): Berufsverwandtschaften und Berufsgeschichte von Metallberufen seit 1877, dargestellt am Beispiel des Maschinenschlosserberufes. In: Harney, Klaus; Pätzold, Günter (Hrsg.): Arbeit und Ausbildung, Wissenschaft und Politik. Frankfurt, S. 111-134

Lipsmeier, Antonius (1992): Berufsschullehrerstudiengänge im Kontext von Bedarfsdeckung und Professionalisierung. In: Zeitschrift für Berufs- und Wirtschaftspädagogik, 88. Jg., H. 5, S. 358-378

Lipsmeier, Antonius (1995): Didaktik gewerblich- technischer Berufsbildung (Technikdidaktik). In: Arnold, Rolf; Lipsmeier, Antonius (Hrsg.): Handbuch der Berufsbildung. Köln/Opladen, S. 230-244

Lipsmeier, Antonius (1998): Zum Problem der funktionellen Aufgabendifferenzierung für Lehrer an beruflichen Schulen im Kontext der neueren didaktisch-methodischen Entwicklungen beruflichen Lernens. Theorielehrer – Praxislehrer. In: Die berufsbildende Schule, 50. Jg., H. 3, S. 80-88

Lipsmeier, Antonius (2001): Internationale Trends in der Curriculumentwicklung für die Berufsausbildung und in der Lehrerausbildung für diesen Bereich. In: Fischer, Martin; Heidegger, Gerald; Petersen, Willi; Spöttl, Georg (Hrsg.): Gestalten statt Anpassen in Arbeit, Technik und Beruf. Bielefeld, S. 313-320

Lipsmeier, Antonius (2002): Diversifizierung der Berufsschullehrerschaft – Gefährdung von Profession und Institution? In: Die berufsbildende Schule, 54. Jg., H. 4, S. 106-109

Lipsmeier, Antonius (2003): Ausbildung von Diplomgewerbelehrern in Karlsruhe. In: Clement, Ute; Lipsmeier Antonius (Hrsg.): Berufsbildung zwischen Struktur und Innovation, Stuttgart, S. 132-149

Lipsmeier, Antonius (2004): Vorlesungsskript Technikdidaktik, Karlsruhe

Lipsmeier, Antonius (2004): Lernortkooperation – eine Schimäre mit berufsbildungspolitischer Suggestivkraft. In: Euler, Dieter (Hrsg.): Handbuch der Lernortkooperation. Bd. 1: Theoretische Grundlagen. Bielefeld, S. 60-76

Lipsmeier, Antonius (2004): Gutachten über die Qualifizierung technischer Lehrer in Vietnam. Karlsruhe

Lisop, Ingrid; Huisinga, Richard (1994): Arbeitsorientierte Exemplarik. Theorie und Praxis subjektbezogener Bildung. Frankfurt/M.

Lulei, Wilfried (2001): Denken die Vietnamesen anders? Religionen und ethische Lehren in Vietnam in Vergangenheit und Gegenwart – Vortrag auf dem Mekongländertag in der VHS Berlin Schöneberg – Vortragskript. Oktober 2001

Mertens, Dieter (1974): Schlüsselqualifikationen – Thesen zur Schulung für eine moderne Gesellschaft. Nürnberg

Nashan, Ralf; Ott, Bernd (1995): Unterrichtspraxis Metalltechnik / Maschinentechnik. 2., unveränderte Auflage. Bonn

Nguyen Duc Tri (2001): Zur Entwicklung der Technikdidaktik in Vietnam. In: Bader, Reinhard; Bonz, Bernhard (Hrsg.): Fachdidaktik Metalltechnik. Baltmannsweiler, S. 343-352

Nguyen Duc Tri (2002): Berufsschullehrerausbildungsmodell. In: Beitragsammlung: Entwicklung der Curricula von Berufsschullehrerstudiengängen. Nghe An, S. 9-17

Nguyen Ngoc Quang (1994): Vorlesungsskript: Didaktik für Masterstudiengang. Ho Chi Minh Stadt

Oser, Fritz (1997): Standards in der Lehrerbildung. In: Beiträge zur Lehrerbildung. Zeitschrift zu Theorie und Praxis der Grundausbildung, Fort- und Weiterbildung von Lehrerinnen und Lehrern 16, 1/2, 1997, S. 26-37; 210-228.

Ott, Bernd (1995): Ganzheitliche Berufsbildung – Theorie und Praxis handlungsorientierter Techniklehre in Schule und Betrieb. Stuttgart

Ott, Bernd (1997): Grundlagen des beruflichen Lernens und Lehrens – Ganzheitliches Lernen in der beruflichen Bildung. Berlin

Ott, Bernd (2001): Entwicklungslinien und Perspektiven einer ganzheitlichen Technikdidaktik. In: Bader, Reinhard; Bonz, Bernhard (Hrsg.): Fachdidaktik Metalltechnik. Baltmannsweiler, S.13 –31

Pahl, Jörg-Peter (1998): Bausteine beruflichen Lernens im Bereich Technik- Teil 2: Methodische Konzeptionen für den Lernbereich Technik. Alsbach/Bergstraße

Pahl, Jörg-Peter (1998): Berufsfelddidaktik zwischen Berufsfeldwissenschaft und Allgemeiner Didaktik. In: Bonz, Bernhard; Ott, Bernd (Hrsg.): Fachdidaktik des beruflichen Lernens. Stuttgart, S. 60-87

Pahl, Jörg-Peter (2001): Berufsfeld und Berufe der Metalltechnik – Ausgangsbasis für Konzepte beruflichen Lernens. In: Baden, Reinhard; Bonz, Bernhard (Hrsg.): Fachdidaktik Metalltechnik. Baltmannsweiler, S.58-85

Pahl, Jörg-Peter (2004): Berufsfelddidaktiken – Neue Anstöße durch das Lernfeldkonzept. In: Zeitschrift für Berufs- und Wirtschaftspädagogik, 100. Band (2004), H.2, S. 215-229.

Pahl, Jörg-Peter; Schütte, Friedhelm (2003): Berufliches Lernen im Bereich der Hochtechnologie durch Verbundausbildung. In: Pahl, Jörg-Peter; Schütte, Friedhelm; Vermehr; Bernd (Hrsg.): Verbundausbildung – Lernorganisation im Bereich der Hochtechnologie. Bielefeld, S. 13-67

Pätzold, Günter (1992): Handlungsorientierung in der beruflichen Bildung. Frankfurt am Main

Pätzold, Günter (2002): Eingangsstatement: Berufliche Fachdidaktiken – Standortbestimmung und Perspektiven. In: Lehrerbildung für berufliche Schulen zwischen Qualität und Quantität, Dokumentation Lehrerbildungskongress. Bonn, S. 63-71

Pätzold, Günter; Wingels, Judith; Klusmeyer, Jens (2003): Methoden im berufsbezogenen Unterricht – Einsatzhäufigkeit, Bedingungen und Perspektiven. In: Clement, Ute; Lipsmeier, Antonius (Hrsg.): Berufsbildung zwischen Struktur und Innovation. Stuttgart (17. Beiheft ZBW), S. 117-131

Petersen, Willi (1996): Die Gestaltung einer arbeitsorientierten Fachbildung im Berufsfeld Elektrotechnik aus curricularer Sicht. In: Lipsmeier, Antonius; Rauner, Felix (Hrsg.): Beiträge zur Fachdidaktik Elektrotechnik. Beiträge zur Pädagogik für Schule und Betrieb, Bd. 16. Stuttgart, S. 103-141

Phan Chinh Thuc (2001): Forschungsergebnisse: Stand und Bedarf von Ausbildung und Qualifikation der Lehrerinnen und Lehrer an beruflichen Schulen. Hanoi 11/2001

Pieper, Jürgen/Schark, Wolfgang (1994): Weg zur beruflichen Mündigkeit. Weinheim

Ploghaus, Günter (2003): Die Lehrgangsmethode in der berufspraktischen Ausbildung. Bielefeld

Pukas, Dieter (1988): Die gewerbliche Berufsschule der Fachrichtung Metalltechnik. Alsbach

Pukas, Dietrich (1989): Die Frankfurter Methodik – Ein Meilenstein der Berufsschulgeschichte und Berufsschuldidaktik. In: Zeitschrift für Berufs- und Wirtschaftspädagogik, 85. Jg., H.3, S. 230-243

Rauner, Felix (1995): Gestaltung von Arbeit und Technik. In: Arnold, Rolf; Lipsmeier, Antonius (Hrsg.): Handbuch der Berufsbildung. Opladen, S. 50-64

Rauner, Felix (2000): Der berufswissenschaftliche Beitrag zur Qualifikationsforschung und zur Curriculumentwicklung. In: Pahl, Jörg-Peter; Rauner, Felix; Spöttl, Georg (Hrsg.): Berufliches Arbeitsprozesswissen. Baden-Baden, S. 329-331

Ropohl, Günter (1979): Eine Systemtheorie der Technik. München/Wien 1979

Rothe, Georg (2004): Alternanz, die EU-Konzeption für die Berufsausbildung. Karlsruhe

Rudolph, Wolfgang; Feierabend, Günter u.a.(1987): Berufspädagogik. Berlin (Ost)

Schäfers, Bernhard (1993): Techniksoziologie. In: Korte, Hermann; Schäfer, Bernhard (Hrsg.): Einführung in spezielle Soziologien. Opladen, S. 167-190

Schelten, Andreas (2000): Begriffe und Konzepte der berufspädagogischen Fachsprache. Stuttgart

Schilling, Ernst-Günter (2003): Integrative Technikdidaktik – Akzentuierung situationsbezogener integrierter Entwicklung fachlicher und allgemeiner Komponenten im (beruflichen) Technikunterricht. In: Bonz, Bernhard; Ott, Bernd (Hrsg.): Allgemeine Technikdidaktik – Theorieansätze und Praxisbezüge. Baltmannsweiler, S. 36-53

Schilling, Friedrich (1909): Das deutsche Fortbildungsschulwesen. Leipzig

Schmeer, Ernst; Nguyen Duc Tri (2000): Vietnam. In: Internationales Handbuch der Berufsbildung. Baden-Baden

Schmiel, Martin (1978): Einführung in Fachdidaktisches Denken. München

Schoenfeldt, Eberhard (2000): Dem Lernen widmet sich der edle Mensch. Bildung und Ausbildung in Korea (Republik). Studien zu einem modernen, konfuzianisch geprägten Land. Kassel

Schröder, K. (1972): Aufgaben der Fachdidaktik allgemein. In: Timmerman, Johannes in Verbindung mit Keeser, G., Matthiessen, K. und Schröder, K. (Hrsg.): Fachdidaktik in Forschung und Lehre, Reihe C, Bd. 3 u. 4 Hannover 1972, S. 116ff

Schütte, Friedhelm (2000): Quo vadis – Berufliche Fachdidaktik? Überlegungen zur Weiterentwicklung der Fachdidaktiken beruflichen Lernens. In: Beruflicher Fachdidaktik im Wandel. Beiträge zur Standortbestimmung der Fachdidaktik Bautechnik. Seelze-Velber, S. 13-27

Schütte, Friedhelm (2001): Fachdidaktik Metall- und Maschinentechnik – Traditionen, Paradigmen, Perspektiven. In: Bader, R./Bonz, B. (Hrsg.): Fachdidaktik Metalltechnik, Baltmannsweiler, S. 32-56

Schütte, Friedhelm (2001): Industrielle Facharbeit zwischen innovativer Arbeitspolitik und tradiertem Berufsprinzip. Chance oder Ende des deutschen Systems? In: Eicker, Friedhelm; Petersen, Willi (Hrsg.): „Mensch-Maschine-Interaktion" – Arbeiten und Lernen in rechnergestützten Arbeitssystemen in Industrie, Handwerk und Dienstleistung. Baden-Baden, S. 111-127

Schütte, Friedhelm (2003): Technikdidaktik zwischen Lehrmethode und Fachmethodik − Methodische Organisation von Lehren und Lernen in der Berufsfeldern Metall- und Elektrotechnik. In: Bonz, Bernhard; Ott, Bernd (Hrsg.): Allgemeine Technikdidaktik − Theorieansätze und Praxisbezüge. Baltmannsweiler, S. 19-35

Tramm, Tade (2002): Lehrerbildung für den berufsbildenden Bereich in Deutschland zwischen Wissenschafts- und Praxisbezug. In: Achtenhagen, Franz; John, Ernst G. (Hrsg.): Meilensteine der beruflichen Bildung. Band 1: Lehren und Lernen in der beruflichen Bildung. Bielefeld

Voigt, Wilfried (1975): Einführung in die Berufs- und Wirtschaftspädagogik. München

Wiemann, Günter (2002): Didaktische Modelle beruflichen Lernens im Wandel. Bielefeld

Internetseiten:
http://edu.net.vn/data/thongke/ (Statistik des MOET, 2004)
http://edu.net.vn/data/thongke/thcn.htm (15/8/2003)
http://vnexpress.net/Vietnam/Kinh-doanh/2003/12/3B9CDCFC/ (18/5/2004)
http://www.auswaertiges-amt.de/www/de/laenderinfos/laender/laender_ausgabe_html?type_id=12&land_id=190: (12/12/2004): Wirtschaftslage, Wirtschaftsstruktur
http://www.auswaertiges-amt.de/www/de/laenderinfos/laender/laender_ausgabe_html?type_id=12&land_id=190 (14/12/2004)
http://www.dpi.hochiminhcity.gov.vn/vie/news_detail.asp?period_id=1&cat_id=31&news_id=140: (20/11/2004): Situation der Metall- und Maschinenbau.
http://www.edu.net.vn/Default.aspx?&tabid=2&mid=39&tid=106&iid=1038 (14/7/2004). Berufsausbildung eine neue Tendenz der Jugendlichen (Học nghề xu hướng mới trong lớp trẻ)
http://www.edu.net.vn/Default.aspx?&tabid=2&mid=9&tid=32&iid=975. (02/04/2003)
http://www.hdu.edu.vn/bai3.htm, (03/09/2004). Hoàng Thanh Hải: Die Erneuerung der Methoden als eine Anforderung zur Erhöhung der Ausbildungsqualität von Lehrkräften
http://www.ibw.uni-hamburg.de/personen/mitarbeiter/tramm/Goe-lehrerbildung-pub.pdf (20/12/2004)
http://www.imf.org/external/pubs/ft/scr/2003/cr03382.pdf. (12/12/2004): Vietnam statistical Appendix, 2003 International Monetary Found
http://www.imf.org/external/pubs/ft/scr/2003/cr03382.pdf. (12/12/2004)
http://www.ktdt.com.vn/default.asp?thongtin=chitiet&id=16772 (10/8/2003): Fabrik Werkzeugmaschinen Hanoi steigert Effektivität der Investition (Công ty cơ khí Hà Nội nâng cao hiệu quả đầu tư)
http://www.lexikon-definition.de/Ingenieurwissenschaft.html (15/12/2004)
http://www.moi.gov.vn/News/detail.asp?Sub=33&id=113 (12/12/2004): Regierungsbeschluss Nr.186/2002/QĐ-TTG, 26/12/2002. Entwicklungsstrategien der mechanischen Industrie Vietnams bis 2010 und Perspektive bis 2020
http://www.mpi.gov.vn/ttkt-xh.aspx?lang=4&magoc=265&machude=8: (12/12/2004) Ministerium für nationale Investion und Planung: Entwicklungsstrategie im Maschinenbausektor bis 2005

http://www.tuoitre.com.vn/media/download/dkdt.htm. (20/11/2004): Statistik der Studienbewerbungen 2004

http://www.tuoitre.com.vn/Tianyon/Index.aspx?ArticleID=46993&ChannelID=13, (03/09/2004) Hoang Tuy: Notwendigkeit einer Verbesserung und Modernisierung der Bildung – Vorschläge an den Staatspräsidenten (Chấn hưng, cải cách, hiện đại hoá giáo dục)

http://www.tuoitre.com.vn/Tianyon/Index.aspx?ArticleID=51094&ChannelID=13 (110 Hochschuleinrichtungen werden bis 2010 neu gegründet – Đến năm 2010 mở thêm 110 trường Đại học, Cao đẳng) 12/10/2004.

http://www.vietnam.ahk.de/news-detail.asp?ID=21. (20/5/2004) Vietnam Brief – Der vietnamesische Maschinenbau

http://www.vietnam-dvg.de/dvg-kultur.html. (10/12/2004)

http://www.vietnam-tourism.com/vietnam_gov/v_pages/Kinhte/congnghiep&khaikhoang/kh_cnvn (25/6/2003)

http://www.vneconomy.com.vn/index.php?action=thongtin&chuyenmuc=02&id=031031164000. (01/11/2003). Ý Hà – Mai Minh: Wird der Berufsbildungsumfang verringert?

http://www.vnn.vn: Ha Anh (VietNamNet): Bericht über die Bewerbungen an die nationale Hochschulaufnahmeprüfung, 13/5/2004

Verzeichnis der Abbildungen und Tabellen

		Seite
Abb. 1	Einflussfaktoren auf die Fachdidaktik in Metall- und Maschinentechnik	12
Abb. 2	Die Beschäftigung im Vergleich der Wirtschaftssektoren	20
Abb. 3	Beschäftigungsstruktur nach Alter im Jahr 2000	21
Abb. 4	Die Arbeiterstruktur in verschiedenen Unternehmensformen	21
Abb. 5	GDP nach realer Rechnung	23
Abb. 6	Ausbildungsniveau der Arbeiterschaft	26
Abb. 7	Vietnamesisches Bildungssystem	27
Abb. 8	Anzahl der Lernenden im Bildungssystem	29
Abb. 9	Die Zuständigkeiten und die Institutionen der Berufsbildung	31
Abb. 10	Die Grundstruktur der Ausbildung von Theorie- und Praxislehrer	41
Abb. 11	Quantitative Entwicklung der Berufsausbildung von 1997 bis 2003	43
Abb. 12	Die Praxiserfahrung der Berufsschullehrer nach Tätigkeitsbereichen	44
Abb. 13	Die Studentenzulassungen im Studiengang „Berufsschullehrer" in den Jahren 2000 bis 2003 an den verschiedenen Hochschulen	47
Abb. 14	Ausbildungsmodelle von Lehrenden an den beruflichen Schulen	48
Abb. 15	Ausbildungsplan im Studiengang „Berufsschullehrer Maschinenbau"	49
Abb. 16	Vergleich der Ausbildungsgebiete zwischen Hochschulen/Universitäten	51
Abb. 17	Die Fachrichtungen der professionellen Lehrerausbildung	53
Abb. 18	Überblick über den neuen pädagogischen Lehrplan (Entwurf)	62
Abb. 19	Lehrplanstruktur und Aufgabenverteilung für die Entwicklung von Fachlehrplänen	62
Abb. 20	Die Ausbildungsberufe (Ausbildungsfachrichtungen) im Berufsfeld „Technik"	76
Abb. 21	Traditionales Curriculumkonzept der vietnamesischen Berufs- und Fachberufsausbildung	80
Abb. 22	Curriculare Entwicklungsschritte nach der Vorschrift Nr. 209/2003/QĐ-DA-GDKT&DN	84
Abb. 23	Entwicklungstendenz von Produkten im Industriesektor	93
Abb. 24	Dimensionen ganzheitlichen Lernens und die angestrebten Bereiche beruflicher Handlungskompetenz	127
Abb. 25	Kompetenzen in der ganzheitlichen Berufsbildung	142
Abb. 26	Lösungsvarianten für das Problem der Stofffülle	162
Abb. 27	Methodische Entscheidungsebenen	168
Abb. 28	Methodischen Gestaltungselemente	169
Abb. 29	Standards professionell ausgebildeter Lehrpersonen	173
Abb. 30	Gestaltung und Methoden des Unterrichts	173
Abb. 31	Allgemeindidaktische und fachdidaktische Standards	174
Abb. 32	Fachdidaktische Themen in der Ausbildung von Technischen Lehrern	176
Abb. 33	Methodenraster und Förderungstendenz der didaktischen Methoden in der Berufsausbildung	180

Tab. 1	Die Beschäftigung nach Wirtschaftssektoren		20
Tab. 2	Die Beschäftigten im Privatsektor und gemischtem Sektor im Vergleich zur gesamten Beschäftigung (staatl. und nichtstaatl.)		22
Tab. 3	Die Lernenden im Bildungssystem		28
Tab. 4	Prognose des Bedarfs an Berufsschullehrern bis 2010		37
Tab. 5	Fachlehrer und die Anzahl der Fachausbildung in Fachberufsschulen		42
Tab. 6	Anzahl der Berufsschullehrer		44
Tab. 7	Der Vergleich zwischen Quereinsteigern und Direkteinsteigern und ihre Zusatzqualifikation		45
Tab. 8	Die Verordnungen für die Entwicklung von wissenschaftlichen Päd. Fächern		54
Tab. 9	Die didaktischen Modelle		57
Tab. 10	Zeitrichtlinie bei der pädagogischen Ausbildungsstufe I und II		61
Tab. 11	Vergleich des neuen Lehrplanentwurfs mit dem gegenwärtigen Rahmenlehrplan der UTE Hung Yen		63
Tab. 12	Berufssystematik in der Berufsfachausbildung an Beispiel des Metallbereichs		71
Tab. 13	Berufssystematik in der Berufsausbildung an Beispiel des Metallbereichs		73
Tab. 14	Berufsfelder und Fachrichtungsgebiete in der Ausbildung		75
Tab. 15	Spezialisierung der Studiengang Maschinenbau in unterschieden Hochschulen		89
Tab. 16	Naturwissenschaften in der Ausbildung von Diplom Ingenieuren		90
Tab. 17	vietnamesische Kultur- und Sozialisationsakzente		113
Tab. 18	Reflexionstypen der Didaktik beruflicher Bildung		122
Tab. 19	Paradigmen der Fachdidaktik/Fachmethodik Metall- und Maschinentechnik		123
Tab. 20	Spezifik der technischen Wissenschaften im Vergleich zu den Naturwissenschaften		153
Tab. 21	Unterrichtsmethoden nach erkenntnistheoretischem Ansatz		165
Tab. 22	Themen der Fachdidaktik Metall-Maschinentechnik		172
Tab. 23	Die didaktischen Ausbildungsinhalte in UTE Ho Chi Minh Stadt		186

Abkürzungsverzeichnis

AEG	Allgemeine Elektrizitätsgesellschaft
ASEAN	Association of South-East Asian Nations
BBiG	Berufsbildungsgesetz (1969, BRD)
BBPV	Berufsbildungsprojekt Vietnam
BIP	Bruttoinlandprodukt
CAD	Computer Aided Design
CBT	Competency Based Training
CNC	Computerized Numerical Control
DACUM	Developing a Curriculum
DAF	Deutsche Arbeiterfront
DATSch	Deutsche Ausschuss für technisches Schulwesen
DDR	Deutsche Demokratische Republik
DINTA	Deutsches Institut für Technische Arbeitsschulung
DOLISA	Department of Labour, Invalids and Social Affairs
DWT	deadweight tonnage
EU	Europäische Union
FDI	Foreign Direct Investment
GD	General Directorate/Department
GDP	Gross domestic product
GDVT	General Department of Vocational Training
GSO	General Statistical Office
HCMC	Ho Chi Minh City
HRD	Human Resource Development
KFZ	Kraftfahrzeug
KMK	Kultusministerkonferenz
KPV	Kommunistische Partei Vietnam
LKW	Lastkraftwagen
MOET	Ministry of Education and Training
MOLISA	Ministry of Labour, War Invalids and Social Affairs
OECD	Organization for Economic Cooperation and Development
PLC	Programmable logic controller
PSS	Professional Secondary School
SED	Sozialistische Einheitspartei Deutschland
STS	Secondary Technical School
SWS	Semesterwochenstunden
TTTC	Technical Teachers Training College
TU	Technische Universität
UdSSR	Union of Socialist Soviet Republics
UNESCO	United Nations Educational, Scientific, and Cultural Organization
USA	United States of America
USD	US Dollar

UTE	University of Technical Education
VEB	Volkseigener Betrieb
VET	Vocational Education and Training
VTS	Vocational Training School
ZE	Zeiteinheit

Verzeichnis der Anlagen

Anlage 1.1	Allgemeine Arbeitsstruktur von 1997-2002	204
Anlage 1.2	Arbeitsstruktur in staatlich und nicht staatlich Sektoren	205
Anlage 1.3	GDP des Vietnams und die Wachstumsrate	206
Anlage 1.4	Vietnam – Organigramm Schul-, Ausbildungs-, und Weiterbildungswesen	207
Anlage 2.1	Funktionale Differenzierungsvarianten für Lehrtätigkeiten an beruflichen Schulen	208
Anlage 2.2	Ausbildungsfachrichtungen und Zulassungen der Ausbildungseinrichtungen der Lehrer an den Berufsschulen	209
Anlage 2.3	Die Zulassungen bei dem Studiengang Berufsschullehrer in dem Jahr 2000 bis 2003 im Vergleichen zwischen Collegeniveaus und Hochschulniveaus	211
Anlage 2.4	Die Ausbildung von Berufsschullehrern in Niveaus College	211
Anlage 2.5	Zusatzausbildung in Berufspädagogik I und II für Berufsschullehrer von 1999 bis 2002	211
Anlage 2.6	Die Darstellung der Zulassung beim Studiengang Berufsschullehrer in verschiedenen Fachrichtungen von 1999 bis 2003 in Vollzeit und in Teilzeit	212
Anlage 3.1	Struktur und Inhaltgliederung der pädagogischen Fachinhalte in UTE Hung Yen (Angabe von 2001)	213
Anlage 4.1	Richtlilien nach Verordnung Nr. 21/2001/QD-BGD&DT vom 6/6/2001 der MOET für die Fachberufsschulen	218
Anlage 4.2	Richtlinien nach Verordnung Nr. 212/2003/QĐ-BLĐTBXH vom 27/02/2003 des MOLISA zur Bestimmung von Ausbildungszeit der Anspruchvollberufe und Höhere Berufe (Langzeitausbildung)	220
Anlage 4.3	Lehrpläne bei der Berufs- und Fachausbildung in Metalltechnikbereich der Ly Tu Trong Berufsfachschule (Ho Chi Minh Stadt)	221
Anlage 4.4	Die Studieninhalte in den Studiengängen Technik-/Berufschullehrer für Allgemeinen Maschinenbau, Industrietechnik, Automatisierungstechnik an der UTE Ho Chi Minh Stadt.	222
Anlage 4.5	Vergleich der Strukturinhalte zwischen dem Studiengang Dipl. Ing. Maschinenbau und dem Studiengang Technischer Lehrer Maschinenbau der TU-Danang	223
Anlage 4.6	Studieninhalte im Studiengang Maschinenbau an der TU Ho Chi Minh Stadt	224

Anlagen

Anlage 1.1: Allgemeine Arbeitsstruktur von 1997-2002

	1997	1998	1999	2000	2001	2002 Est.
(In thousands of persons, unless otherwise indicated)						
Total population 2/	74,307	75,456	76,597	77,635	78,686	79,727
(annual percentage change)	1.6	1.5	1.5	1.4	1.4	1.3
Urban 3/	16,835	17,465	18,082	18,805	19,481	20,022
(annual percentage change)	9.2	3.7	3.5	4.0	3.6	1.0
Rural 3/	57,472	57,992	58,515	58,830	59,205	59,705
(annual percentage change)	-0.5	0.9	0.9	0.5	0.6	0.8
Total employment	34,493	35,233	35,976	36,702	37,676	38,715
Unemployment rate 4/	6.0	6.9	6.7	6.4	6.3	6.0
(In percent of total population)						
Urban 3/	22.7	23.1	23.6	24.2	24.8	25.1
Rural 3/	77.3	76.9	76.4	75.8	75.2	74.9
Female	49.1	49.2	49.2	49.2	49.2	49.2
Male	50.9	50.8	50.8	50.8	50.8	50.8
Age under 15	...	...	33.2	33.1	32.1	...
Age 15-59	...	...	58.8	58.9	58.8	...
Age 60 and over	...	...	8.1	8.0	9.1	...
Total employment	46.4	46.7	47.0	47.3	47.9	48.6
(In thousands of persons)						
Total employment	34,493	35,233	35,976	36,702	37,676	38,715
Nonstate sector	31,226	31,850	32,543	33,200	34,072	35,105
State sector 5/	3,267	3,383	3,433	3,501	3,604	3,611
Central	1,359	1,404	1,422	1,442	1,499	1,501
Local	1,908	1,979	2,011	2,059	2,105	2,110
(In percent of total employment)						
Nonstate sector	90.5	90.4	90.5	90.5	90.4	90.7
State sector	9.5	9.6	9.5	9.5	9.6	9.3
Central	3.9	4.0	4.0	3.9	4.0	3.9
Local	5.5	5.6	5.6	5.6	5.6	5.4
(Annual percentage change)						
Total employment	...	2.1	2.1	2.0	2.7	2.8
Nonstate sector	...	2.0	2.2	2.0	2.6	3.0
State sector	...	3.6	1.5	2.0	2.9	0.2
Central	...	3.3	1.3	1.4	3.9	0.1
Local	...	3.7	1.6	2.4	2.2	0.3

Sources: General Statistical Office (GSO) and Ministry of Labour, Invalids, and Social Affairs (MOLISA); and staff estimates.

1/ Beginning in 1999, employment data are as reported in the *Status of Labour - Employment in Vietnam* (MOLISA). Prior to 1999, as reported in the various *Statistical Yearbooks* (GSO).
2/ Annual official estimates adjusted on the basis of the 1989 and 1999 census.
3/ Armed forces and some other special groups are excluded from urban/rural categories.
4/ For labor force in urban area comprising males 15 to 60 years old and females 15-55 years old.
5/ As reported by GSO.

Quelle: http://www.imf.org/external/pubs/ft/scr/2003/cr03382.pdf

Anlage 1.2: Arbeitsstruktur in staatlich und nicht staatlichen Sektoren

	1997	1998	1999	2000	2001 Estimate	2002
1. State and nonstate employment	(In thousands of persons)					
Total employment	34,493	35,233	35,976	36,702	37,676	38,715
Agriculture, fisheries, and forestry	24,196	24,504	24,792	25,045	25,305	25,573
Industry and construction	4,021	4,157	4,300	4,445	4,712	5,003
Industry 2/	3,172	3,279	3,392	3,507	3,644	3,787
Construction	849	878	908	939	1,068	...
Trade, transport, and communications	3,041	3,232	3,431	3,644	3,930	4,239
Trade	2,216	2,372	2,538	2,714	2,904	3,106
Transport and communications	825	859	894	929	1,026	...
Education, health, science, and arts	1,227	1,250	1,275	1,299	1,357	1,418
Other 2/	2,009	2,090	2,177	2,269	2,373	2,484
	(Annual percentage change)					
Total employment	2.2	2.1	2.1	2.0	2.7	2.8
Agriculture, fisheries, and forestry	1.3	1.3	1.2	1.0	1.0	1.1
Industry and construction	3.4	3.4	3.4	3.4	6.0	6.2
Trade, transport, and communications	6.2	6.3	6.2	6.2	7.8	7.9
Education, health, science, and arts	2.0	1.9	1.9	1.9	4.5	4.5
Other 2/	4.0	4.0	4.2	4.2	4.6	4.7
	(In percent of total employment)					
Agriculture, fisheries, and forestry	70.1	69.5	68.9	68.2	67.2	66.1
Industry and construction	11.7	11.8	12.0	12.1	12.5	12.9
Trade, transport, and communications	8.8	9.2	9.5	9.9	10.4	10.9
Education, health, science, and arts	3.6	3.5	3.5	3.5	3.6	3.7
Other 3/	5.8	5.9	6.1	6.2	6.3	6.4
	(In thousands of dong at 1994 prices)					
Total output per worker	6,705	6,942	7,123	7,456	7,764	8,088
Agriculture, fisheries, and forestry	2,310	2,361	2,456	2,544	2,593	2,670
Industry and construction	18,771	19,669	20,474	21,801	22,704	23,405
Trade, transport, and communications	15,982	15,691	15,193	15,197	15,071	14,980
Other 2/	15,856	16,245	15,989	16,162	16,278	16,473
	(Annual percentage change)					
Total output per worker	5.9	3.5	2.6	4.7	4.1	4.2
Agriculture, fisheries, and forestry	2.9	2.2	4.0	3.6	1.9	3.0
Industry and construction	8.9	4.8	4.1	6.5	4.1	3.1
Trade, transport, and communications	1.0	-1.8	-3.2	0.0	-0.8	-0.6
2. Nonstate employment 4/	(In thousands of persons)					
Total nonstate employment	31,226	31,850	32,543	33,200	34,072	35,105
Agriculture, fisheries, and forestry	23,939	24,261	24,570	24,819	25,080	25,346
Industry and construction	2,875	2,947	3,058	3,183	3,403	3,712
Industry 2/	2,365	2,437	2,527	2,644	2,764	3,395
Construction	510	510	531	540	639	...
Trade, transport, and communications	2,639	2,832	3,042	3,253	3,539	3,847
Trade	2,011	2,171	2,351	2,523	2,714	2,914
Transport and communications	628	660	692	730	825	...
Education, health, science, and arts	211	180	175	173	162	214
Other 3/	1,562	1,630	1,697	1,773	1,839	1,995
	(Annual percentage change)					
Total nonstate employment	2.0	2.0	2.2	2.0	2.6	3.0
Agriculture, fisheries, and forestry	1.3	1.3	1.3	1.0	1.1	1.1
Industry and construction	2.5	2.5	3.8	4.1	6.9	9.1
Trade, transport, and communications	7.9	7.3	7.4	6.9	8.8	8.7
Education, health, science, and arts	-8.3	-14.6	-3.2	-1.1	-6.4	32.0
Other 2/	3.2	4.4	4.1	4.4	6.5	5.6
	(In percent of total nonstate employment)					
Agriculture, fisheries, and forestry	76.7	76.2	75.5	74.8	73.6	72.2
Industry and construction	9.2	9.3	9.4	9.6	10.0	10.6
Trade, transport, and communications	8.5	8.9	9.3	9.8	10.4	11.0
Education, health, science, and arts	0.7	0.6	0.5	0.5	0.5	0.6
Other 3/	5.0	5.1	5.2	5.3	5.5	5.7

Sources: General Statistical Office, Central Institute for Economic Management, and Ministry of Labour, Invalids and Social Affairs (MOLISA); and staff estimates.

1/ Beginning in 1999, employment data are as reported in the *Status of Labour - Employment in Vietnam* (MOLISA).
2/ Includes mining and quarrying and electricity, gas, and water supply.
3/ Includes unclassified workers.
4/ Employment outside central and local government and state-owned enterprises.

Quelle: http://www.imf.org/external/pubs/ft/scr/2003/cr03382.pdf

Anlage 1.3: GDP des Vietnams und die Wachstumsrate

	1996	1997	1998	1999	2000	2001	2002 Est.
(In billions of dong, at 1994 constant prices)							
Agriculture, forestry, and fishery	53,577	55,895	57,866	60,893	63,717	65,618	68,283
Agriculture	45,652	47,915	49,639	52,370	54,493	55,613	57,843
Forestry	2,448	2,450	2,459	2,536	2,544	2,556	2,568
Fishery	5,477	5,530	5,768	5,987	6,680	7,449	7,872
Industry	67,016	75,474	81,764	88,047	96,913	106,986	117,082
Mining and quarrying	11,753	13,304	15,173	17,200	18,430	19,183	19,396
Manufacturing	34,339	38,743	42,694	46,105	51,492	57,313	63,983
Electricity, gas, and water supply	3,986	4,572	5,136	5,531	6,337	7,173	7,949
Construction	16,938	18,855	18,761	19,211	20,654	23,293	25,754
Services	93,240	99,896	104,966	107,329	113,036	119,931	127,770
Wholesale and retail trade	36,866	39,422	41,170	41,993	44,644	47,779	51,245
Hotels and restaurants	7,428	7,949	8,307	8,517	8,863	9,458	10,125
Transport, storage, and communications	8,429	9,178	9,536	10,141	10,729	11,441	12,252
Financial intermediation	4,282	4,578	4,843	5,327	5,650	6,005	6,424
Science and technology	1,273	1,315	1,392	1,267	1,571	1,749	1,908
Real estate services	10,337	11,071	11,682	11,926	12,231	12,631	13,105
State management 1/	7,558	7,860	8,174	7,723	8,021	8,439	8,777
Education and training	7,526	8,062	8,614	8,909	9,162	9,687	10,507
Health and social work	3,220	3,348	3,566	3,707	3,946	4,151	4,442
Other services	6,215	7,113	7,682	7,919	8,219	8,591	8,985
Gross Domestic Product	213,833	231,265	244,596	256,269	273,666	292,535	313,135
(Real GDP, annual percentage change)							
Agriculture, forestry, and fishery	4.4	4.3	3.5	5.2	4.6	3.0	4.1
Agriculture	4.6	5.0	3.6	5.5	4.1	2.1	4.0
Forestry	2.0	0.1	0.4	3.1	0.3	0.5	0.5
Fishery	4.1	1.0	4.3	3.8	11.6	11.5	5.7
Industry	14.5	12.6	8.3	7.7	10.1	10.4	9.4
Mining and quarrying	13.6	13.2	14.0	13.4	7.2	4.1	1.1
Manufacturing	13.6	12.8	10.2	8.0	11.7	11.3	11.6
Electricity, gas, and water supply	17.8	14.7	12.3	7.7	14.5	13.2	10.8
Construction	16.1	11.3	-0.5	2.4	7.5	12.8	10.6
Services	8.8	7.1	5.1	2.3	5.3	6.1	6.5
Wholesale and retail trade	9.7	6.9	4.4	2.0	6.3	7.0	7.3
Hotels and restaurants	10.2	7.0	4.5	2.5	4.1	6.7	7.1
Transport, storage, and communications	7.4	8.9	3.9	6.3	5.8	6.6	7.1
Financial intermediation	11.4	4.3	5.8	10.0	6.1	6.3	7.0
Real estate services	6.2	7.1	5.5	2.1	2.6	3.3	3.8
State management 1/	7.0	4.0	4.0	-5.5	3.9	5.2	4.0
Education and training	8.0	7.1	6.8	2.3	4.0	5.7	8.5
Health and social work	7.0	4.0	6.5	4.0	6.4	5.2	7.0
Other services	10.9	14.4	8.0	3.1	3.8	4.5	4.6
Gross Domestic Product	9.3	8.2	5.8	4.8	6.8	6.9	7.0
(GDP deflator, annual percentage change)							
Agriculture, forestry, and fishery	16.3	2.6	11.2	3.9	1.8	0.2	5.9
Agriculture	10.8	2.8	11.6	3.7	0.9	-1.7	5.5
Forestry	61.9	2.5	9.7	4.9	2.7	2.6	6.3
Fishery	40.9	2.7	9.8	3.1	3.6	7.7	7.5
Industry	7.4	10.4	7.6	9.2	6.8	2.5	2.9
Mining and quarrying	22.2	14.3	7.3	22.9	18.0	0.0	3.8
Manufacturing	5.9	11.0	8.7	5.9	3.7	4.3	3.3
Electricity, gas, and water supply	18.1	14.7	7.0	5.3	4.3	1.2	2.8
Construction	-3.1	3.8	2.1	1.9	1.0	4.8	2.2
Services	5.4	6.7	8.4	4.0	1.4	2.4	4.1
Wholesale and retail trade	4.8	6.1	9.2	4.4	-0.5	0.8	4.0
Hotels and restaurants	2.9	8.1	5.0	5.5	-2.8	0.7	4.0
Transport, storage, and communications	6.1	9.8	9.1	3.9	5.4	5.1	1.4
Financial intermediation	0.4	1.4	8.9	8.5	2.6	1.2	4.2
Real estate services	2.7	6.1	9.1	1.2	2.4	9.0	9.2
State management 1/	6.3	6.8	8.9	4.4	2.4	9.0	9.2
Education and training	10.4	6.4	9.6	3.7	-0.6	0.7	4.0
Health and social work	2.8	5.2	6.7	4.3	1.9	3.5	2.9
Other services	12.7	8.5	5.3	3.4	4.3	1.7	2.2
Gross Domestic Product	8.7	6.6	8.8	5.7	3.4	1.9	4.1

Sources: General Statistical Office; and staff estimates.

1/ State management includes public administration, defense, and compulsory social security.

Quelle: http://www.imf.org/external/pubs/ft/scr/2003/cr03382.pdf

Anlage 1.4

Anlage 1.4.   **Vietnam**
                Organigramm Schul-, Ausbildungs- und Weiterbildungswesen

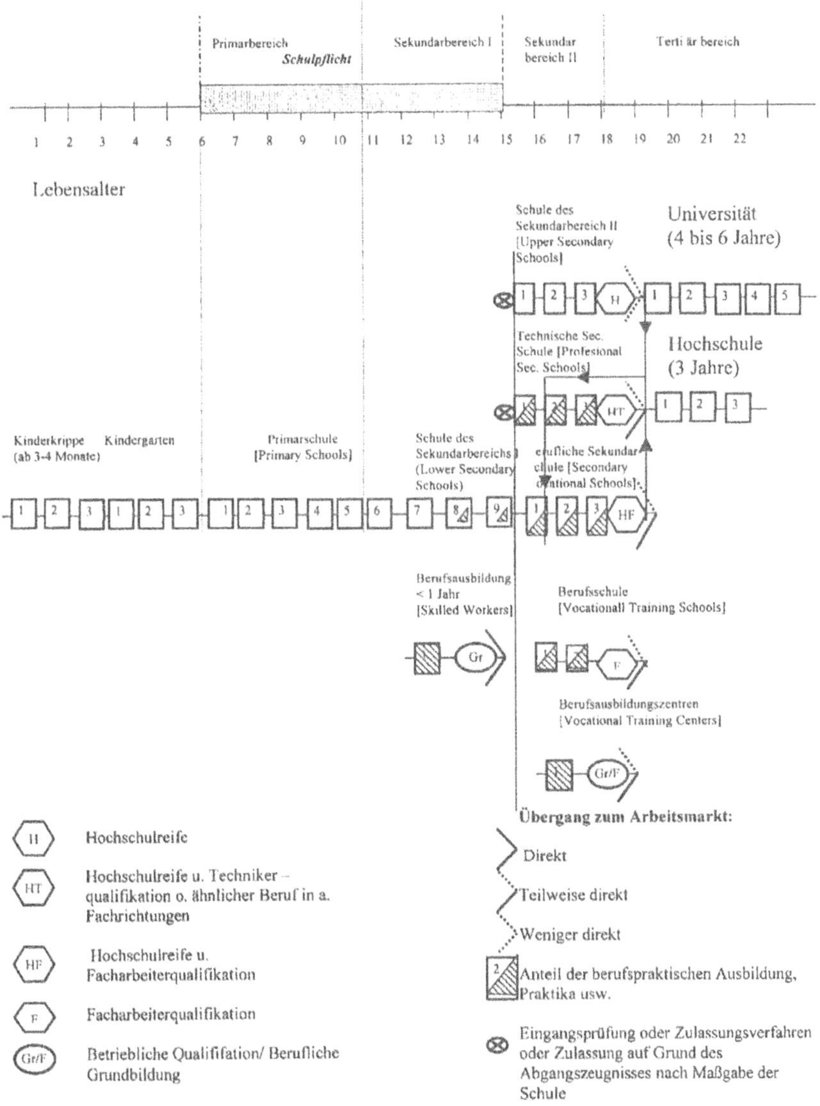

Quelle: Ernst Schmeer, Nguyen Duc Tri (2000)

Anlage 2.1: Funktionale Differenzierungsvarianten für Lehrtätigkeit an beruflichen Schulen

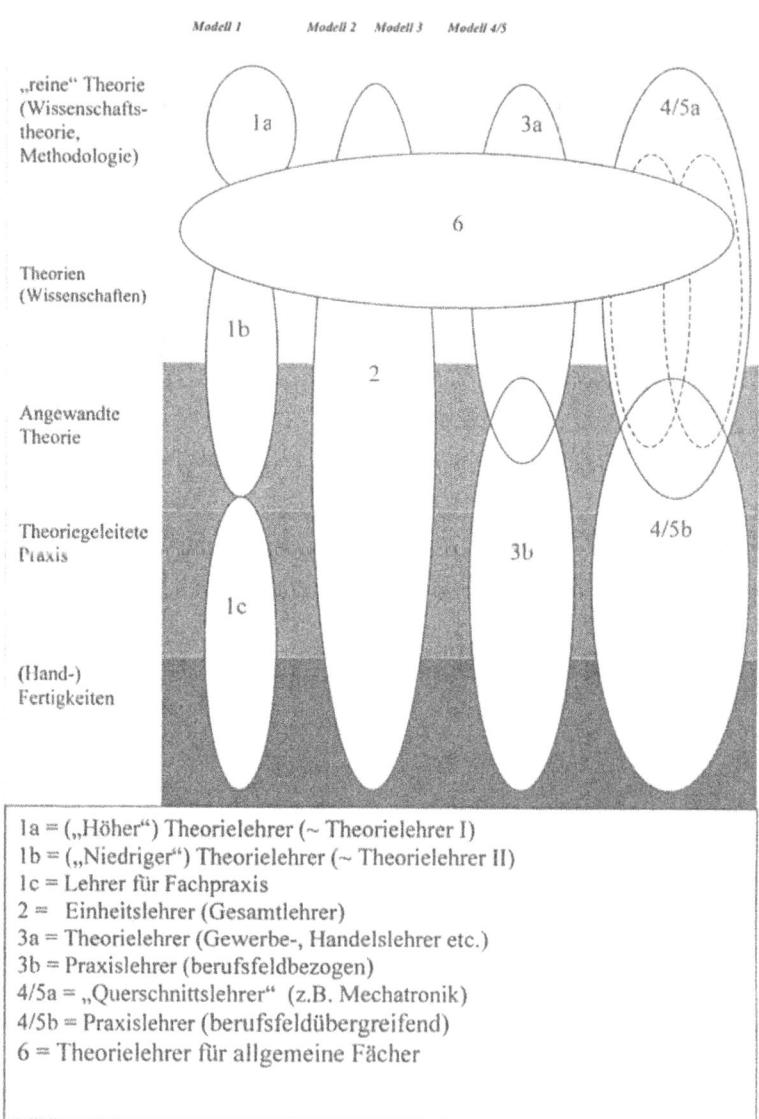

1a = („Höher") Theorielehrer (~ Theorielehrer I)
1b = („Niedriger") Theorielehrer (~ Theorielehrer II)
1c = Lehrer für Fachpraxis
2 = Einheitslehrer (Gesamtlehrer)
3a = Theorielehrer (Gewerbe-, Handelslehrer etc.)
3b = Praxislehrer (berufsfeldbezogen)
4/5a = „Querschnittslehrer" (z.B. Mechatronik)
4/5b = Praxislehrer (berufsfeldübergreifend)
6 = Theorielehrer für allgemeine Fächer

(Nach Lipsmeier 1998)

Anlage 2.2: Ausbildungsfachrichtungen und Zulassung der Ausbildungseinrichtungen der Lehrer an Berufsschulen

Name der Ausbildungseinrichtungen	Ausbildungsfachrichtungen den Technischen Lehrern	Zulassung (Vollzeitstudium)									
		95-96	96-97	97-98	98-99	99-00	00-01	01-02	02-03	03-04	04-05
1 UTE-Ho Chi Minh Stadt	- Fertigungstechnik - Automatisierungstechnologie - Elektrik/Elektronik - KFZ-Technik - Klimatechnik - Umwelttechnologie - Informationstechnologie - Mechatronik - Elektronik - Haushalttechnik - Textil Design - Bautechnik - Drucktechnik - Konstruktionstechnik - Industrietechnik - Nahrungsbearbeitungstechnik	900 250	850 250	1700 1000	1700 1300	1724 1050	2592	2262	2007		2000 Uni. Niveau (U) 300 College Niveau (C)
2 UTE Hung Yen	- Fertigungstechnik - KFZ - Elektrik/elektronik - Informationstechnologie - Textil und Design		364	410	500	407	209	228	244		500 (U) 500 (C)
3 TTTC Nam Dinh	- Fertigungstechnik - KFZ - Elektrik/elektronik - Informationstechnologie	150	158	250	200	507	478	417	360		900 (C)

4	TTTC Vinh	- Fertigungstechnik - KFZ - Elektrik/elektronik - Informationstechnologie	250	350	250	300	315	454	439	350	850 (C)
5	TTTC Vinh Long	- Fertigungstechnik - KFZ - Elektrik/Elektronik - Informationstechnologie	150	150	150	120	229	328	240	290	400 (C)
6	Universität Hanoi	Industrietechnik Elektrik/elektronik					30	50	45	#	# (U)
7	Agrarhochschule Nr. 1 Ha Noi	Agrartechnik					87	100	114	100	# (U)
8	Thai Nguyen - Technische Universität	Industrietechnik					101	102	121	100	# (U)
9	Agrar- Forsthochschule Thai Nguyen	Agrartechnik					51	120	100	100	# (U)
10	Da Nang Universität	Industrietechnik Elektrik/elektronik					0	57	87	40	# (U)
11	Pädagogische Hochschule Qui Nhon	Industrietechnik Agrartechnik					204	152	160	91	# (U)
12	Pädagogische Hochschule Ha Noi	Industrietechnik					184	147	161	154	# (U)
13	Paedagogische Hochschule Hue	Informationstechnik Agrar- Forsttechnik					118	143	182	180	# (U)
14	Ha Noi Industrie College	Elektrik/elektronik					0	467	136	40	#(C)
15	Paedagogische College Ho Chi Minh Stadt	Industrietechnik Agrartechnik-Biologie					93	54	99	90	#(C)
16	Paedagogische College Da Lat	Agrartechnik, Chemietechnik					136	154	150	90	400 (C)

Im Anlehnung der Daten bei MOET von 95-96 bis 98-99 und bei BBPV von 1999-2000 bis 02-03 sowie bei Statistik der Studienzulassung 2004.

Anlage 2.3

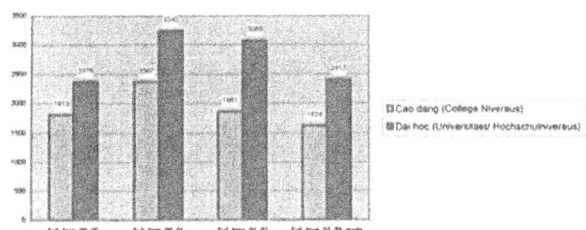

Anlage 2.4

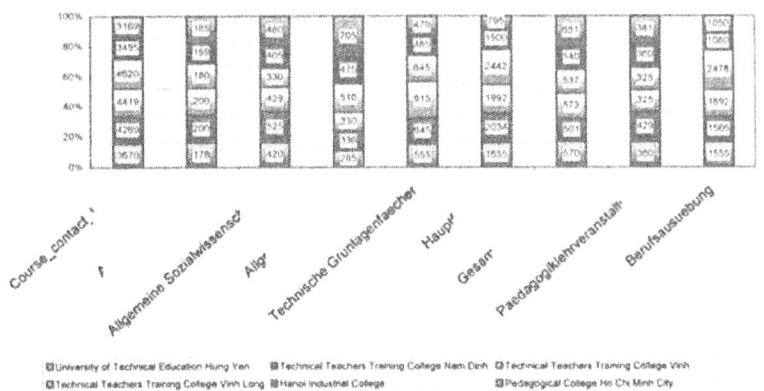

Anlage 2.5

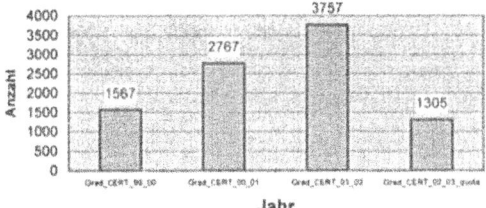

Anlage 2.6: Die Darstellung der Zulassung beim Studiengang Berufsschullehrer in verschiedenen Fachrichtungen von 1999 bis 2003 in Vollzeit (CQ) und in Teilzeit (KCQ)

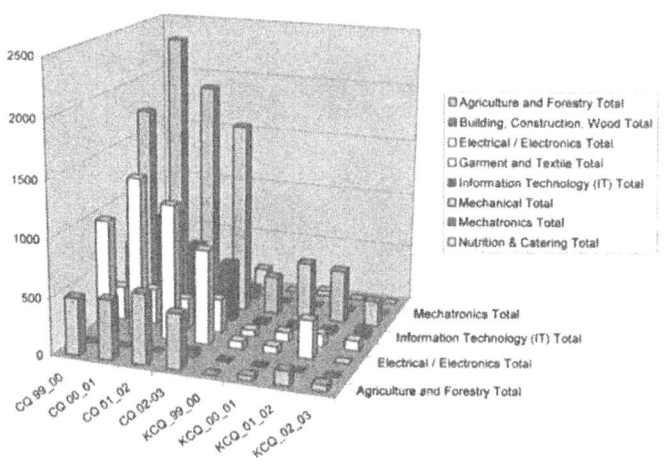

Course_Field	Course_Field Eng	Full_time 99_00	Full_time 00_01	Full_time 01_02	Full_time 02_03	Part_time 99_00	Part_time 00_01	Part_time 01_02	Part_time 02_03
Ngành đào tạo		CQ 99_00	CQ 00_01	CQ 01_02	CQ 02-03	KCQ_99 00	KCQ_00 01	KCQ_01 02	KCQ_02 03
0	Agriculture and Forestry Total	499	521	616	485	0	42	131	60
0	Building, Construction, Wood Total	0	0	0	47	0	0	0	0
0	Electrical / Electronics Total	980	1391	1188	825	70	67	337	0
0	Garment and Textile Total	295	310	260	294	59	82	110	90
0	Information Technology (IT) Total	594	879	654	520	24	32	29	75
0	Mechanical Total	1749	2416	2001	1684	336	499	467	227
0	Mechatronics Total	0	0	140	100	0	0	0	0
0	Nutrition & Catering Total	69	90	82	181	0	45	0	0
Total		4186	5607	4941	4136	489	767	1074	452

Anlage 3.1: Struktur und Inhaltsgliederung der pädagogischen Fachinhalte

in UTE Hung Yen (Angaben von 2001)

Nr.	Fächer	Zeit			Bemerkung
		Vorlesung	Seminar, Ü	Prüf.	
1	Allgemeine Psychologie	22	6	2	
2	Logik(*)	20	8	2	Wahlfach
3	Pädagogische Psychologie	30	11	4	
4	Pädagogische Interaktion und Kommunikation	28		2	
5	Erziehungstheorie	22	6	2	
6	Didaktik der Berufsbildung	20	8	2	
7	Wissenschaftliches Arbeiten	18	10	2	
8	Technikdidaktik	28	15	2	
9	Seminar Fachdidaktik		72	3	
10	Unterrichtsmedien	15	27	3	
11	Schulpraktikum I	12	15	3	
12	Schulpraktikum II	6	48	6	
		Pflichtsumme: 450 Stunden			

Fach 1: Allgemeine Psychologie (30 Stunden)
1. Allgemeine Psychologie
    1.1. Definition „Psychologie"
        1.1.1. Gegenstand und Aufgaben der Psychologie
        1.1.2. Wesen, Funktionen und Arten der psychischen Erscheinung
    1.2. Entstehung und Entwicklung der psychischen Erscheinung und Bewusstheit
        1.2.1. Entstehung und Entwicklung der psychischen Erscheinung
        1.2.2. Entstehung und Entwicklung von Bewusstheit
        1.2.3. Bewusstheit und Aufmerksamkeit
2. Erkennen und Lernen
    2.1. Erkenntnisprozess
        2.1.1. Wahrnehmung
        2.1.2. Denken und Phantasie
        2.1.3. Gedächtnis und Bewusstheit
        2.1.4. Sprache und Bewusstheit
    2.2. Lernen
        2.2.1. Allgemeines
        2.2.2. Lernen von Menschen und Tieren
        2.2.3. Lernarten und Lernniveau
        2.2.4. Bedeutung des Lernens für die Erkenntnisprozesse und die Entwicklung der Persönlichkeit
3. Einstellung und Handlung
    3.1. Einstellung
    3.2. Handlung
    3.3. Erziehung von Einstellung
4. Psychische Erscheinung der Persönlichkeit
    4.1. Allgemeines zur Persönlichkeit
    4.2. Einsicht
    4.3. Typologie der Persönlichkeit
    4.4. Verhalten
    4.5. Kompetenz (Fähigkeiten)
    4.6. Emotion
    4.7. Vervollkommnen der Persönlichkeit
5. Die Abweichung der individuellen und sozialen Verhaltensweisen
    5.1. Die Abweichung der individuellen Verhaltensweisen
        5.1.1. Verhalten und Normen des Verhaltens
        5.1.2. Abweichung und Beseitigung
    5.2. Abweichung von sozialen Normen
        5.2.1. Abweichungen
        5.2.2. Beseitigung

Fach 2: Pädagogische Psychologie und Berufspsychologie (30 Stunden)
Lehrgebiet 1: Pädagogische Psychologie
1. Allgemeines der Pädagogischen Psychologie
   1.1. Position, Aufgaben und Gegenstand
   1.2. Einige Lerntheorien
2. Wesentlicher Gegenstand der Pädagogischen Psychologie
   2.1. Lehrhandlungen
   2.2. Lernhandlungen
   2.3. Anwendung der Psychologie in der Lehrhandlung
      2.3.1. Begriffe und ihre Entstehung
      2.3.2. Fertigkeiten, Fähigkeiten
      2.3.3. Entwicklung des technischen Verständnisses
3. Psychische Handlung der Lehrenden
   3.1. Persönlichkeit der Lehrenden
      3.1.1. Qualifikationen
      3.1.2. Kompetenzen
   3.2. Vervollkommnen der Persönlichkeit der Lehrenden
4. Merkmale des Alters aus Sicht der Psychologie
   4.1. Jugendalter den Lehrlingen
   4.2. Merkmale der Körper
   4.3. Merkmale des Verhaltens

Lehrgebiet 2: Arbeitspsychologie
1. Allgemeines der Arbeitspsychologie
   1.1. Bedeutung der Forschung
   1.2. Grundbegriffe der Arbeitspsychologie
   1.3. Arbeitshandlung
   1.4. Motorik und Kognition
2. Arbeitsorganisation
   2.1. Allgemeines
   2.2. Inhalte und Maßnahmen in der Arbeitsorganisation
3. Bewertung der Arbeit
   3.1. Allgemeines
   3.2. Bewertungsinhalte
4. Ingenieurpsychologie
   4.1. Allgemeines
   4.2. Einige Forschungsergebnisse

Fach 3: Logik (30 Stunden)
1. Gegenstand und Bedeutung der Logik
   1.1. Allgemeines
   1.2. Wesen der Erkenntnisprozesse
   1.3. Allgemeines der Schlussfolgerung
   1.4. Formen Schlussfolgerung
2. Grundlegende logische Formen
   2.1. Begriffsbildung
      4.3.1. Allgemeines
      4.3.2. Struktur des Begriffes
      4.3.3. Abweichungen in Begriffen
      4.3.4. Begriffsarten
      4.3.5. Beziehung zwischen Begriffen
      4.3.6. Definition und Kategorie des Begriffes
   2.2. Vermutung
      2.2.1. Allgemeines der Vermutung
      2.2.2. Struktur der Vermutung
      2.2.3. Grammatik
      2.2.4. Vermutungsarten
   2.3. Schussfolgerung
      2.3.1. Allgemeines
      2.3.2. Struktur der Schlussfolgerung
      2.3.3. Schlussfolgerungsarten
   2.4. Hypothesen und Beweise
      2.4.1. Hypothesen
      2.4.2. Beweisen
3. Grundregeln der Schlussfolgerung
   3.1. Allgemeines
   3.2. Merkmale der Regeln

Fach 4: Pädagogische Interaktion und Kommunikation (30 Stunden)
1. Allgemeines über pädagogische Interaktion und Kommunikation
    1.1. Allgemeines
    1.2. Formen der pädagogischen Interaktion
    1.3. Wesen der pädagogischen Interaktion von Lehrlingen
    1.4. Phasen in der Interaktion
    1.5. Interaktionsmittel
    1.6. Regeln in der pädagogischen Interaktion
    1.7. Stil der pädagogischen Interaktion
    1.8. Interaktionskompetenz
2. Interaktionsübungen
    2.1. Selbstbewertung
    2.2. Übung
    2.3. Interaktion in pädagogischen Situationen
    2.4. Anwendung von Interaktionsmitteln
    2.5. Interaktionsstile

Fach 5: Erziehungstheorie (30 Stunden)
1. Einführung in die Erziehungstheorie
    1.1. Erziehungstheorie als eine Wissenschaft über Menschen
        1.1.1. Erziehung als Gesellschaftserscheinung
        1.1.2. Aufgaben, Gegenstand und Forschungsmethoden
        1.1.3. Neuentwicklungen in Erziehungstheorie
    1.2. Erziehung und Entwicklung der Persönlichkeit
        1.2.1. Entwicklung der Persönlichkeit
        1.2.2. Einflussfaktoren der Entwicklung der Persönlichkeit
    1.3. Ziele, Aufgaben und Erziehungsprinzipien
        1.3.1. Erziehungsziele
        1.3.2. Erziehungsziele, unter besonderer Berücksichtigung der Industrialisierung
        1.3.3. Bildungssystem und Erziehung
    1.4. Aufgaben und Erziehungsinhalte
        1.4.1. Mündigkeitserziehung
        1.4.2. Kognitionsziehung
        1.4.3. Arbeitserziehung
        1.4.4. Körpererziehung
        1.4.5. Ästhetikerziehung
        1.4.6. Einige neue Erziehungsinhalte
    1.5. Erziehungsstrategie
        1.5.1. Allgemeines
        1.5.2. Inhalte der Erziehungsstrategie
2. Didaktik der Erziehung
    2.1. Allgemeines der Didaktik der Erziehung
        2.1.1. Erziehungsprozess
        2.1.2. Erziehungsprinzipien
        2.1.3. Erziehungsmethoden
    2.2. Aufgaben der Lehrer und Klassenleiter
        2.2.1. Aufgaben der Lehrer
        2.2.2. Aufgaben der Lehrer und Klassenleiter
    2.3. Klassenkollektiv

Fach 6: Didaktik der Berufsbildung (30 Stunden)
1. Unterrichtsprozess
    1.1. Allgemeines
    1.2. Komponenten des Unterrichtsprozesses
    1.3. Gesetzmäßigkeiten des Unterrichtsprozesses
    1.4. Wesen und Motivierung im Unterrichtsprozess
    1.5. Logische Struktur des Unterrichtsprozesses
2. Unterrichtsprinzipien
    2.1. Allgemeines
    2.2. Inhalte der Unterrichtsprinzipien
3. Ausbildungsinhalte
    3.1. Allgemeines
    3.2. Grundlegende Komponenten der Ausbildungsinhalte
    3.3. Allgemeine Regeln für die Auswahl der Unterrichtsinhalte
    3.4. Fachssystem
    3.5. Vervollkommnen der Ausbildungsinhalte
4. Unterrichtsmethodik

    4.1. Allgemeines
    4.2. Klassifikation von Methoden
    4.3. Methoden
       4.3.1. Methoden nach Erkenntnisweg
       4.3.2. Methoden nach der Wahrnehmung
       4.3.3. Methoden für Praxisunterricht
       4.3.4. Komplexe Methoden
    4.4. Organisationsformen (Aktionsformen)
    4.5. Organisation der Lernformen
       4.5.1. Typische Unterrichtsformen
       4.5.2. Lernformen
    4.6. Planung
       4.6.1. Ausbildungsplanung
       4.6.2. Arten und Inhalte der Planungsarbeit
5. Organisation der Praxisausbildung
    5.1. Ausbildungsplatz
       5.1.1. Anforderung
       5.1.2. Kalkulierung der Materien für die Praxisübung
    5.2. Planung in der Praxisausbildung
       5.2.1. Ziel und Funktion der Planung
       5.2.2. Allgemeine Regeln der Auswahl von Übungsaufgaben
       5.2.3. Arten und Inhalte der Planungsarbeit
       5.2.4. Arbeitsrechnung
    5.3. Unterweisungsverlauf
       5.3.1. In der Lehrwerkstatt
       5.3.2. Im betrieblichen Praktikum

Fach 7: Wissenschaftliches Arbeiten (30 Stunden)
1. Einführung in das wissenschaftliche Arbeiten
    1.1. Begriffe
    1.2. Wesen der wissenschaftlichen Arbeit
    1.3. Methodologie der wissenschaftlichen Arbeit
    1.4. Funktionen der wissenschaftlichen Arbeit
    1.5. Formen der wissenschaftlichen Arbeit
2. Forschungsthemen
    2.1. Formulierung
    2.2. Gegenstand und Aufgaben der wissenschaftlichen Arbeit
3. Arbeitsverlauf einer wissenschaftlichen Arbeit
    3.1. Vorbereitung
    3.2. Durchführung
    3.3. Evaluation der Forschungsergebnisse
    3.4. Anfertigung
    3.5. Verteidigung

Fach 8: Technikdidaktik
1. Allgemeines der Technikdidaktik
    1.1 Gegenstand der Forschung
       1.1.1 Position der Technikdidaktik
       1.1.2 Gegenstand
          1.1.2.1 Lehrfach
          1.1.2.2 Lehrhandlung
          1.1.2.3 Lernhandlung
          1.1.2.4 Bedingungen der Techniklehren
    1.2 Aufgaben der Lehre in der Technikdidaktik in der Hochschule
       1.2.1 Weitergeben von systematischen Komponenten der Technikdidaktik
       1.2.2 Ausüben von Fähigkeiten in Lehrplananalyse und Unterrichten
       1.2.3 Ausüben von Fähigkeiten in der Forschung der Technikdidaktik
       1.2.4 Vervollkommnung der Persönlichkeit der Technischen Lehrer
    1.3 Technikdidaktik und Allgemeindidaktik
    1.4 Beziehung zwischen Technikdidaktik und Fachwissenschaften
2. Allgemeine Orientierung
    2.1. Zweck der Ausbildung von Techniklehrern
    2.2. Handlungsorientierung
    2.3. Grundlegendes für die Entwicklung und Vervollkommnung der Technikdidaktik
    2.4. Einflusse der Fachwissenschaft auf die Ausbildungsinhalte
3. Lernziele, Lerninhalte, Methoden des Technikunterrichts
    3.1. Lernziele und ihre Taxonomie
    3.2. Lerninhalte und Struktur der Lerninhalte

	3.3.	Praxisorientierte Methoden

    3.3. Praxisorientierte Methoden
    3.4. Unterrichtsmedien
    3.5. Bewertung von Lernerfolgen
4. Die Besonderheiten im Technikunterricht
    4.1. Lehrplan der technischen Fächer
    4.2. Analyse der Besonderheiten von Inhalten in technischen Fächern
        4.2.1. Merkmale der Lehrfachinhalte
        4.2.2. Anforderung über Verständnis und Anwendung von Inhalten
        4.2.3. Übergreifende Inhalte
    4.3. Einige spezifische Methoden im technischen Unterricht
5. Planung im technischen Unterricht
    5.1. Analyse der Fachlehrpläne
    5.2. Analyse der Lerninhalte
    5.3. Auswahl und Bestimmung von Lerninhalten
    5.4. Strukturierung von Lerninhalten
    5.5. Lernzielformulierung
    5.6. Bestimmung von Methoden und Medien
    5.7. Unterrichtsentwurf

Fach 9: Fachdidaktikseminar – Analyse eines Lehrfaches mit folgenden Inhalten:
1. Lernziele
2. Position des Lehrfaches im gesamten Ausbildungsprozess
3. Ausbildungsinhalte des Lehrfaches
    3.1. Besonderheiten des Lehrfaches
    3.2. Gliederung des Lehrfaches
    3.3. Entwicklung von Fähigkeit und Verhalten im Lehrfach
    3.4. Unterrichtsmethoden und Medien
    3.5. Handreichungen zum Unterrichten
4. Fachliteratur

Anlage 4.1: Richtlinien nach Verordnung Nr. 21/2001/QD-BGD&DT vom 6/6/2001 der MOET für die Fachberufsschulen

1. Der Rahmenlehrplan in der Fachberufsausbildung:

	Die Abgänger 12. Klasse				Die Abgänger 9. Klasse		
	1 Jahr (50 -52 W.)	1,5 Jahre (73 - 78 W.)	2 Jahre (99 - 104 W.)	3 Jahre (151 - 156 W.)	3,5 Jahre (168 - 182 W.)	4 Jahre (190 - 208 W.)
Allgemeinen Fächer				40 W. (1200 S.)	40 - 45 W. (1200 - 1380 S.)	40 - 45 W. (1200 - 1380 S.)
Gemeinsame Pflichtfächer (Politik, Grundgesetz, Sport, Wehrerziehung, Informatik, Fremdsprachen)	8 W. 228 - 258 S.	11 W. 285 - 345 S.	17 W. 420 - 465 S.	18 W. 525 - 585 S.	18 - 19 W. 525 - 600 S.	19 - 20 W. 555 - 630 S.
Theoriegrundlagefächer und Fachtheorie	18 - 19 W. 576 - 608 S.	28 - 29 W. 896 - 928 S.	32 -33 W. 1024 - 1056 S.	32-33 W. 1024 - 1056 S.	34 - 36 W. 1056 - 1152 S.	38 - 41 W. 1152 - 1280 S.
Fachpraxis (Betriebspraktikum)	13 -14 W. (7 - 8 W.)	18 -20 W. (8 - 11 W.)	25 -26 W. (8 - 13 W.)	25 -26 W. (8 - 13 W.)	33 -35 W. (10 -14 W.)	39 - 44 W. (10 - 14 W.)
Fach-, Semester-, Abschlussprüfung und	5 W. 2 W. 3 W.	6 - 8 W. 3 - 4 W. 3 - 4 W.	7 - 10 W. 4 - 5 W. 3 - 5 W.	10 - 13 W. 5 - 6 W. 5 - 7 W.	13 - 17 W. 7 - 9 W. 6 - 8 W.	15 - 19 W. 9 - 11 W. 6 - 8 W.
Ferien	4 W.	7 W.	13 W.	20 W.	23 W.	29 W.
Sozialarbeit	1 W.	1 W.	2 W.	3 W.	3 W.	4 W.
Vorrat	1 W.	2 W.	3 W.	3 W.	4 W.	6 W.

2. Richtlinien über die allgemeinen Fächer bei Abgänger 9. Klasse

Lehrfächer	3 Jahre (Stunden)	3,5 Jahre (Stunden)	4 Jahre (Stunden)
Mathematik	525 - 540	390 - 450	180 - 225
Physik	240 - 230	180 - 225	75 - 90
Chemie	180 - 240	180 - 225	75 - 90
Biologie	0	195 - 210	0
Vietnamesisch	255 - 270	255 - 270	465 - 495
Geschichte	0	0	225 - 255
Geography	0	0	180 - 225
Summe	1200 - 1380	1200 - 1380	1200 - 1380

3. Richtlinien über Gemeinsame Pflichtfächer

Fächer	Abgänger 12. Klasse			Abgänger 9. Klasse		
	1 Jahr	1,5 Jahre	2 Jahre	3 Jahre	3,5 Jahre	4 Jahre
Wehrerziehung	45 S.	45 S.	75 S.	120 S.	120 S.	120 S.
Politik	45 S.	45 S.	90 S.	120 S.	120 S.	120 S.
Sport	30 S.	45 - 60 S.	60 S.	60 - 75 S.	60 - 90 S.	60 - 90 S.
Computertechnik	30 S.	30 - 45 S.	45 - 60 S.	45 - 60 S.	45 - 60 S.	45 - 60 S.
Fremdsprache	60 - 90 S.	90 - 120 S.	120 - 150 S.	150 - 180 S.	150 - 180 S.	180 - 210 S.
Grundgesetz	18 S.	30 S.	30 S.	30 S.	30 S.	30 S.
Summe	228 - 258 S.	285 - 345 S.	420 - 465 S.	525 - 585 S.	525 - 600 S.	555 - 630 S.

Anlage 4.2: Richtlinien nach Verordnung Nr. 212/2003/QĐ-BLĐTBXH vom 27/2/2003 des MOLISA zur Bestimmung von Ausbildungszeit der Anspruchvollberufe und Höherer Berufe (Langzeitausbildung)

Ausbildungskomponenten	Die Abgänger 9. Klasse					Die Abgänger 12. Klasse				
	12 Monaten	18 Monaten	24 Monaten	30 Monaten	36 Monaten	12 Monaten	18 Monaten	24 Monaten	30* Monaten	36* Monaten
I. Gesamte Ausbildungszeit (Wochen)	47 W.	68 W.	90 W.	108 W.	131 W.	47 W.	68 W.	90 W.	108 W.	131 W.
1. Reale Ausbildungszeit (Wochen)	44 W.	63 W.	83 W.	100 W.	121 W.	44 W.	63 W.	83 W.	100 W.	121 W.
1.1. Allgemeinen Fächer	-	0-5%	0-5%	0-5%	5-8%				5-8%	5-8%
1.2. Gemeinsame Pflichtfächer (Politik, Grundgesetz, Sport, Wehrerziehung, Informatik, Fremdsprachen)	7-12%	7-12%	7-12%	7-12%	7-12%	7-12%	7-12%	7-12%	7-12%	7-12%
1.3. (Technische) Grundlagenfächer	10-14%	10-18%	10-18%	10-18%	15-20%	10-14%	10-18%	10-18%	15-20%	15-20%
1.4. Fachtheorien (Berufsspezialisierung)	8-14%	8-10%	8-10%	8-10%	8-10%	8-14%	8-15%	8-1%	8-10%	8-10%
1.5. Fachpraxis	60-75%	55-75%	55-75%	55-75%	50-65%	60-75%	55-75%	55-75%	50-65%	50-65%
Summe der realen Ausbildungszeit %	*100%*	*100%*	*100%*	*100%*	*100%*	*100%*	*100%*	*100%*	*100%*	*100%*
2. Prüfung)Wochen)	3 W.	5 W.	7 W.	8 W.	10 W.	3 W.	5 W.	7 W.	8 W.	10 W.
2.1. Vorbereitung und Zwischenprüfungen	1 W.	2 W.	4 W.	5 W.	6 W.	1 W.	2 W.	4 W.	5 W.	6 W.
2.2. Vorbereitung und Abschlussprüfung	2 W.	3 W.	3 W.	3 W.	4 W.	2 W.	3 W.	3 W.	3 W.	4 W.
II. Reservezeit für andere Aktionen	5 W.	10 W.	14 W.	22 W.	25 W.	5 W.	10 W.	14 W.	22 W.	25 W.
1. Schuleröffnung, Klasse...	0,5 W.	1 W.	1 W.	1 W.	1 W.	0,5 W.	1 W.	1 W.	1 W.	1 W.
2. Ferien, Feiertagen	3,5 W.	7 W.	11 W.	18 W.	21 W.	3,5 W.	7 W.	11 W.	18 W.	21 W.
3. Reserve	1 W.	2 W.	2 W.	3 W.	3 W.	1 W.	2 W.	2 W.	3 W.	3 W.

Anlage 4.3: Lehrpläne bei der Berufs- und Fachausbildung im Metalltechnikbereich der LY Tu Trong Berufsfachschule (Ho Chi Minh Stadt)

		Berufsausbildung (Facharbeiter in 2 Jahren Ausbildungszeit)			Fachberufsausbildung für 9. Schulabgänger (Techniker in 4 Jahre)		Fachberufsausbildung für 12. Schulabgänger (Techniker in 2 Jahre)	
		Dreher	Fräser	Schweißer	Dreher	Fräser	Dreher	Fräser
I. Techn. Grundlagenfächer		*510 Stunden (Schweißer 450)*			*420 Stunden*			
1.	Technische Mechanik		90		105			
2.	Technisches Zeichnen		120		120			
3.	Elektrotechnik		60		60			
4.	Toleranz - Messtechnik		30		30			
5.	Werkstofftechnik		45		45			
6.	Produktionsmanagement		30		30			
7.	Arbeitsvorbereitung		30		30			
Fachtheorie					*630 Stunden (21 W.)*			
1	Antriebstechnik		105 (nicht für Schweißer)		120			
2	Werkzeugmaschine				60			
3	Elektrische Anlagen in Werkzeugmaschine				30			
4	Vorrichtungen				75			
5	CAD/CAM/CNC				135			
6	Fertigungstechnik Projektaufgaben		45 (nur für Schweißer)		120 / 15			
7	Hydraulik und Pneumatik				60			
II. Fachpraxis (Theorie und Praxis)		*261 ca (44 W.)*			*(144 ca, 24 W.)*		*(132 ca, 22 W.)*	
1.	Schlosserbearbeitung (Grundausbildung)	18 ca (*)		18 ca	18 ca	18 ca	18 ca	18 ca
2.	Drehen	183 ca	24 ca		90 ca	18 ca	78 ca	18 ca
3.	Fräsen	24 ca	183 ca		18 ca	90 ca	18 ca	78 ca
4.	CNC Technik	36 ca	36 ca		18 ca	18 ca	18 ca	18 ca
5.	Schweißen			232 ca				
6.	Blech-Bearbeitung			24 ca				
III. Praktikum		8 W.	8 W.	8 W.	11 W.	11 W.	8 W.	8 W.

(*) 1 ca = 1 Tagpraxis

Anlage 4.4: Die Studieninhalte in den Studiengängen Technik-/Berufsschullehrer für Allgemeinen Maschinenbau, Industrietechnik, Automatisierungstechnik an der UTE Ho Chi Minh Stadt.

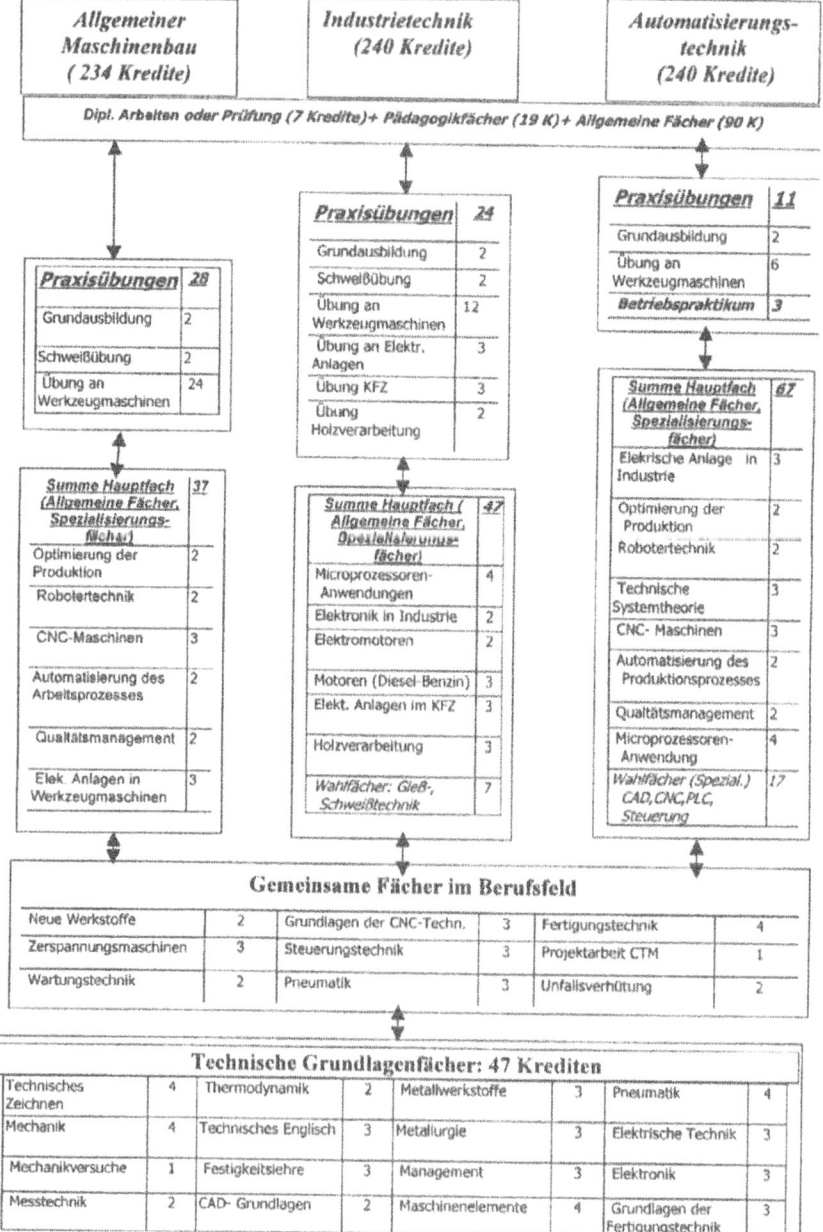

Anlage 4.5: Vergleich der Strukturinhalte zwischen dem Studiengang Dipl. Ing. Maschinenbau und dem Studiengang Technischer Lehrer Maschinenbau der TU-Danang

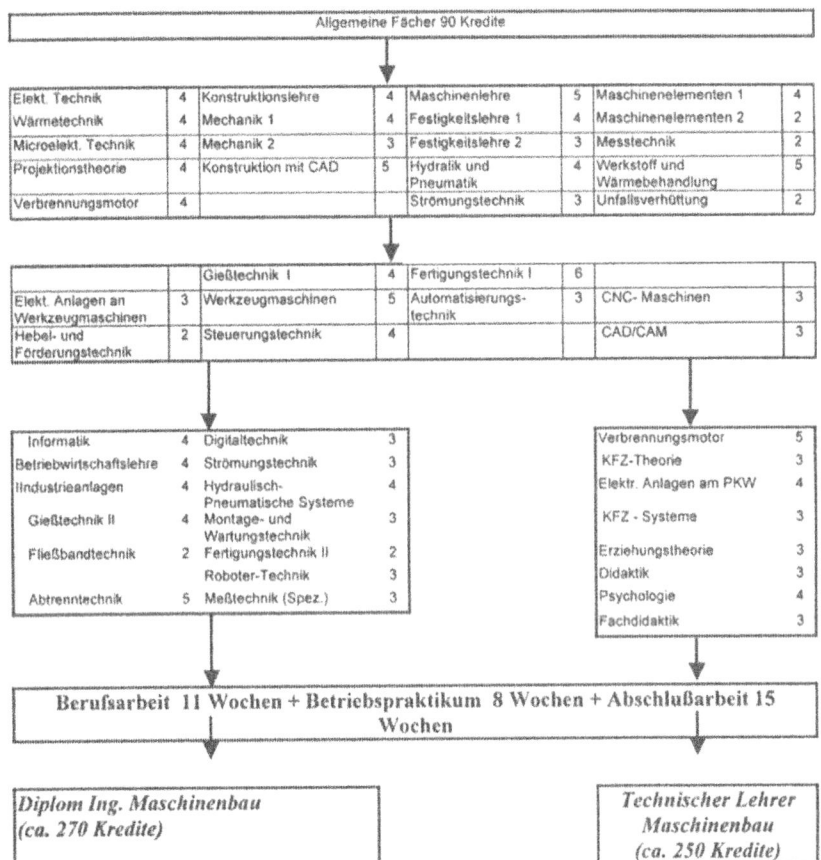

Anlage 4.6: Studieninhalte im Studiengang Maschinenbau der TU Ho Chi Minh Stadt

Allgemeine Grundlagenfächer (52 K)							
Technische Grundlagenfächer							
Mechanik	2	Strömungslehre	2	Konstruktionslehre	3	Technische Englisch	2
Thermodynamik	2	Elektrik	2	Digitaltechnik	2	Festigkeitslehre I	1
Methoden der Konstruktionstechnik	2	Maschinenprinzip	3	Mechanische Zeichnung	2	Wärmetechnik	2
Werkstofftechnik	3	Formentechnik	2	Versuch-Festigkeit	1	Festigkeitslehre II	2
Microelektrotechnik	2	Hydraulik, Pneumatik	2	Fertigungstechnik 1	3	Maschinenelemente	3
Messtechnik	3	Automatisierungstechnik	3	CAD/CAM/CNC	3	Unternehmen-Management	3
Optimierung der Produktion	2	Getriebetechnik	1	Fertigungstechnik 2	2	Hebel-Förderungstechnik	2
Automatisierung der Produktion	3	Industriemaschinen	2	Projektsarbeit-Fertigungstechnik	1	Arbeitsverhüttung	2
Qualitätssicherung	2	Projektsarbeit-Automatisierung	1	PVC und Formentechnik	2		

Hauptfächer							
Feinmechanikverfahren	2	Schweißtechnik	2	Bearbeitung von Nicht Metallische Werkstoffen	2	Compositwerkstoffe	2
Nichtmetallische Werkstoffe	2	Besondere Verfahrentechnik	2	Konstruktion von Werkzeugen	2	Werkzeugmaschinen	2
Instandhaltungstechnik	2	Nanotechnologie	2	Verformungstechnik	2	Spanlose Fertigungstechnik	2
Walztechnik	2	Robotertechnik	2	Informatinonsverarbeitung	2	PLC	2
Schwingungslehre	2	Wahrscheinlichkeits-theorie in der Technik	2	Modelltechnik	2	Mechatronik	2

Praxisübungen	4	Praktikum	2	Abschlußpraktikum	2	Abschlußarbeit	10

Diplom Ing. Maschinenbau (Summe=185 Kredite)

■ BUCHTIPPS ■

■ Denk, Rudolf (Hg.)
Nach Europa unterwegs
Grenzüberschreitende Modelle der Lehrerbildung im Zeichen
von europäischer Identität, Kultur und Mehrsprachigkeit
2005, 338 S., 8 Abb., ISBN 978-3-8255-0528-8, € 24,50

■ Hansel, Toni (Hg.)
Frühe Bildungsprozesse und schulische Anschlußfähigkeit
Reform des frühpädagogischen Bereichs in der Debatte nach PISA
2004, 290 S., ISBN 978-3-8255-0530-1, € 24,90

■ Interpretationswerkstatt der
Pädagogischen Hochschule Freiburg (Hg.)
Studieren und Forschen.
Qualitative Forschung in der LehrerInnenbildung
2004, 234 S., ISBN 978-3-8255-0519-6, € 22,50

■ Kiowsky, Hellmuth
Aspekte des pädagogischen Reformwillens
2005, 172 S., ISBN 978-3-8255-0536-3, € 18,90

■ Metz, Berthold / Pfeiffer, Joachim /
Staiger, Michael / Wichert, Adalbert
Lesen, Schreiben und Kommunizieren im Internet.
Theorie und Praxis teilvirtueller Hochschullehre
2004, 242 S., ISBN 978-3-8255-0482-3, 22,50 €

■ Toprak, Ahmet
Jungen und Gewalt
Die Anwendung der Konfrontativen Pädagogik in der
Beratungssituation mit türkischen Jugendlichen
2005, 112 S., ISBN 978-3-8255-0527-1, € 15,90

> Informieren Sie sich im Internet
> über unser weiteres Verlagsprogramm!

■ www.centaurus-verlag.de ■

The manufacturer's authorised representative in the EU is Springer Nature Customer Service Centre GmbH, Europaplatz 3, 69115 Heidelberg, Germany. If you have any concerns regarding our products, please contact ProductSafety@springernature.com

Printed and bound by CPI Group (UK) Ltd, Croydon, CR0 4YY

25/03/2026

02078192-0002